111 GRÜNDE, BIATHLON ZU LIEBEN

FLORIAN KINAST

111 GRÜNDE, BIATHLON ZU LIEBEN

EINE LIEBESERKLÄRUNG AN DEN SCHÖNSTEN SPORT DER WELT

SCHWARZKOPF & SCHWARZKOPF

INHALT

STARTSCHUSS **10**

I. SOTSCHI 2014 .... **13**
Weil die Russen bei 50 Milliarden Dollar an 40 Metern sparten ❖ Weil ein selbstloser Startverzicht zum hollywoodreifen Sister Act wurde ❖ Weil Erik Lessers Opa Willi bis 93 durchgehalten hat ❖ Weil der Landi es klüger machte als Monty Pythons Marathonläufer ❖ Weil die Skijagd mittlerweile selbst eine brasilianische Pazifistin begeistert ❖ Weil manche in Sotschi von allen guten Himbeergeistern verlassen waren ❖ Weil neben den drei Schwestern eine weitere Schweizerin in der Staffel Platz fand ❖ Weil der tschechische Silber-Schweiger doch noch etwas gefragt wurde ❖ Weil Biathleten nicht nur die Sau rauslassen können, sondern auch die Luft

II. ALTE ZEITEN **35**
Weil Skispringen mit Armbrustschießen auch eine schöne Vorstellung wäre ❖ Weil der Beatles-Fan aus der DDR den Sohn seines Bewachers auf den Gipfel trieb ❖ Weil die heutigen Scheiben keine Manipulationen mit Kugelschreibern zulassen ❖ Weil ein Gespräch im Flugzeug zur Geburtsstunde des olympischen Biathlons wurde ❖ Weil die Fauna des Waldes heute vor dem Putzschuss sicher ist ❖ Weil dank einer versöhnlichen Speckjausn der Sprint heute Sprint heißt ❖ Weil das tapfere Luftballonaufblaskommando endlich durchschnaufen konnte ❖ Weil sie den Trabbi-Motor aus dem Schießstand noch rechtzeitig ausbauten ❖ Weil eine hessische Lehrerin als Erste die Frauen im Biathlon unterrichtete ❖

Weil ein Reporter und ein Walkie-Talkie grandiose Live-Reportagen lieferten ❊ *Weil Sliwowitz dann doch noch ins olympische Dorf geschmuggelt wurde* ❊ *Weil sich 1990 drei Orte über eine WM freuen durften* ❊ *Weil rodelnde Urlauber heute wohl kaum noch eine Biathlon-WM gefährden würden* ❊ *Weil die Olympia-Geschichte abenteuerlich begann, hinter einer Gulaschkanone und in einer Propellermaschine*

III. ECHTE HAUDEGEN 71
Weil der Hirsch im Training leichter umfiel als die Scheiben im Rennen ❊ *Weil ohne den Pichler Hans Ruhpolding nie zum Biathlon-Mekka geworden wäre* ❊ *Weil beim Biathlon der Wald manchmal die schönsten Geschichten erzählt* ❊ *Weil ein trinkfester Pechvogel den lustigsten Abend der WM-Geschichte veranstaltete* ❊ *Weil die finnischen Vögel dem alten Aappo noch stundenlang erbitterten Widerstand leisteten* ❊ *Weil ein urplötzlicher Wutausbruch den Biathlon-Sport revolutionierte* ❊ *Weil Bruno Moravetz Fritz Fischer zu seiner Olympia-Premiere verhalf* ❊ *Weil das Grammofon des Dinosauriers noch älter war als er selbst* ❊ *Weil der alte Russe sich dem Medaillenbiss verweigerte* ❊ *Weil eine Verwechslung in jungen Jahren später zu großen Erfolgen führte*

IV. STARKE HELDEN 97
Weil Henkel trocken zum Abschluss in Champagnerlaune war ❊ *Weil der Goldfisch doch noch mehr wert war als der Goldene Lachs* ❊ *Weil Michael Greis vor dem Leberkäs drei goldene Ananasscheiben serviert bekam* ❊ *Weil der Geburtstag des Schwiegervaters wichtiger war als der Weltcup in Ruhpolding* ❊ *Weil der norwegische Nomade aus dem Wohnmobil unersättlich ist* ❊ *Weil der König die Einsamkeit nicht mehr ertrug und ein Babyschrei zum Rücktritt führte* ❊ *Weil Kati Wilhelm Nacktfotos einfach langweilig fand* ❊ *Weil Neuners Weg einst zu vielen Medaillen führte und heute zu einem Gipfel mit Rundumblick*

V. GLÄNZENDE TAGE 119
Weil sich die Stimmung erhellte, am Tag, als der FC Bayern gewann ❋ Weil im Hause Neuner nach dem Gold-Debüt der Hamster noch zum Tierarzt durfte ❋ Weil der Bulle von Tölz ein Pfundskerl von einem Glücksbringer war ❋ Weil man selbst mit einem leeren Gewehrmagazin noch Dritter wird und danach Weltmeister ❋ Weil Emmas Eltern für ein Märchen im Thüringer Wald sorgten ❋ Weil ein neuer Eurocent und alte DDR-Methoden zu Gold verhalfen ❋ Weil das verrückteste Staffelrennen aller Zeiten doch noch ein glückliches Ende fand

VI. ANDERE LÄNDER 137
Weil die Schützlinge des letzten Diktators fast zu Pfeil und Bogen gegriffen hätten ❋ Weil die Italiener auch nicht schlechter schossen als bei der Hinrichtung vom Hofer ❋ Weil die bulgarische Biathletin an den »Becher mit dem Fächer« erinnerte ❋ Weil die traurigen Schweden sich schließlich bei IKEA mit Köttbullar trösten konnten ❋ Weil der grönländische Eisbärschützer mit seiner Frau gerne 160 Kilometer läuft ❋ Weil der Finne mit Hubschraubern den Winter wegpusten wollte ❋ Weil der König zu langsam war und der Olympia-Traum trotzdem weiterlebt ❋ Weil die Mormonen einem Norweger mehr zujubelten als einst den US-Truppen ❋ Weil niemand die Hymnen so schön sang wie Frau Tängmarks 77 Kinder ❋ Weil eine Tschechin beim Singen den Ton fast so gut traf wie am Schießstand die Scheiben ❋ Weil überraschende Tortenpräsente den Geburtstag in der Fremde versüßen

VII. GUTE BEZIEHUNGEN 163
Weil Biathlon die britisch-bayerische Freundschaft fördert ❋ Weil ein Hippie aus der Blockhütte zum Vorbild für das Mädl aus Wallgau wurde ❋ Weil der bayerische Schankkellner die österreichische Biathlon-Party rettete ❋ Weil ein Franzose die deutschen Männer nicht für Evi Sachen-

bacher-Stehle hielt ❊ Weil Vater und Sohn über vogelwilde Klamotten und Haselnusszweige sprachen ❊ Weil sich die Junioren doch sehr schnell mit den Flintenweibern anfreundeten ❊ Weil eine selbstlose Argentinierin für eine kollabierte Biathletin zur Geisterläuferin wurde ❊ Weil die Siegerin die Goldmedaille halbieren wollte ❊ Weil eine ostdeutsch-norditalienische Freundschaft dem Bäcker einen schweren Pokal brachte ❊ Weil erst eine Bindung brach und dann eine neue Bindung entstand

VIII. SCHÖNE TRÄUME 189
Weil sich der Fernsehtraum des Mädchens mit der Zahnspange erfüllte ❊ Weil Beckenbauer davon träumte, am Schießstand wie John Wayne zu schießen ❊ Weil die Einschusslöcher im Schrank nach der Goldmedaille verschmerzbar waren ❊ Weil asiatischer Gleichmut zu einem großen Karriereende führte ❊ Weil die Strafrunde abgeschafft wird und die Biathleten auf der Strafbank schmoren sollen

IX. GROSSE GEFÜHLE 203
Weil Uschi Disl ihren größten Sieg schon vor dem WM-Triumph gefeiert hatte ❊ Weil die von Geburt an blinde Verena Bentele immer schon nach vorne schaute ❊ Weil für Mama Uschi das Goldstück im Kinderwagen lag ❊ Weil nach Schicksalsschlägen, Verlusten und Verletzungen ein Olympiasieg wartete ❊ Weil ein werdender Vater mit Startnummer 16 in den Kreißsaal eilte ❊ Weil Carl-Johan den Wettlauf gegen Lisa verlor ❊ Weil eine überwundene Krankheit die größten Ängste besiegte ❊ Weil sich eine verstorbene Freundin im Himmel über eine Silbermedaille mitfreute

X. NEBEN DER STRECKE 221
Weil Lena Neuner selbst als Wurstverkäuferin ein Quotenrenner geworden wäre ❊ Weil die kanadischen Bären schon um Martina Glagows

Trefferquote wussten ❊ *Weil Teddybären prickelnde Einzelabteilinterviews auslösen können* ❊ *Weil die Therapie mit Mozart und AC/DC zum Olympiasieg verhalf* ❊ *Weil einem Spitzen-Biathleten die politische Entwicklung in der alten Heimat Sorge bereitete* ❊ *Weil Gespräche über geschlachtete Säue, erlegte Rehe und blöde Hundskrüppel die unterhaltsamsten sind* ❊ *Weil der Zirnberg in Ruhpolding mehr lockte als der Putin in Moskau* ❊ *Weil we in Bavaria are built near the water* ❊ *Weil Breznsalz eine warme Weltmeisterschaft rettete* ❊ *Weil ein Kreuzfeuer für großes Drama sorgen kann* ❊ *Weil zwischen Billardspielern und Weinbauern einige Geheimnisse stecken* ❊ *Weil Bier und Bratwurst über die Olympia-Trauer hinwegtrösteten* ❊ *Weil Kinder die besten Interviews führen* ❊ *Weil der Büchsenmacher schon viele Babys produzierte*

XI. UND SONST 259

Weil die deutschen Sportler plötzlich als Belgier starteten ❊ *Weil die Biathleten den umstrittenen Olympiasieger am Leben ließen* ❊ *Weil Biathlon bei Olympia früher noch ein großes Fußballfest war* ❊ *Weil eine junge Weltmeisterin für zwei Reporter ihren Vater suchte* ❊ *Weil Biathleten aufgeräumter sind als andere Sportler* ❊ *Weil die »Riathleten« auch ohne den »Rundesinnenminister« Medaillen »huberten«* ❊ *Weil auf den Höllentouren der Olympiasieg ganz weit weg war* ❊ *Weil dem erfolgreichen Funktionär immer eine Witzseite frei gehalten wurde* ❊ *Weil Johann Mühlegg nie auf die Idee gekommen ist, Biathlet zu werden* ❊ *Weil man beim Exschwiegervater immer noch in Bjørndalens Bett schlafen kann* ❊ *Weil DDR-Meister Erich Kriegler als Killer des KGB die Welt in Atem hielt* ❊ *Weil Biathlon Eiskunstlauf-Höchstnoten bekommt* ❊ *Weil sich die Kati und der Kenianer in den Strafrunden verzählten*

XII. ZU GUTER LETZT **291**
Weil Sie jetzt noch das Wichtigste in Kurzform erfahren ❄ Weil sich Familie Björndalen die Sache mit China hoffentlich gut überlegt hat

XIII. BONUSGRÜNDE **303**
Weil die Erfolgsgeschichte der jungen Franzi beim alten Fritz begann ❄ Weil Omas Gulasch einfach am besten schmeckt ❄ Weil Uschi Disl in Schweden ihr Glück fand ❄ Weil ein Spiel gegen Real Madrid eine Exklusiv-News zum Biathlon brachte ❄ Weil Arnd Peiffer nun auch Bairisch kann ❄ Weil Laura Dahlmeier den richtigen Moment zum Absprung fand ❄ Weil Joahnnes Thingnes Bö vom Fußballtraining seiner Kinder träumt ❄ Weil die Italiener dank Doro jetzt auch Biathlon-Fans sind ❄ Weil es für Anastasiya doch noch ein Happy End gab ❄ Weil mit einem Rennabbruch eine große Freundschaft begann ❄ Weil eine Euro-Münze und die kleine Emma zum großen Triumph verhalfen

QUELLENANGABEN **328**

STARTSCHUSS
Vorwort

Sagen Sie, kennen Sie eigentlich schon diese Geschichten? Die von 2006 zum Beispiel, als ein Glücks-Cent zu Olympiagold verhalf? Oder die von dem tschechischen Sportler, der nach seiner Silbermedaille in Tränen ausbrach und den Erfolg seiner toten Freundin im Himmel widmete? Die von den deutschen Urlaubern, die mit einer Klage in Österreich beinahe eine Weltmeisterschaft verhindert hätten? Oder gar die vom nationalen Meister der DDR, der ein Doppelleben führte und auch als Killer im Auftrag des KGB unterwegs war? Nein? Dann sind Sie hier genau richtig. Denn hier erfahren Sie alles, was Sie unbedingt wissen müssen über das Thema Biathlon.

Biathlon. Keine andere Wintersportart hat in den vergangenen zwei Jahrzehnten einen solchen Aufschwung erlebt wie die Skijagd, der Zweikampf aus Langlauf und Schießen. Zehntausende Fans bei Weltcuprennen und Weltmeisterschaften an den Strecken, Millionen Zuschauer bei den Liveübertragungen daheim an den Bildschirmen, Rekordquoten ohne Ende. Die Spitzensportler der Szene als gefeierte Medienstars mit exorbitanten Popularitätswerten. Uschi Disl und Fritz Fischer. Kati Wilhelm, Ricco Groß. Lena Neuner, Michi Greis. Volkshelden. Wir sind Biathlon.

Eine Entwicklung, die anfangs noch undenkbar schien. 1924 als Militärpatrouillenlauf ein olympischer Demonstrationswettbewerb, hatte die Disziplin auch nach Ende des Zweiten Weltkriegs noch lange ein miserables Image – als sinnlos sonderbares Herumgeballere schießwütiger Soldaten und unbelehrbarer Waffennarren. Biathlon war bäh.

Und es sollte noch lange dauern, bis Biathlon wirklich etabliert war. Die Aufnahme ins olympische Programm ab 1960, die Umstellung auf Kleinkalibergewehre 1978, die erste Weltmeisterschaft der einst als Flintenweiber verrufenen Biathlon-Frauen 1984, all das waren erste Schritte, die dazu führten, dass Biathlon zu einer der beliebtesten Sportarten überhaupt wurde. Den richtigen Durchbruch feierte Biathlon hierzulande dann aber vor allem zu Beginn der Neunzigerjahre durch die Erfolge der deutschen Sportler bei Weltmeisterschaften und Olympischen Spielen, aber auch durch die rasante technische Entwicklung, die Biathlon zu einer der spannendsten und attraktivsten Fernsehsportarten werden ließ.

Dieses Buch ist nun keinesfalls nur eine rein chronologische Abhandlung über den Biathlon-Sport. Genauso wenig werden Sie sich, liebe Leserin und lieber Leser, durch einen statistischen Wust aus Zahlen und Daten kämpfen müssen oder die medial schon oft beschriebenen und längst bekannten Biografien der berühmtesten Spitzensportler vorfinden.

Nein, in diesem Buch geht es mehr um die kleinen Geschichten. Die Begebenheiten aus dem Hintergrund. Kleine Details, unbekannte Episoden, auch von Sportlern, von denen Sie noch nie gehört haben. Anekdoten, die noch nie erzählt wurden und hier das erste Mal veröffentlicht werden. Momente und Augenblicke, mal heiter und lustig, mal traurig und nachdenklich. Oder einfach nur schrullig und unterhaltsam.

Mit Geschichte und Geschichten, unvergessenen und ganz besonderen Begegnungen und Augenblicken, die ich als Biathlon-Berichterstatter von allen vier Olympischen Winterspielen seit 2002 wie auch als Korrespondent bei zahlreichen Weltmeisterschaften und Weltcuprennen in den vergangenen Jahren erleben durfte. Bei langen, ausgiebigen und exklusiven Interviews und Hintergrundgesprächen mit den Sportlern oder bei kleinen Beobachtungen abseits des Geschehens.

Dazu gibt es ausführliche Erinnerungen von Pionieren und Visionären, alten Haudegen aus den Anfangsjahren des Biathlons. Und längst vergessene Ereignisse, die durch die Recherche in historischen Bänden und Büchern, Zeitungen und Zeitschriften hier nun wieder hervorgekramt wurden.

Ein Buch, das keineswegs unkritisch über alle Verfehlungen hinwegblickt, ein Buch, das auch das Thema Doping nicht totschweigen will.

Ein Buch für die eingefleischten Biathlon-Fans, die schon glauben, alles zu wissen, nun aber von vielen der 111 Kapitel überrascht werden dürften. Ein Buch für diejenigen, die eine gewisse Affinität zum Biathlon haben und nach der Lektüre möglicherweise endgültig zum Fan werden. Aber auch ein Buch für all jene, denen Biathlon schon immer völlig egal war und auch immer gleichgültig sein wird, die hier aber dennoch amüsante, interessante und abwechslungsreiche Kurzgeschichten vorfinden werden.

Zum Beispiel über einen Biathlon-Trainer, dem einmal eine eigene Englisch-Sendung gewidmet wurde. Oder darüber, wie ein Trabbi-Motor eine WM in Ruhpolding akut gefährdete. Oder über eine Fußballlegende, die beim Biathlon am liebsten wie John Wayne aus der Hüfte geschossen hätte …

Aber lesen Sie einfach selbst. Viel Vergnügen und gute Unterhaltung!

Florian Kinast

1. GRUND

WEIL DIE RUSSEN BEI 50 MILLIARDEN DOLLAR AN 40 METERN SPARTEN

Die Russen hatten an alles gedacht, an wirklich alles. Zumindest fast. Sieben Jahre hatten sie nach der Vergabe durch das IOC 2007 Zeit, die Winterspiele in Sotschi vorzubereiten. Geschätzte 50 Milliarden Dollar kostete der Olympia-Spaß, von den hypermodernen, in die Landschaft hineinbetonierten Sportstätten über die vierspurige Autobahnschneise und die Eisenbahntrasse durch die Bergwelt des Kaukasus bis hin zu den Mutmaßungen um Gelder, die korruptionshalber in dubiosen Kanälen und finsteren Taschen versickerten. Putin und die Seinen ließen sich wahrlich nicht lumpen. Dumm nur, dass sie dabei Wesentliches übersehen hatten. Wie etwa die Länge der Biathlon-Strecke. Die war nämlich zu kurz.

Immerhin doch schon zwei Tage vor dem ersten Olympiarennen am 8. Februar rückten die acht Inspektoren des IOC mit dem Meterstab an. Das IOC hatte schließlich großes Vertrauen in den russischen Veranstalter, das merkte man spätestens an den huldvollen Lobpreisungen, mit denen der neue internationale Olympia-Boss Thomas Bach devot seinen Gastgeber Putin überhäufte. Der Russe wird's schon richten, warum da also noch lange vorher eigene Kontrollen durchführen, wie etwa bei jedem Weltcup, wo die Strecken spätestens vier Tage vor Beginn der Veranstaltung überprüft werden müssen.

So wurde es dann doch noch hektisch. Bei der Inspektion stellten die IOC-Kommissare fest, hoppala, der Rundkurs ist ja gar nicht so lang, wie er sein sollte. Statt der vorgeschriebenen 2,5 Kilometer war die Schleife nur 2.460 Meter lang. Beim 20-Kilometer-Einzelrennen der Männer hätten die Athleten also nur 19,68 Kilometer zurücklegen müssen. Wäre sicher auch eine Lösung gewesen, einfach die einzelnen Disziplinen den neuen Gegebenheiten anzupassen. Vom 7,38-Kilometer-Sprint über das anschließende 9,84-Kilometer-Verfolgungsrennen bei den Frauen bis zum Massenstart über 14,76 Kilometer bei den Männern gefolgt von der abschließenden 4x7,38-Kilometer-Staffel (gesamt: 29,52 km). So kam es dann aber doch nicht.

Auf die Schnelle schütteten die Veranstalter auf der eh schon anspruchsvoll hügeligen Strecke noch einen Schneehaufen auf, gewannen damit immerhin schon einmal fünf Meter. Blieben noch 35. Nach langem Grübeln kam den Kontrolleuren schließlich ein genialer Einfall. Es muss so gewesen sein wie bei *Wickie und die starken Männer*, wo der kleine Wickie in brenzligen Momenten immer an seiner Nase reibt, bevor Sterne über den Bildschirm flimmern und ihn doch noch die rettende Eingebung befällt, um aus der misslichen Lage herauszukommen.

Denn weil der Russe bei der Biathlon-Arena wie sonst auch bei allen Sportanlagen recht üppig und großzügig geplant hatte, war ja doch noch Platz im Stadion. Im Beisein der beiden deutschen für Weißrussland beziehungsweise Kanada tätigen Trainer Klaus Siebert und Matthias Ahrens wurde kurzerhand einfach die Startlinie nach hinten verschoben. Eben um 35 Meter. Ging ja dann auch. Hatte den Vorteil, dass die Biathleten mehr Anlauf hatten, für die 25-prozentige Steigung in der Linkskurve nach der Startgeraden.

Sie meinen, da wurde von vornherein am falschen Ende gespart? Ganz schön vermessen.

Später stellte man ja schließlich noch fest, dass der aufgeschüttete neue Hügel statt der eigentlichen fünf Meter doch sechs Meter mehr Strecke brachte. Da hatten sie dann doch mal wieder übertrieben, und zwar maßlos.

2. GRUND

WEIL EIN SELBSTLOSER STARTVERZICHT ZUM HOLLYWOODREIFEN SISTER ACT WURDE

Olympische Spiele bringen nicht nur Medaillen, Ruhm und Ehre, Olympische Spiele liefern auch die ganz großen Geschichten über Selbstlosigkeit, Gutmenschentum und Warmherzigkeit. Es ist die große Bühne für großes Theater, für Rührstücke voller großzügiger Generosität und nobler Nächstenliebe. Beispiele aus der Vergangenheit gibt es dafür einige.

1936 etwa, bei den Hitler-Spielen von Berlin, trug sich die berühmte Geschichte zwischen Jesse Owens, dem farbigen Amerikaner, und Luz Long, dem blonden Sachsen, zu. Owens hatte beim Weitsprung in der Qualifikation schon zwei ungültige Versuche, vor dem entscheidenden dritten Durchgang kam Luz Long auf ihn zu und erklärte ihm, wie er seinen Anlauf verbessern könne, um sicher den Balken zu treffen und trotzdem weit genug zu springen, damit er das Finale erreichen würde. Owens beherzigte den Ratschlag, er kam in den Endkampf und gewann bekanntermaßen Gold. Vor Luz Long.

Oder die Episode von Lawrence Lemieux, dem kanadischen Segler, der 1988 bei den Spielen von Seoul in der Finn-Klasse kurz vor Schluss Zweiter war, auf sicherem Silber-Kurs sogar noch mit der Aussicht auf Gold lag – und der dann alle Medaillenchancen voller Edelmut über Bord warf, weil er auf der Regattastrecke nebenan, wo gerade die 470er-Klasse unterwegs war, einem gekenterten Boot mit zwei Seglern aus Singapur zu Hilfe eilte.

Oder auch die Geschichte von Shawn Crawford, dem US-Sprinter, der 2008 in Peking nachträglich Silber über 200 Meter bekommen hatte, weil der eigentliche Zweitplatzierte Churandy Martina von den Niederländischen Antillen wegen Betretens der Bahnbegrenzung disqualifiziert worden war. Drei Wochen später, einen Tag vor dem Leichtathletik-Meeting in Zürich, bekam Martina auf seinem Hotelzimmer einen Anruf von der Rezeption, es sei ein Päckchen abgegeben worden. Darin eingepackt die Silbermedaille von Peking, mit einem handgeschriebenen Zettel: »Churandy, ich weiß, es kann den Augenblick nicht ersetzen, aber ich denke, dies hier gehört zu Recht dir. Shawn.«[1] Herzzerreißend, solche Anekdoten. Zum Weinen schön. Schluchz.

In diese Reihe passt auch die Story der amerikanischen eineiigen Zwillingsschwestern Tracy und Lanny Barnes ganz gut. Die beiden verband schon immer sehr viel, sie nennen sich gegenseitig beste Freundinnen und erzählten einmal, dass sie sich als Teenager auf der Highschool in ihrer Heimatstadt Durango in Colorado einen Spaß daraus machten, sich die Jungs zu teilen: Unter der Woche war Tracy dran, am Wochenende Lanny, ohne dass die Burschen es merkten. Oder wie sie die Lehrer veralberten, die sie nur an der Kleidung unterscheiden konnten – und wie sie zwischen zwei Unterrichtsstunden zu beidseitigem Gaudium schnell auf der Toilette das Gewand tauschten.

Was beide aber seit jeher noch viel mehr verbindet, ist die Liebe zum Sport und die Leidenschaft zum Biathlon. Zum »Gunnin' and Runnin'«, wie sie dazu sagen. 1999 begannen sie damit, natürlich gleichzeitig, 2006 starteten beide gemeinsam bei den Spielen von Turin für das US-Team, 2010 durfte nur Lanny nach Vancouver, Tracy wurde nicht nominiert. Danach kam eine üble Krankheit, und weil sie eben schon seit jeher alles miteinander machen müssen, befiel beide im Unterschenkel das sogenannte Kompartmentsyndrom, ein erhöhter Gewebedruck, der Blutgefäße abschnürt und die Muskeln schädigt. Beide unterzogen sich einer Operation, 2012 gaben sie ein Comeback und hofften auf einen gemeinsamen Start in Sotschi. Doch dann war im US-Team nur noch ein Startplatz frei – und um den kämpften Lanny und Tracy im Januar 2014 in einem internen Qualifikationsrennen. In Ridnaun, Südtirol.

Es war ein Rennen unter ungleichen Voraussetzungen, die Tage davor hatte Lanny krank im Bett gelegen. Wie sie später sagte, hatte sie 104 Grad Fieber. Sie meinte natürlich Fahrenheit. In Celsius waren das 40 Grad, auch eine stattliche Zahl und wahrlich hoch genug, um im Kampf um das Olympia-Ticket völlig chancenlos an den Start zu gehen. Tracy gewann das Rennen locker, sie war aber nicht glücklich darüber, und als sie am Nachmittag gemeinsam mit Lanny spazieren ging, sagte sie zu ihr: »Fahr du nach Sotschi, ich gebe dir meinen Platz.« Später, als diese Geschichte bekannt wurde, wurde es dann schon richtig kitschig, als die Tracy sagte: »Lanny würde alles für mich tun, ich weiß das. Deswegen tue ich nun alles für sie. Ich möchte, dass sie ihren Traum verwirklichen kann. Ich bin eine stolze Schwester.«[2] Ein Sister Act der anderen Art, herrlich hollywoodreif. Lanny Barnes meinte noch, falls sie eine Medaille gewinnen sollte, würde sie die nicht selbst behalten, sondern ihrer Schwester geben, man hätte heulen können vor so viel Anstand und Edelmut.

So weit kam es dann aber doch nicht, im einzigen Rennen, das Tracys Schwesterherz bestritt, im Einzel über 15 Kilometer, landete Lanny auf Platz 64. Tracy hingegen wurde schön dekoriert und zwar mit dem Fair-Play-Preis der UNESCO und der dafür vorgesehenen und nach dem neuzeitlichen Olympia-Gründer benannten Pierre-de-Coubertin-Trophäe. Die behielt sie aber. Die gab sie nicht an die Schwester weiter.

3. GRUND

WEIL ERIK LESSERS OPA WILLI BIS 93 DURCHGEHALTEN HAT

Zu behaupten, die Biathlon-Wettbewerbe bei den Winterspielen 2014 seien aus deutscher Sicht eher durchwachsen gewesen, wäre ein nicht hinnehmbarer Euphemismus. Die Wettbewerbe waren ein ziemliches Fiasko. Allen voran bei den Frauen. Diese zusammengewürfelte und hoffnungslos unterlegene Truppe bestand aus der Altmeisterin Andrea Henkel, die zwölf Jahre nach ihrem ersten Olympiagold schmerzhaft einsehen musste, dass es tatsächlich Sinn macht, die Karriere bald zu beenden, aus zwei jungen Nachwuchshoffnungen mit den Namen Franziska Preuß und Laura Dahlmeier, einer Franziska Hildebrand, die mit ihren 26 Jahren auch noch nicht wirklich den Durchbruch in die absolute Weltspitze geschafft hatte, und natürlich der Sachenbacher Evi. Die war erst durch ihr permanentes und auch bei Niederlagen unerschütterliches Dauerlächeln aufgefallen und später durch ihren positiven Dopingtest. Lief alles nicht so glücklich, im Lager der deutschen Skijägerinnen.

Bei den Männern sah es anfangs ähnlich miserabel aus, schließlich gab es noch halbwegs Schadensbegrenzung durch zwei zweite Plätze. Bei der Staffel am vorletzten Tag der Spiele und zuvor im Einzel über 20 Kilometer. So wurde in Sotschi ein Sportler mit zwei Silbermedaillen zum erfolgreichsten deutschen Biathleten, mit dem davor kaum einer gerechnet hatte: Erik Lesser, ein 25-jähriger Thüringer, der nicht nur seine guten Nerven unter Beweis stellte, sondern auch seinen trockenen Humor.

Am Tag, als er im Einzel seine Medaille gewann, gab es heftige Böen, einmal bliesen sie von links, ein anderes Mal von rechts, es war schwer, sich auf den Wind einzustellen, er war lästig. Wohltuend war dafür der frische Wind durch Erik Lesser. Ein unbekümmerter Typ, schlagfertig, unaufgeregt und ziemlich cool.

Als er eine Stunde nach dem Rennen zur Pressekonferenz der Medaillengewinner[3] schritt, hatte er sein Handy am Ohr. Auf die Frage, wer am anderen Ende der Leitung gewesen sei, meinte er: »Meine Freundin. Bisher hatte ich ja keine Zeit, sie anzurufen, ich musste dauernd Interviews geben.« Man blieb beim Thema Umfeld und Familie, es ging nämlich schon bald um seine beiden Großväter. Erst einmal um Axel Lesser. Axel Lesser war Langläufer in der DDR, zwischen 1968 und 1976 nahm er dreimal an Olympischen Winterspielen teil. Einmal sagte Erik Lesser: »Mein Opa ist mein Held.«

An diesem Tag, nach dem größten Erfolg seiner Karriere, dachte Erik Lesser aber auch noch an seinen anderen Großvater. An Willi Pietzko, den Opa mütterlicherseits. Der war nämlich schon 93, er hatte aber schon vor vielen, vielen Jahren seinem Enkel, der damals noch ein Nachwuchsbiathlet war, geschworen, dass er auf jeden Fall so lange leben werde, bis er, der Erik, einmal bei Olympischen Spielen mitmachen werde. »Er hat durchgehalten bis jetzt«, sagte Erik Lesser, »deswegen möchte ich ihm und meinem anderen Opa nun diese Medaille hier widmen.«

Später sagte Erik Lesser dann noch ganz lustige Dinge. Ob er denn nicht überlegt habe, beim letzten Schießen die Waffe noch einmal abzusetzen und wegen der Anspannung ob der Medaillenchance sich lieber noch ein wenig Zeit zu lassen und tief durchzuschnaufen, wurde er gefragt. »Nö«, sagte Lesser, »ich hatte zwar wacklige Knie, aber ich dachte mir: Absetzen ist nur was für Mädchen. Ich wollte das einfach durchziehen, habe ich dann ja auch getan.« Bei der Staffel blieb er ähnlich lässig, mit Daniel Böhm, Arnd Peiffer und Simon Schempp gewann er noch mal Silber.

Die danach verdientermaßen anstehende Feier zum erfolgreichen Abschluss der Biathlon-Wettbewerbe entfiel übrigens. Lesser bereitete sich mit Arnd Peiffer auf den Schlusstag der Spiele vor. Beide liefen da noch die 50 Kilometer. Langlauf. Sie konnten gar nicht genug bekommen.

4. GRUND

WEIL DER LANDI ES KLÜGER MACHTE ALS MONTY PYTHONS MARATHONLÄUFER

Von Monty Python gibt es einen sehr alten Sketch, er wurde zu einem der bekanntesten und legendärsten Stücke der englischen Komikertruppe überhaupt – *Silly Olympics*, auf Deutsch übersetzt: die Olympischen Spiele für Idioten. Darin zu sehen sind unter anderem der 100-Meter-Lauf der Orientierungslosen, das 200-Meter-Freistil-Schwimmen der Nichtschwimmer, das 1.500-Meter-Rennen der Gehörlosen, die nicht loslaufen, weil sie den Startschuss nicht hören können, oder der 3.000-Meter-Hindernislauf der Männer, die glauben, sie seien Hühner. Alles schön absurd, politisch manchmal wunderbar inkorrekt, macht aber nichts, gerade das kann ja auch ganz lustig sein.

Dazu gibt es auch noch eine weitere Disziplin, den Marathonlauf der Blasenschwachen. Unmittelbar nach Rennbeginn sprinten die Läufer dabei in die eigens aufgestellte Toilette, bevor es während des Laufs durch die Natur einen Führungswechsel nach dem anderen gibt, weil die Teilnehmer sich alle paar Meter in die Büsche schlagen.

Beim olympischen Staffelrennen der Männer in Sotschi war das nicht so, vielleicht hat Dominik Landertinger den Sketch ja auch einmal gesehen und die richtigen Schlüsse daraus gezogen. Der Österreicher war nämlich schon vor dem Rennen austreten, und zwar sehr oft, wie er hinterher zugab. »Heute war ich dauernd am Klo, zweimal so oft wie sonst«, bekannte Landertinger, »ich war einfach so nervös.« Für den »Landi«, wie sie ihn in der Heimat nannten, war es jedenfalls eine große Genugtuung und ein großartiger Abschluss der Winterspiele von Sotschi, die Bronzemedaille mit dem Austria-Quartett. Nach vier ganz schweren Jahren.

Der Landi, der Flachland-Ösi, der in Oberösterreich aufwuchs und erst später mit seinen Eltern nach Tirol übersiedelte, galt immer als großes Talent. Er war gerade 20, da ernannte ihn der große Ole Einar Bjørndalen schon zu seinem legitimierten Nachfolger, als er bei der WM 2009 den Titel im Massenstart holte und sich in der gleichen Saison die kleine Kristallkugel für die Disziplinen-Wertung sicherte. 2010 galt er schon als großer Olympiafavorit, aber der Landi landete keinen großen Erfolg, außer Silber mit der Staffel. Krankheiten und Infekte warfen ihn in der Zeit danach immer wieder zurück, in der Heimat kübelten manche Medien schon Häme über ihm aus und ätzten: »Vom Weltmeister zur Randfigur.« Aber Landertinger kämpfte sich zurück, ein Leben außerhalb des Biathlons gab es kaum, selbst in der Liebe suchte er sich als Partnerin eine aus seinem Metier aus, die tschechische Biathletin Veronika Zvařičová. Auch das ein Volltreffer.

Kurz vor den Spielen von Sotschi kam der nächste gesundheitliche Rückschlag, eine Nasennebenhöhlenentzündung, doch Markus Gandler, der Sportdirektor des ÖSV, prophezeite schon drei Tage vor dem ersten Rennen bei einer Begegnung im Österreicher-Haus: »Der Landi macht eine, wirst schon sehen.«[4] Er meinte eine Medaille. Machte er dann auch. Im Sprint über zehn Kilometer wurde er Zweiter, ganz knapp hinter dem norwegischen Altstar Ole Einar Bjørndalen. Um dann in der Staffel mit seinen Mitstreitern Simon Eder, Daniel Mesotitsch und Christoph Sumann Bronze zu holen. Sumann, der seine Karriere übrigens nach Olympia zum Ende der Saison beendete, erklärte ebenfalls, er sei fürchterlich aufgeregt gewesen. »Ich hab mir gedacht, das überlebe ich nicht, dass mein Herz das nicht mitmacht. Zum Glück hab ich's überstanden.«

Der Landi freilich will noch weitermachen, 2018 in Pyeongchang war er 29 und im besten Biathlon-Alter. »Dann greif ich wieder an um eine Medaille.« Tat er dann auch. Und holte im Einzelrennen sensationell Bronze. Medaillen holten 2018 auch die deutschen Biathleten und die deutschen Biathletinnen, die während der Spiele von Sotschi schwächelten. Es wäre gemein, zu behaupten, die Leistung der deutschen Skijägerinnen habe auch an Monty Python erinnert – an den Lauf der Orientierungslosen.

5. GRUND

WEIL DIE SKIJAGD MITTLERWEILE SELBST EINE BRASILIANISCHE PAZIFISTIN BEGEISTERT

Es gab Zeiten – zugegebenermaßen lange vor dem Beginn des großen Biathlon-Booms Ende der Neunzigerjahre –, da hatte die Sportart keinen guten Ruf. Mit der Waffe durch die Wälder ist doch eher was für unverbesserliche Militaristen, die da ihrer Schießwut freien Gewehrlauf lassen können. Dieses Image hat sich mit den Jahren geändert. Mittlerweile treten sogar überzeugte Pazifisten im Biathlon an. Wie die Brasilianerin Jaqueline Mourão bei den Winterspielen von Sotschi.

In ihrer Heimat war das Olympiafest im fernen Russland freilich kein großes Thema. Die Menschen sonnten sich im Februar – es war gerade Sommer in der südlichen Hemisphäre – an der Copacabana und sonst wo, beherrschendes Thema waren die Vorfreude auf und die Volksproteste gegen die bevorstehende Fußball-WM. Auch die Sportzeitung *Lance*, eine der bedeutendsten und größten Fachgazetten des Landes, thematisierte am 10. Februar auf den ersten 30 Seiten nur Fußball. Um auf Seite 31 dann doch schon auf Sotschi zu kommen. Mit der Überschrift: »Brasilien feiert einen 77. Platz!« Damit gemeint war eben Jaqueline Mourão, die beim Sprintrennen über 7,5 Kilometer auf Rang 77 kam und danach fröhlich lächelte und meinte: »Ich bin so froh, dass ich nicht gestürzt bin und es bis ins Ziel geschafft habe. Das war die Hauptsache.« War ja auch etwas Besonderes für sie, die 38-jährige Mutter eines dreijährigen Sohnes, bei ihrer fünften Olympiateilnahme, in der nun auch schon dritten Sportart.

2004 und 2008 war Jaqueline Mourão im Sommer mit dabei, in Athen und Peking, sie ging bei den Mountainbikern an den Start, auf dem Rad war sie schon immer richtig gut. In Brasilien war sie Landesmeisterin bei den Querfeldeinradlern, 2005 gewann sie als erste Brasilianerin überhaupt ein Weltcuprennen, bei den Panamerika-Spielen in Rio wurde sie unglückliche Vierte, das war 2007. Da hatte sie auch schon erste Erfahrungen im Wintersport gesammelt. 2004 war sie zu ihrem kanadischen Ehemann Guido Visser in dessen Heimat Quebec gezogen, und weil das Klima dort traditionell garstiger und ungemütlicher sein kann als zu Hause in Brasilien und sie daher oft in den langen verschneiten Wintermonaten nicht zum Radeln kam, begann sie mit dem Skilanglauf. Um 2006 und 2010 bei Olympia anzutreten.

Das mit dem Biathlon kam eher zufällig.

Beim Langlaufen in Quebec traf sie einmal den Biathleten und Trainer Jean Paquet und entdeckte die Liebe zu dem Zweikampf aus Langlauf und Schießen – als sie mitten in der Schwangerschaft steckte. Dabei hatte sie Waffen immer als etwas Beunruhigendes empfunden. »Bei uns in Brasilien gibt es eine sehr hohe Gewaltrate«, sagte sie während der Spiele von Sotschi. »Ich habe deswegen schon immer große Angst vor Waffen.« Als sie als junges Mädchen in ihrer Heimatstadt Belo Horizonte einmal im Bus saß, wurde sie überfallen, mit einer Pistole bedroht und ausgeraubt, daher auch die große Abneigung.

Beim Biathlon sei das aber von Anfang an ganz anders gewesen. Auf die Scheiben zu schießen, sagte sie, habe ihr großen Spaß gemacht. Deswegen nun also in Sotschi das Debüt als Biathletin.

Bei ihrem zweiten Start wurde es übrigens deutlich besser als zum Auftakt. Im Einzelrennen über 15 Kilometer kam sie auf Platz 76.

Gefragt nach ihrem großen Traum, sagte sie einmal: »Ich liebe es, die Natur und die Wildnis zu erkunden, es wäre wunderschön, einfach ein Flugzeug zu haben und immer und unentwegt dem Sonnenuntergang entgegenzuschweben.« Den Traum vom Fliegen könnte sich das Allround-Talent 2022 erfüllen. Vielleicht tritt sie dann ja im Skispringen an.

6. GRUND

WEIL MANCHE IN SOTSCHI VON ALLEN GUTEN HIMBEERGEISTERN VERLASSEN WAREN

Recht geistreich waren die Olympischen Winterspiele von Sotschi nun wirklich nicht. Angesichts der völlig absurden Verschandelungen der Umwelt in der kaukasischen Gebirgslandschaft und den inhumanen Bedingungen für die Arbeiter im Vorfeld der Spiele konnte man leicht den Eindruck gewinnen, der russische Gastgeber sei von allen guten Geistern verlassen, dafür schwebte politisch ein eher böser Geist über der Veranstaltung, nebenan in der Ukraine gab es schon Unruhen, der Konflikt mit Russland um die Krim sollte sich unmittelbar nach dem Ende der Spiele dramatisch zuspitzen. Der Heilige Geist hätte da zur Deeskalation ganz gutgetan, aber der kam nicht. Einen Geist gab es aber doch. Den Himbeergeist im Österreicher-Haus im Bergdorf Krasnaja Poljana. Der schmeckte sogar Wladimir Putin, dem Oberrussen. Putin schaute nämlich gleich am ersten Tag der Spiele in der Dependance von Team Austria vorbei, und als er es sich in der Zirbelstubn bei einer Brotzeit und zünftiger Volksmusik gemütlich machte, kredenzte man ihm einen guten Tiroler Tropfen, eben einen Himbeergeist.

Bei den Deutschen schneite Putin übrigens nicht herein. Dabei lag das Deutsche Haus nur ein paar Meter neben dem der Österreicher. Aber die Deutschen hatten ja auch nichts getan für die Spiele in Sotschi, Putin war noch immer angefressen, weil weder Bundespräsident noch Bundeskanzlerin zur Eröffnungsfeier gekommen waren. Aber was kümmern einen schon ein Gauck und eine Merkel, solange man einen Doppelmayr hat. Einen so zuverlässigen Sessellift- und Seilbahnbauer aus Vorarlberg, dessen Chefs zwar unumwunden zugegeben hatten, dass sie sich aus patriotischen Gründen natürlich Winterspiele 2014 in Salzburg gewünscht hätten, die gleichzeitig aber auch einräumten, dass das mit den Spielen in den noch unverbauten Bergen rund um Sotschi fürs Geschäft freilich wesentlich besser war. 40 Liftanlagen pflasterte Doppelmayr in die Gegend hinein, der größte Auftrag der Firmengeschichte.

So viel zu einem der Gründe für den Hausbesuch beim Land des Himbeergeists. Umso bemerkenswerter, dass es dann aber auch noch so etwas wie einen olympischen Geist gab – und zwar ausgerechnet zwischen Russen und Deutschen. Beim Biathlon nämlich.

Das deutsche Biathlon-Team war mit Unmengen an Material nach Russland gereist. Als man die Kisten und Container in Sotschi aber auspacken und zur Tat schreiten wollte, stellte man fest, dass die Präparierungsmaschine nicht funktionierte – das Gerät, um den Ski-Belag wettkampftauglich herzurichten.

Herrje, die Verzweiflung war groß. Was tun? 40 Paar nigelnagelneuer Ski für die Biathleten wie auch für die Langläufer und Nordischen Kombinierer waren zu bearbeiten. Ohne Präparation des Belags hätte man die auch genauso gut einige Kilometer weiter im Schwarzen Meer versenken können. Doch da wurde einem plötzlich ganz uneigennützig Hilfe angeboten. Vom Gastgeber. Zeigten die Russen nun doch tatsächlich ihr sprichwörtlich großes Herz?

In einer spontanen Hilfsaktion stellten die Kollegen vom russischen Biathlon-Verband den so gefürchteten Konkurrenten aus Deutschland ihren eigenen Ski-Präparations-Apparat zur Verfügung. Die DSV-Verantwortlichen schienen zu Tränen gerührt. »Ich habe diese Solidarität in meiner Zeit als Funktionär noch nicht erlebt«, sagte etwa Alfons Hörmann, der Präsident des Deutschen Olympischen Sportbundes, der vor seiner Wahl zum nationalen Olympia-Boss jahrelang Präsident des Deutschen Skiverbandes gewesen war. »Man muss ja berücksichtigen, dass die Russen damit einem direkten Gegner in den Wettkämpfen geholfen haben. Sie haben uns letztlich wieder stark gemacht.«[5]

Sagte Hörmann. Noch vor dem ersten Wettkampf.

Dann kamen die ersten Rennen. Das deutsche Biathlon-Team erlebte ein Debakel nach dem anderen, bis Erik Lesser zwischendrin mal Silber gewann. Dann ging die Misere weiter, und als Beobachter vor Ort dachte man sich immer öfter, wie wohl die Russen die Präpariermaschine präpariert haben mögen, bevor sie diese den DSV-Technikern aushändigten, und wie sich Mütterchen Russland nun still und heimlich ins Fäustchen lachte, weil die Deutschen allen Ernstes geglaubt hatten, die Russen würden ihnen wirklich helfen wollen.

Erst am letzten Tag gab es noch eine weitere deutsche Biathlon-Medaille. Silber mit der Staffel. Hinter Russland. Wenigstens behauptete sich das deutsche Quartett noch gegen den dritten Mitstreiter um Gold. Die Österreicher waren nämlich lange gleichauf mit den beiden Führenden gelegen, dann brachen sie ein.

Vielleicht hatten sie zu viel Himbeergeist getrunken.

7. GRUND

WEIL NEBEN DEN DREI SCHWESTERN
EINE WEITERE SCHWEIZERIN IN DER STAFFEL PLATZ FAND

Nein, sie waren nicht weiter aufgefallen. Am Ende belegten sie den neunten Platz, hinter Kanada, vor Polen und sogar noch vor den deutschen Frauen auf Rang elf. Der DSV-Staffel war das nachzusehen, an jenem denkwürdigen Tag bei den Olympischen Spielen von Sotschi. Der nur Stunden davor bekannt gewordene Dopingfall ihrer Teamkollegin Evi Sachenbacher-Stehle hatte Franziska Preuß, Andrea Henkel, Franziska Hildebrand und Laura Dahlmeier völlig aus dem Konzept gebracht.

Für Furore sorgte später noch die siegreiche Staffel der Ukraine, als die vier Läuferinnen die Journalisten auf der Pressekonferenz um eine Schweigeminute für die Opfer bei den Unruhen in ihrer Heimat baten.

An jenem aufregenden Tag also liefen die Schweizerinnen auf Rang neun eher unbemerkt ins Ziel. Wobei das fast schade war, denn die Staffel hatte für ein Novum gesorgt. Hätte man die vier Frauen in eine Reihe gestellt und gefragt, wer von ihnen nicht hierher passen würde, es wäre natürlich Irene Cadurisch gewesen, die Schlussläuferin. Die einzige, die nicht Gasparin hieß. Denn die anderen drei waren Schwestern. Selina. Elisa. Aita. Drei Schwestern in einer Staffel, das hatte es auch noch nie gegeben. Genauso wenig wie olympisches Edelmetall für einen Biathleten aus dem Land der Eidgenossen. Das hatte Selina Gasparin, die älteste der drei Schwestern, kurz zuvor im Einzelrennen über 15 Kilometer geschafft, bei dem sie Silber gewann. Es waren schon bemerkenswerte Spiele. Für die Schweiz. Für die Gasparins.

Als sie ihre Medaille hatte, vor der Staffel, erzählte Selina Gasparin ein wenig über sich und über das Ansehen des Biathlons in der

Schweiz. Dass sie einst einen benachbarten Bauern fragen musste, ob sie auf seinem Acker eine Schießscheibe aufstellen dürfe, um trainieren zu können, weil Biathlon zwar in allen Nachbarländern – in Deutschland und Frankreich, Österreich und Italien – eine große Popularität genoss, man selbst aber eher eine sportliche Diaspora war. »Jetzt, wo ich mit einer Medaille nach Hause komme«, sagte Gasparin nach ihrem bis dahin größten Erfolg, »da möchte ich, dass jeder Schweizer weiß, was Biathlon ist. Nicht Laufen und Radfahren oder sowas.«[6]

Es war zudem ein Triumph, mit dem nicht einmal im eigenen Verband gerechnet wurde, denn Selina Gasparin hatte mit dem zweiten Platz nicht nur Silber gewonnen, sondern auch eine Wette gegen Christian Manzoni, den Pressesprecher des Schweizer Biathlonverbands. Ausgemacht war, dass Manzonis Bart fällt, wenn die eidgenössischen Biathletinnen eine Plakette gewinnen. »So sehr ich es auch gehofft habe, damit gerechnet habe ich nicht und deshalb zu Hause auch kein Rasierzeug eingepackt«, sagte Manzoni und kündigte den Gang ins Shoppingcenter des nahe gelegenen Ortes Krasnaja Poljana an.[7]

Nachdem der Bart gefallen war, trafen sich die drei Schwestern unmittelbar vor dem Staffelrennen zu einem gemeinsamen Interview. Selina, 29 Jahre, Elisa, 22, Aita, 20. Es sollte ein ganz unterhaltsames Gespräch werden. Sie erzählten, wie Selina erst Alpin-Skifahrerin war, dann aber mit sieben aufs Langlaufen umstieg – weil es leichter war, den Kinderwagen mit der kleinen Schwester Elisa über eine Loipe zu schieben als die Piste hinunter. Wie Elisa trotz des großen Altersunterschieds die Erste war, die an einem Biathlon-Wettkampf teilnahm, und erst dadurch auch ihre ältere Schwester für die Skijagd begeistert wurde. Wie die beiden ihrer jüngsten Schwester Aita zur Firmung eine schöne Überraschung machten – als sie ihr nämlich ein Gewehr schenkten. Und wie es sich schon in Kindertagen äußerte, dass Selina ganz oben in der Schwestern-Hierarchie angesiedelt war. »Wenn wir früher mit der

Familie picknicken gegangen sind«, sagte Elisa, »hat es zum Nachtisch immer Schokolade für die Familie gegeben. Und die durfte nur Selina öffnen und verteilen. Wir durften die nicht berühren.«

Die alles entscheidende Frage freilich war, warum reichte es nicht zu einer reinen Gasparin-Staffel, oder ob es nicht doch irgendwo eine vierte Schwester gebe, die man zum Biathlon noch rekrutieren könnte? Dies verneinte Elisa Gasparin und schob die Verantwortung auf ihre Eltern: »Sie waren zu langsam und haben vor 20 Jahren nicht begriffen, dass wir eigentlich vier brauchen. Dann war es zu spät.«

Eine Biathletin wird sich darüber sicher nicht gegrämt haben. Irene Cadurisch.

8. GRUND

WEIL DER TSCHECHISCHE SILBER-SCHWEIGER DOCH NOCH ETWAS GEFRAGT WURDE

Da saß er nun also. Ondřej Moravec. Tschechischer Biathlet. Er hatte gerade Silber gewonnen bei den Olympischen Spielen von Sotschi, im Verfolgungsrennen der Biathleten. Es war der größte Moment seiner Karriere. Jetzt also war die Pressekonferenz, im Medienraum des olympischen Biathlon-Stadions.

Die Pressekonferenzen in Sotschi liefen nie so ab, dass alle drei Medaillengewinner auf einmal vorne auf dem Podium Platz nahmen. Es kam, wer Zeit hatte. Wer fertig war mit den ersten Interviews, wer als Nächster zur Dopingprobe musste, wer gerade Luft hatte. Es herrschte also immer eine gewisse Unruhe, auch weil man als Reporter nie wusste, welcher Sportler, welcher Medaillengewinner nun denn an der Reihe war. Zwei Etagen höher, wo die Journalisten im Arbeitsraum ihre Artikel schrieben, gab es manchmal Durchsagen, dass die Pressekonferenz nun beginnen würde und wer nun gerade käme. Oft gab es diese Durchsagen aber auch nicht, weil die freiwilligen Helfer an der Info-Theke zwei Wochen lang gelangweilt herumlümmelten und lieber auf ihre Smartphones starrten, als sich um die Weitergabe von wichtigen Neuigkeiten zu kümmern. Das hatte zur Folge, dass man sicherheitshalber schon ganz bald nach dem Rennen im Press Conference Room Platz nahm, und um auch ja nichts zu versäumen, nahm man auch Sportler in Kauf, die einen gar nicht interessierten.

So kam man in den Genuss, auch den nachhaltigen Auftritt von Ondřej Moravec miterleben zu dürfen. Der Raum war voll, nur war wegen Ondřej Moravec selbst gar keiner gekommen. Der Raum war voll wegen Martin Fourcade, dem Olympiasieger, dem extrovertierten Branchen-Primus, der aber noch auf sich warten ließ. Moravec saß also da, neben ihm zu seiner Rechten eine Art Moderator, der das Frage-Antwort-Spiel immer eröffnete. »Any questions to Ondřej?«[8] Schweigen im Raum.

Vielleicht hätte Moravec ja gerne erzählt, über den großen Erfolg für sich und die kleine Biathlon-Nation Tschechien. Über seine Anfänge beim Wintersportklub SKP Jablonec, über seinen Lehrmeister und Trainer Vlastimil Vávra. Über das Gefühl, wie es war, der Weltspitze jahrelang hinterherzulaufen, schon in Turin 2006 bei Olympia dabei gewesen zu sein, wo er noch völlig unbeachtet auf den Plätzen 34 und 41 landete. Wie es ist, jetzt mit 29, kurz vor dem einsetzenden Herbst der Karriere, auf einmal so einen Erfolg zu haben. Hätte er alles sagen können. Auch darüber, dass er ja schon viermal Weltmeister war im Biathlon, hätte er reden können, allerdings im Sommerbiathlon. 2004 und 2005 auf Rollerskiern, bei den Titelkämpfen von Brezno-Osrblie und Muonio. Wäre auch ein nettes Detail gewesen, ob er sich eher als ein Schönwetter-Biathlet ansehen würde. Aber es fragte ihn ja keiner, weil es Moravec ging wie so vielen unauffälligen Spitzensportlern, die zwar erfolgreich sind, aber die einen nicht so ansprechen, weil man eine ganz andere Geschichte aufschreiben will wie hier eben über Martin Fourcade, diesen Typen, über den man sich streitet in der Szene, der gerne provoziert und deswegen polarisiert. Aber ein Ondřej Moravec, ein blasser Tscheche? Na ja.

Nach einiger Zeit des peinlichen Schweigens durchbrach der Moderator die beklemmende Stille und fragte: »Überrascht über Silber, Ondřej?« Moravec nickte und sagte: »Yes.« Der Moderator meldete sich erneut zu Wort und warf in die Runde: »Noch Fragen? Echt keine Fragen mehr?« Moravec wirkte, als wolle er schon gehen. Dann gab es aber doch noch eine Meldung, ein Raunen ging durch die Reporterschar. Man drehte sich um und blickte entgeistert auf den Kollegen, dem nun das Mikrofon gebracht wurde und der nun allen Ernstes eine Frage stellen wollte. Es war ein Reporter aus Frankreich, er fragte: »Was halten Sie von Martin Fourcade?«

Moravec sagte nicht viel, dass das ein verdienter Olympiasieger sei und so, dann stand er auf und ging. Nach einiger Zeit kam Fourcade, er plauderte munter drauflos, die Journalisten kamen mit dem Fragen nicht mehr hinterher, danach eilte man wieder hoch in den Arbeitsraum zum Schreiben. Auf der Treppe fragte ein Kollege noch: »Wer hat eigentlich Silber gewonnen?«

9. GRUND

WEIL BIATHLETEN NICHT NUR DIE SAU RAUSLASSEN KÖNNEN, SONDERN AUCH DIE LUFT

Bei skandinavischen Wintersportlern muss man manchmal aufpassen. Woran es liegt, dass gerade von ihnen einige gerne hemmungslos über die Stränge schlagen, ist schwer zu sagen. Man denkt zurück an Matti Nykänen, den genialen finnischen Skispringer der Achtzigerjahre, sechsmal Weltmeister, viermal Olympiasieger. So sehr er im Sport vor dem Absprung am Schanzentisch immer in der Spur bleiben musste, so sehr geriet sein Leben nach der Karriere völlig aus der Bahn, als er als Stripper jobbte und später im Knast saß, es ging um versuchten Totschlag, eine Messerstecherei im Vollrausch.

Janne Ahonen, Nykänens Landsmann, ließ es sogar während der aktiven Zeit schon gerne krachen. In seiner Autobiografie mit dem Titel *Königsadler* schrieb er vom Abend vor dem letzten Weltcupspringen 2005 auf der Flugschanze von Planica. Wie sein Teamkollege Risto Jussilaninen an der Tür klopfte, mit 24 Dosen Bier in der Hand, die sie dann auch tranken. Am nächsten Tag sprangen sie wieder, Ahonen flog auf unglaubliche 240 Meter, das wäre Weltrekord gewesen, wenn er den Sprung gestanden hätte. Aber er stürzte, Helfer und Sanitäter trugen ihn aus dem Zielraum und wollten ihn ins Krankenhaus bringen, aber Ahonen weigerte sich – aus Angst, die Ärzte würden Restalkohol in seinem Blut finden.

Lars Bystøl, ebenfalls ein Skispringer, aber ein norwegischer, sorgte einmal für Schlagzeilen, das war 2003, als er im Suff ins Hafenbecken von Oslo fiel. Und auch drei andere Norweger, Biathleten nämlich, legten eine ordentliche Eskapade hin, am Ende der Saison 2014, Anfang März beim Weltcup im slowenischen Pokljuka.

Möglich, dass Emil Hegle Svendsen immer noch etwas übermütig war von seinen Erfolgen in Sotschi, als er nur wenige Wochen davor zweimal Gold gewann, im Massenstart und in der Mixed-Staffel. Jedenfalls zog er dort in Pokljuka mit seinen beiden Mannschaftsfreunden, den Brüdern Tarjei und Johannes Bø, um die Häuser. Unter mächtig Alkoholeinfluss ließen sie dann die Luft aus den Reifen von Mannschaftsfahrzeugen der unterschiedlichsten Nationen. Das gab für das trinkfeste Trio eine Abmahnung vom norwegischen Verband und eine Geldbuße von rund 12.000 Euro.

Schon im Jahr davor hatte Svendsen mit anderen norwegischen Biathletinnen für einen Eklat gesorgt, als sie beim Weltcupfinale in Chanty-Mansijsk beim Massenstartrennen der Frauen am Streckenrand die Hosen runterließen. Möglicherweise war das angesichts des bereits feststehenden Gesamtweltcupsiegs ihrer Landsfrau Tora Berger die Gegenleistung für 2010. Damals hatte Svendsen die Gesamtwertung gewonnen, woraufhin zur Feier des Tages die norwegischen Biathletinnen ihre Oberkörper entblößten. Andere Länder, andere Sitten.

Für großen Wirbel sorgte dann im Frühjahr 2014 noch ein weiterer Wintersportler aus Norwegen, das war Petter Northug, der Doppel-Olympiasieger von 2010 im Langlauf. Im Vollrausch raste er mit seinem Audi A7 in Trondheim über eine Verkehrsinsel, mähte danach mehrere Schilder um und krachte schließlich in eine Leitplanke, anschließend beging er Fahrerflucht. Zu Fuß, mit dem Autowrack war eine Weiterfahrt nicht mehr möglich.

Es war naheliegend, dass man beim Lesen dieser Zeitungsberichte über Northug an die Pressekonferenz von Ole Einar Bjørndalen wenige Monate davor in Sotschi dachte, einem der norwegischen Wintersportler, die genau das andere Extrem sind, ruhig, in sich gekehrt, skandalfrei. Nach seinem Olympiasieg im Sprint ging es wieder einmal um seine sportliche Zukunft, wie lange er denn noch weiter aktiv bleiben wolle, und vor allem, was er nach seiner Karriere zu tun gedenke. Bjørndalen sprach von der WM in Oslo 2016, und dass er vielleicht nach der Sportlerlaufbahn mit seinem Freund Petter Northug zusammenarbeiten werde, dass sie vielleicht einen Betrieb aufbauen. Und was das sein werde? Darauf sagte Bjørndalen, es war wohlgemerkt noch einige Wochen vor Northugs Totalschaden: »Eine Autowerkstatt.«

10. GRUND

WEIL SKISPRINGEN MIT ARMBRUSTSCHIESSEN AUCH EINE SCHÖNE VORSTELLUNG WÄRE

1972 war eine Zeit, in der sich die Begeisterung für Biathlon noch in überschaubaren Grenzen hielt. In Fernost tobte der Vietnamkrieg, in Nordirland eskalierte nach dem sogenannten »Bloody Sunday« der Konflikt zwischen Protestanten und Katholiken, der in der Folge zu fürchterlichen Straßenschlachten und Attentaten mit zahlreichen Todesopfern führte, im eigenen Land erreichte der Terror der RAF mit zahlreichen Bombenanschlägen eine neue Qualität, zum traurigen Höhepunkt des Jahres schließlich wurde der Überfall palästinensischer Terroristen auf die israelischen Sportler im olympischen Dorf während der Sommerspiele von München.

Und in so einer Zeit sollte man sich auch noch begeistern für eine Sportart, bei der die Athleten eine Waffe mitschleppten und durch die Gegend ballerten? Man war damals noch nicht so weit, die grausigen Gewaltphänomene in der Gesellschaft und der internationalen Politik isoliert vom Sport zu betrachten. Geschossen wurde schon genug auf der Welt, da brauchte man nicht auch noch so etwas wie Biathlon, weshalb dieser Sport auch völlig unter Ausschluss der Öffentlichkeit stattfand.

Biathlon gab es nicht im Fernsehen. Aber in der Zeitung. Einmal ganz groß. Und wie.

Es war im Frühling 1972, in der *Zeit* hatte der 2012 verstorbene Schriftsteller und Autor Herbert Rosendorfer im Vorfeld der Münchner Sommerspiele eine Serie begonnen, sie trug den Titel *Grantiges Olympia*. Insgesamt veröffentlichte er bis Ende August zehn Essays voller Witz und Ironie, recht pointiert aufgeschrieben und manchmal schön versponnen und verschwurbelt. Im dritten Teil der Serie, der Mitte Mai erschien, widmete sich Rosendorfer dem Biathlon. Diese Sportart war zwar kein Bestandteil der Sommerspiele, machte aber nichts, der Artikel war trotzdem köstlich. Zumindest größtenteils.

So schrieb er für alle Fachfremden zunächst eine Kurzdefinition in eigenen Worten: »Biathlon geht so vor sich, daß eine Anzahl von Skiläufern nicht nur Ski und Stöcke, sondern auch Gewehre bei sich haben. Sie laufen eine Zeitlang, legen sich dann auf dem Bauch in den Schnee und lassen es knallen, und zwar mit dem Gewehr.« Ein Zweikampf aus Laufen und Schießen, wissen wir ja. Doch Rosendorfer spann das Thema noch weiter und entwarf wunderbare Ideen für andere Möglichkeiten von, wie er schrieb, »biathlonischen Sportarten«. Etwa, dass die Schweiz einen Antrag beim IOC eingereicht habe, bei den Olympischen Winterspielen 1976 die »Appenzeller Kombination« einzuführen: Skispringen und Armbrustschießen, wobei der Springer die Armbrust auf dem Rücken trage, mit der er dann in der Luft mit maximal drei Pfeilen eine Tontaube abzuschießen habe, die im Moment des Absprungs abgeschleudert wird. Der Springer habe dann mit geschulterter Armbrust wieder zu landen.[9]

Von einer Weiterentwicklung zum Triathlon, bei dem der Springer während des Schießens auch noch jodeln müsse, riet Rosendorfer ab, das sei vermutlich nur schwer vernehmbar. Wenn ein Dreikampf, dann würde er einen sogenannten »Aquathlon« vorschlagen. Marathon, Eistanz und Wasserball, da hier die drei Aggregatzustände des Wassers symbolisiert würden. Zitat: »Der vor Anstrengung dampfende Läufer (gasförmiger Aggregatzustand) springt in einen Eisläuferfrack, schnallt sich Schlittschuhe an, die Einleitung zu Tschaikowskys Klavierkonzert in b-Moll rauscht auf, der »Aquathlet« dreht seine Runden auf dem Eis (fester Aggregatzustand), entledigt sich rasch wieder der Eistanztracht, läuft weiter, unmittelbar hinter dem Zielband ist ein Becken mit Wasser, (flüssiger Aggregatzustand), die Läufer springen hinein und spielen Wasserball.«[10] Herrlich gaga.

Zum Schmunzeln auch der Vorschlag einer Kombination aus Hürdenlauf und Kugelstoßen, bei der das Ziel sei, während des Rennens die Gegner auf den Nebenbahnen abzuwerfen, wobei man für gefangene Kugeln obendrein Bonus-Punkte erhalten würde.

So weit, so heiter. Am Schluss jedoch überzog Rosendorfer ein bisschen, als er eine Neuauflage eines österreichisch-ungarischen Husaren-Triathlons ins Spiel brachte: »In drei Stunden drei Meilen reiten, drei Liter Wein trinken und drei Frauen beschlafen.«[11]

Ein aus heutiger Sicht eher durchwachsener Schluss-Gag. Kaum vorstellbar, dass heute so etwas noch erscheinen würde, in dieser renommierten Wochenzeitung. War damals eben doch eine andere »Zeit«.

11. GRUND

WEIL DER BEATLES-FAN AUS DER DDR
DEN SOHN SEINES BEWACHERS AUF DEN GIPFEL TRIEB

Es war Anfang 2006, ungefähr vier Wochen vor den Winterspielen von Turin, da erlebte ein deutscher Biathlet ein ganz besonderes Wintermärchen. Alexander Wolf, genannt Ali. Einer, den viele schon abgeschrieben hatten, der in den Europacup zurückversetzt worden war. 1997 war er mal Juniorenweltmeister, mit 18, damals galt er als große Nachwuchshoffnung. Erfüllt hatte er die Erwartungen zunächst nicht, außer mit dem Sieg bei einem Weltcup-Sprintrennen, 2003 in Lahti. Ali Wolf kämpfte auch mit Verletzungen, ein Bänderriss heilte lange nicht aus. 2005 dann durfte er bei der WM in Hochfilzen in der Staffel antreten. Ali Wolf war Startläufer, er musste sechs Mal nachladen und drehte eine Strafrunde, kein anderer aus dem deutschen Quartett, zu dem außerdem Ricco Groß,

Sven Fischer und Michael Greis gehörten, schoss so schlecht wie er. Deutschland gewann in diesem Rennen keine Medaille, man wurde Sechster.

Dann aber, urplötzlich, Ende 2005, lief er allen davon und traf auch beim Schießen viel besser. Und als sich der Biathlon-Tross Mitte Januar traditionell bei den Festtagen in Ruhpolding versammelte, trat Ali Wolf im Gelben Trikot des Weltcupführenden an. Der Großcousin von Biathlon-Legende Frank Luck (beide hatten die gleiche Uroma) war auf dem Höhepunkt, auf dem Gipfel seiner Karriere. In Ruhpolding erzählte er, dass das sicher auch an den anderen Gipfeln gelegen habe, die er im Sommer zuvor beim Training mit dem Fahrrad bezwungen habe. Dem Galibier, dem Col de la Madeleine, dem Col de l'Iseran. Berüchtigte Berge, die schon manchen Spitzenradfahrer bei der Tour de France zum Verzweifeln gebracht hatten. »Wenn du das hinter dich gebracht hast, weißt du, was du gemacht hast«, sagte Wolf damals.

Angetrieben bei der Radtour durch Frankreich wurde Ali Wolf von Frank Ullrich, dem Bundestrainer. Und da gab es noch eine ganz eigene Geschichte, die damals immer wieder ein großes Thema war, die Geschichte von Frank Ullrich und Karl-Heinz Wolf, dem Vater von Ali Wolf.

Frank Ullrich war bekanntermaßen selbst einer der weltbesten Biathleten seiner Zeit. Im blauen Laufanzug der DDR feierte er seine größten Erfolge, viermal war er Einzelweltmeister, einmal Olympiasieger – 1980 bei den Spielen von Lake Placid, im Land des kapitalistischen Klassenfeindes. Bei einer Unterhaltung erzählte Frank Ullrich mir einmal, dass er gerne im Westen war und er jedes Mal, wenn sich die Gelegenheit ergab, ein Musikgeschäft aufsuchte, um sich Schallplatten zu kaufen, die er im Osten nicht bekam. Die Beatles, die Stones, Procul Harum und Deep Purple. »Einmal hatte ich mein ganzes Geld in elf Platten investiert«, sagte er. »Ich hatte immer das Gefühl, ich kann mich frei bewegen.« Es war ein trügerisches Gefühl.

Denn die Stasi wusste über alles Bescheid. Die Stasi hatte viele Infos über Frank Ullrich bekommen. Unter anderem von Karl-Heinz Wolf, der unter dem Decknamen »IM Ernst« im Auftrag des Ministeriums für Staatssicherheit unterwegs war.

Als IM Ernst meldete Wolf einmal 1981 über seinen Mannschaftskollegen Ullrich: »Gegenwärtig kann zusammenfassend eingeschätzt werden, daß Frank als Olympiasieger und Vorbild für viele junge Sportler sich nicht entsprechend verhält und starke charakterliche Schwächen diesbezüglich aufweist.«[12] Über einen andern Läufer meldete er der Staatssicherheit, dass dieser »wahrscheinlich bei der Ausgangsüberschreitung die gesamte Nacht bei einem Mädchen«[13]gewesen sei. Schon 1976 hatte IM Ernst einmal über einen Schüler der Sportschule Zella-Mehlis, den späteren Juniorenweltmeister Andreas Heß, gemeldet, er würde einen »größeren Westgeldbetrag« besitzen. Es waren genau 20 D-Mark.

Mit dem DDR-Regime sollte Ullrich noch eine ganz schreckliche Erfahrung machen, und zwar 1982. Ullrichs junge Ehefrau war damals schwer erkrankt, sie lag im Krankenhaus im Sterben. Ullrich weilte im Trainingslager, als er aus der Klinik hörte, es würde wohl zu Ende gehen. Ullrich bat darum, die letzten Tage bei seiner sterbenden Frau am Krankenbett verbringen zu dürfen, doch diesen Wunsch verwehrten ihm die obersten SED-Funktionäre, sie untersagten ihm die Abreise aus dem Mannschaftsquartier. Manfred Ewald, der oberste Sportfunktionär der DDR, sagte damals zu Ullrich: »Meine Frau ist auch manchmal krank, das ist nicht so schlimm.« Ullrich fuhr dennoch und beendete danach seine Karriere. »Dass nur der Sportler zählt und nicht der Mensch, das war der Auslöser, dass ich aufgehört habe«, sagte er mir später. »In mir ist damals eine Welt zerbrochen.«

Karl-Heinz Wolf bekleidete auch nach der Wende wichtige Funktionen, zum Beispiel als Trainer bei seinem Heimatverein in Oberhof. Dort war er auch im Vorfeld lange Chef-Organisator der Biathlon-WM 2004, bis kurz vor Beginn seine Stasi-Vergangenheit einen großen Schatten auf die Veranstaltung warf und er zurücktrat.

Frank Ullrich hatte da bereits Frieden mit dem Thema geschlossen, und als es 2006 um die Vergangenheit ging, da winkte er nur noch ab. War für ihn kein Thema mehr, und erst recht kein Grund, den Sohn für die Fehler des Vaters in Sippenhaft zu nehmen. Das alles war Schnee von gestern. Ullrich freute sich vielmehr über die Erfolge vom Ali. Über den Schnee von heute.

12. GRUND

WEIL DIE HEUTIGEN SCHEIBEN KEINE MANIPULATIONEN MIT KUGELSCHREIBERN ZULASSEN

Heute geht das ja alles ganz einfach und ganz schnell, man weiß auch gleich Bescheid. Als Besucher auf der Tribüne, live im Stadion, sieht man immer ganz hervorragend, wenn die Biathleten am Schießstand liegen oder stehen, wie viele der fünf Zielkreise in 50 Meter Entfernung sie getroffen haben. Saß der Schuss, dann schiebt sich zum Zeichen eines erfolgreichen Versuchs mittels Sensor eine weiße Scheibe vor die schwarze Trefferfläche, ging's daneben, bleibt ein schwarzes Loch.

Auch die Zuschauer daheim an den Bildschirmen sind quasi in Echtzeit immer im Bilde, selbst wenn es gerade hoch hergeht am Schießstand und mehrere Sportler zeitgleich nebeneinander die Waffe anlegen. Auf der rechten Seite stehen dann immer die Namen der Biathleten, dazu gibt es je einen Balken mit fünf schwarzen Kreisen, die bei einem Treffer weiß werden, bei einem Fehlschuss erscheint ein rotes Blinklicht. Zu verdanken ist das der modernen Elektronik, der direkten Übertragung der Daten vom Schießstand über einen

Rechner aufs Fernsehbild. Eine Technik, die einen großen Anteil daran hat, dass Biathlon so ein beliebter Fernsehsport wurde und oft Millionen vor dem TV-Apparat sitzen, weil man in Sachen Schießleistung gleich Bescheid weiß und wunderbar mitfiebern kann.

Die Entwicklung dorthin, zu elektronischen Scheiben und zu optimaler visueller Übertragung im Fernsehen, diese Entwicklung war freilich ein langer Prozess. Denn früher war das noch ganz anders. Da erfuhr man manchmal erst am nächsten Tag, wie man geschossen hatte. Und wer überhaupt der Sieger war. So unbestechlich und zuverlässig das heutige System ist, so sehr konnte man früher beim Auswerten noch nachhelfen. Am besten mit einem dicken Kugelschreiber.

In den ersten Jahren, Ende der Fünfziger-, Anfang der Sechzigerjahre, trugen die Biathleten noch Großkaliberwaffen bei sich, und die Entfernung zum Ziel war am Schießstand weitaus größer als heute. Der Modus war so, dass man damals dreimal im Liegen schießen musste und nur einmal im Stehen. Im Liegen verringerte sich die Distanz mit jedem Mal, von anfangs 250 auf 200, dann auf 150 Meter. Bei der letzten Einlage im Stehen war das Ziel noch 100 Meter weg.

Natürlich waren die Ziele damals auch größer als jetzt. 30 Zentimeter im Durchmesser, dann 25, dann 20, beim Stehendschießen dann wieder 30. Beim Stehendschießen sind die Ziele immer größer, das ist nämlich schwerer als das Liegendschießen, wo man sich am Boden abstützen kann. Heute beträgt der Scheibendurchmesser 4,5 Zentimeter liegend, 11,5 stehend. Es sind aber eben auch nur noch 50 Meter bis zum Ziel.

Warum das damals so lange dauerte, mit der Ermittlung des Ergebnisses, das hatte einen einfachen Grund. Die Ziele waren nämlich Papierscheiben, es gab einen schwarzen Kreis in der Mitte, außen herum einen größeren Kreis. Wer ins Schwarze traf, blieb fehlerfrei, für einen Schuss in den Kreis bekam man eine Strafminute aufgebrummt, Einschusslöcher außerhalb des äußeren

Kreises brachten zwei Strafminuten. Die wurden dann hinterher aufs Ergebnis draufgeschlagen, Strafrunden so wie heute gab es damals noch nicht.

Jedenfalls beschäftigte sich eine eigene unparteiische Scheibenauswertungskommission mit den Schießleistungen der Biathleten. Dazu wurden die Papierscheiben alle eingesammelt und dann begutachtet. Wenn 100 Wettkämpfer am Start waren, dann galt es, 400 Scheiben zu sichten, bevor dann die Strafminuten zur jeweiligen Laufzeit addiert werden konnten. Wenn das Rennen um acht Uhr startete und am späten Vormittag zu Ende war, hatten die Läufer beim Abendessen das Ergebnis. Manchmal. Manchmal erst nach dem Aufwachen am nächsten Tag.

Muss man sich mal vorstellen, wie das heute wäre. Am Ende einer vormittäglichen Liveübertragung bedankt sich der Reporter fürs Zuschauen und sagt, das Ergebnis gibt's in den *Tagesthemen* oder morgen im Frühstücksfernsehen.

Augenzeugen von früher jedenfalls erinnern sich, dass hin und wieder auch Betreuer und Trainer von Athleten dabeistanden, die freilich gar nicht unparteiisch waren. Und wenn es eine strittige Situation gab, eine Scheibe, bei der man ganz genau hinschauen musste, ob das Schwarze in der Mitte oder der Kreis außen herum um den Hauch einer Winzigkeit von der Patrone getroffen worden war, dann zogen diese Betreuer in einem kleinen unbemerkten Moment wohl einen Kugelschreiber aus der Tasche und bohrten damit in das Loch, um die Trefferfläche zu erweitern.

Notizen darüber hat damals niemand gemacht. Womit auch. Kugelschreiber brauchte man in jenen Tagen für die Scheiben. Nicht fürs Schreiben.

13. GRUND

WEIL EIN GESPRÄCH IM FLUGZEUG ZUR GEBURTSSTUNDE DES OLYMPISCHEN BIATHLONS WURDE

Avery Brundage, Sohn einer Arbeiterfamilie aus Detroit und sehr guter Mehrkämpfer, wurde 1912 bei den Olympischen Sommerspielen von Stockholm Sechster im Fünfkampf, damals waren das noch folgende Disziplinen: Weitsprung aus dem Stand, Diskuswurf, Speerwurf, ein 192-Meter-Lauf und Ringen im griechisch-römischen Stil.

Richtig berühmt wurde er aber als Sportfunktionär, 1952 wurde er zum Präsidenten des Internationalen Olympischen Komitees gewählt, dieses Amt behielt er 20 Jahre bis zu den Spielen von München, bei denen er sagte: »The games must go on.« Das war nach der Olympia-Tragödie mit insgesamt 17 Toten, dem Überfall palästinensischer Terroristen auf israelische Sportler im olympischen Dorf und der anschließenden gescheiterten Befreiungsaktion am Fliegerhorst Fürstenfeldbruck.

Avery Brundage war jedenfalls gerade erst IOC-Boss geworden und machte sich über die Erweiterung des olympischen Programms so seine Gedanken. Er meinte, wenn es schon bei Sommerspielen Mehrkampf-Entscheidungen geben würde, warum nicht auch im Winter. Dabei schwebte ihm eine Art Dreikampf vor, eine Kombination aus Skifahren, einem Eiswettbewerb und Rodeln. 1948 in St. Moritz hatte es schon einen Vorführwettbewerb gegeben, einen höchst bemerkenswerten Fünfkampf aus den Disziplinen Skilanglauf, Abfahrtslauf, Schießen, Fechten und Reiten. Allerdings meinte das IOC danach, Geländereiten im Schnee, das sei nicht so das Wahre. Darum also dachte Brundage an den winterlichen Triathlon, und der hätte sich vermutlich auch durchgesetzt – wenn es nicht eines

Tages diese folgenschwere Begegnung auf einem Transatlantik-Flug gegeben hätte, eine Begegnung mit dem Schweden Sven Thofelt.

Sven Thofelt war selbst einmal Mehrkämpfer, noch erfolgreicher sogar als Brundage, 1928 in Amsterdam war er Olympiasieger. Auch er wurde Sportfunktionär, nach dem Krieg begründete er 1948 die Union Internationale de Pentathlon Moderne, den Weltdachverband für Modernen Fünfkampf, kurz UIPM. Thofelt war ein Freund des damals noch wenig beachteten Winter-Zweikampfs aus Langlauf und Schießen, der als »Militärpatrouillenlauf« ab den Zwanzigerjahren als Demonstrationswettbewerb zwar schon bei den Winterspielen zu sehen war, aber nie als offizielle Disziplin aufgenommen worden war. Thofelt war also eines Tages an Bord eines Flugzeugs von Stockholm Richtung Amerika, als er entdeckte, dass vorne in der Ersten Klasse Avery Brundage saß. Man kannte sich natürlich schon von früheren Begegnungen. Thofelt stand also auf, ging zu Brundage und fragte, ob er einen Moment Zeit für ihn hätte. Der Platz neben dem IOC-Boss war frei, darum sagte Brundage: »Please sit down.«

Laut der Überlieferung entspann sich daraufhin folgender Dialog, der mit einer Frage von Thofelt begann: »Wissen Sie, Mr Brundage, welcher Sport der älteste der Welt ist?« Brundage dachte wohl an das alte Griechenland und antwortete: »Die Leichtathletik.« Woraufhin Thofelt den Kopf schüttelte und anhob, eine lange blumig ausgeschmückte Geschichte zu erzählen: »Sie irren sich, Mr Brundage, Biathlon ist der älteste der Welt, ich werde Ihnen das erklären. Denken wir beide zurück in die Vergangenheit. Die Menschen lebten noch in Höhlen, das Leben war keine Freude. In der Höhle sehen wir vor unseren inneren Augen die Familie der Steinzeit, Vater, Mutter, eine Menge Kinder. Es ist eiskalt in der Höhle, draußen heulen die Wildtiere. Der Schnee liegt metertief, und draußen heult auch der Wind. Es war sehr lange, dass die Höhlenbewohner etwas zu essen gehabt hatten, und die Kinder seufzen verzweifelt vor Hunger. So auch die Mutter. Da erhebt sich der Vater, nimmt seinen

Bogen und die Ski und verlässt die Höhle. Nach einiger Zeit kommt er stolz zurück, mit einem geschossenen Tier auf seinen breiten Schultern. So, Mr Brundage, wurde Ski-Schießen erfunden. Der älteste Sport der Welt.«[14]

Avery Brundage war überzeugt. Schon bei den folgenden Spielen in Squaw Valley 1960 war Biathlon erstmals im offiziellen Programm, und auch wenn es noch einige Zeit dauern sollte, bis sich der Sport wirklich von einer wenig geschätzten Randsportart zu einer der bedeutendsten Wintersportarten entwickelt hatte, so war dieses Gespräch zwischen Sven Thofelt und Avery Brundage hoch über den Wolken zumindest schon ein maßgeblicher Wegbereiter für die Evolution des Biathlons.

Ohne dieses Gespräch würden wir heute vielleicht winterliche Triathleten sehen, die sich nach dem Slalomlauf die Schlittschuhe anschnallen und anschließend von der Eishalle in den Eiskanal wechseln. Gesucht: Die beste Mischung aus Maria Riesch, Anni Friesinger und Felix Loch – das hätte schon auch seinen Reiz gehabt.

Wobei Avery Brundage ja vielleicht auch Eiskunstlauf als Eiswettbewerb gemeint haben könnte, man weiß es nicht so genau. Den Hackl Schorsch beim Versuch zu beobachten, in schillernd extravagantem Glitzer-Outfit vor einem dreifachen Rittberger mit anschließendem Doppel-Axel grazil übers Eis zu gleiten? Doch ganz gut, dass wir Biathlon in seiner heutigen Form haben.

14. GRUND

WEIL DIE FAUNA DES WALDES HEUTE VOR DEM PUTZSCHUSS SICHER IST

Ende 2013, Anfang 2014 gab es Nachhilfe mit Kati Wilhelm. Die Olympiasiegerin, die als eine der erfolgreichsten Biathletinnen aller Zeiten ihre Karriere 2010 beendet hatte, brachte als TV-Expertin dem Zuschauer ihren Sport näher. Sie erklärte Regeln und Funktionen und klärte auf, was es mit so manchen Fachbegriffen auf sich hat, von denen man ständig hört, aber vielleicht nicht so genau weiß, was dahintersteckt. Sie hatte im Rahmen der Liveübertragungen von den Rennen im Fernsehen eine eigene Kolumne, sie hieß *Das Biathlon-ABC*. Los ging es da, logisch, mit dem Buchstaben A. Wie Anschießen.

Kati Wilhelm machte ihre Sache dabei ganz gut, innerhalb einer knappen Minute wusste man Bescheid. Anschaulich und klar verständlich erklärte sie, dass die Biathleten beim Anschießen eine Stunde vor dem Start am Schießstand ihre Waffe ausprobieren, um sie den aktuellen Witterungsbedingungen anzupassen. Wie ist das Wetter, wie weht der Wind, so etwas. Dabei zielen sie dann auf Papierscheiben, und wenn sie sehen, dass ihre Schüsse zu weit oben oder unten, links oder rechts eingeschlagen haben, dann können sie die Visierlinie ihres Gewehrs noch nachjustieren, mit Hilfe eines Rädchens an der Waffe. Wobei natürlich der Sportler dann während des Rennens anhand der Windfahne darauf achten muss, ob sich die Luftströmung nicht geändert hat. So weit alles ganz klar, und doch erschien einem das Prozedere der Sportler beim Anschießen weiterhin als eine ganz eigene, äußert komplexe Wissenschaft für sich.

Hätte Kati Wilhelm in der Zeit, als sie noch gar nicht auf der Welt war, also vor 1976, beim Biathlon-Alphabet einen Begriff mit dem

Anfangsbuchstaben P erklären müssen, wäre die Wahl vielleicht auf »Putzschuss« gefallen. Damals gab es nämlich kein gezieltes Anschießen unmittelbar vor dem Rennen.

Damals legten die Biathleten noch keinen so gesteigerten Wert auf das sensible Herumtüfteln an ihrem Gewehr, auf millimetergenaue Feineinstellungen angesichts von Wind, Wetter, der Niederschlagsmenge oder dem Einfallswinkel der Sonneneinstrahlung. Damals waren die Biathleten irgendwie noch von echtem Schrot und Korn. Damals reichte ihnen meistens ein einziger Schuss. Peng, der Putzschuss. Kurz vor dem Wettkampf.

Der Putzschuss sollte sicherstellen, dass das Großkalibergewehr richtig funktionierte, und er hieß so, weil die Biathleten den Lauf ihrer Waffe beim Säubern auch mit Öl eingeschmiert hatten. Mithilfe des Schusses sollten Rückstände beseitigt werden, damit das Öl also nicht kleben blieb oder im Lauf festfror. Zum Putzschuss ging der Biathlet manchmal auch hinaus in die Landschaft, am liebsten in den Wald.

Wie viele Krähen, Raben oder Amseln den Putzschüssen zum Opfer fielen, ist nicht belegt, es gibt jedoch Erzählungen von langjährigen Wegbegleitern, wonach sich die Biathleten damals gerne auf den Bäumen sitzende Vögel als Ziel aussuchten. Und wenn gerade keine Vögel zu sehen waren, weil es sich in der Tierwelt des Waldes möglicherweise schon herumgesprochen hatte, fiep fiep, dass man sich angesichts des am folgenden Tag stattfindenden Biathlon-Rennens lieber in Sicherheit bringen sollte, dann schossen die Wettkämpfer beispielsweise auch dicken Schnee von den Ästen. War in jedem Fall die friedlichere Variante.

Während Kati Wilhelm in ihrer Reihe übrigens noch weitere Begriffe aus der Welt des Biathlons erklärte, B wie Büchsenmacher oder C wie Coaching-Zone, N wie Nähmaschine oder U wie Unterstützungsriemen, so war aus Kreisen führender Ornithologen des Landes zu vernehmen, dass der Bestand an heimischen Vögeln seit der Einführung des Anschießens nun nicht mehr rückläufig wäre, und die Anzahl an gefiederten Tieren in den Wäldern rund um die Biathlon-Standorte stabil geblieben sei. Bis hin zum Z wie Zaunkönig.

15. GRUND

WEIL DANK EINER VERSÖHNLICHEN SPECKJAUSN DER SPRINT HEUTE SPRINT HEISST

Der Sprint ist im Biathlon mit die attraktivste Disziplin. Bei den Männern geht es über zehn Kilometer, bei den Frauen über 7,5. Die Läufer kommen dabei nur zweimal zum Schießstand, es ist der einzige Einzelwettkampf, bei dem sie nicht viermal schießen müssen. So haben Biathleten, die beim Schießen ihre Probleme haben, hier immer bessere Chancen, vorne zu landen. Deswegen war Magdalena Neuner im Sprint auch so erfolgreich, 18 ihrer 34 Weltcupsiege holte sie in dieser Disziplin.

Nun ist es so, dass der Begriff »Sprint« hier natürlich relativ zu sehen ist. In der Leichtathletik enden die Sprintstrecken bei 400 Meter, im Biathlon sind sie fast 20- beziehungsweise 25-mal so lang. »Sprint« bezeichnet im Biathlon ganz einfach die kürzeste aller gelaufenen Wettkampfdisziplinen. Deswegen: Ein Sprint ist ein Sprint ist ein Sprint. Der Sprint würde aber gar nicht so heißen, wenn nicht vor rund 30 Jahren ein Streit von einer moderierenden Ehefrau geschlichtet worden wäre.

Die Geschichte trug sich Mitte der Achtzigerjahre zu. Biathlon war damals noch in den internationalen Verband der Modernen Fünfkämpfer eingegliedert, hatte sich aber bereits enorm entwickelt, war als olympische Sportart fest etabliert und schickte sich allmählich an, sich abzuspalten und einen eigenen Weltverband zu gründen. Über die Jahre gab es viele Neuerungen, allerdings waren diese Bestimmungen nicht in das bestehende Regelwerk integriert worden.

So bat der Internationale Verband für Modernen Fünfkampf und Biathlon Peter Bayer aus Bad Reichenhall, Mitglied der Technischen Kommission, die Biathlon-Wettkampfregeln zusammen mit dem Hofrat Dr. Josef Deflorian zu überarbeiten und alle beschlossenen Änderungen einzubauen. Dafür fuhr Bayer nach Tirol, nach Kematen im Innsbrucker Land, wo Deflorian lebte. Josef Deflorian ist ein Name, auf den man immer wieder stößt, wenn man in Enzyklopädien, historischen Büchern und Erinnerungsbänden aus der Welt des Biathlons blättert.

Deflorian gilt bis heute als einer der Pioniere, als ein Wegbereiter des modernen Biathlon, mit seinen Ideen, seinen Innovationen, vor allem mit seinem Vorstoß, die Biathlon-Waffen von Großkaliber auf Kleinkaliber umzustellen. Dazu später mehr. Der Hofrat, im Hauptberuf Lehrer und lange Jahre ebenfalls Mitglied der Technischen Kommission des Fünfkampf-Weltverbands, war offen für viele Anregungen. Allerdings konnte er auch sehr stur sein. Dies zeigte sich dann bei der geplanten Überarbeitung der Biathlon-Wettkampfregeln.

Vier Tage lang saßen Bayer und Deflorian zusammen, die Arbeit ging gut voran, bei den meisten Begriffen gab es keine zwei Meinungen, doch was Bayer von Anfang an schon aufgefallen war: Deflorian wollte unentwegt das Wort »allfällig« ins Regelwerk einbauen. Ein vor allem in Österreich und der Schweiz oft benutztes Adjektiv, das so viel heißt wie gegebenenfalls, allenfalls, eventuell. Heute sagt Bayer, das Wort habe ihm überhaupt nicht gefallen, immer wieder habe er Deflorian zu überzeugen versucht, dass das nicht wirklich passen würde für eine deutsche Version.

Zunächst vergeblich.

Schließlich kamen sie zu den Kapiteln über die einzelnen Disziplinen, und da weigerte sich Deflorian plötzlich, das Wort

»Sprint« als Bezeichnung für den Sprintwettkampf zu verwenden. Er wollte unbedingt die Bezeichnung »Einzelwettkampf«. Bayer widersprach, denn als Einzel bezeichnete man ja schließlich das Rennen über 15 beziehungsweise 20 Kilometer bei Frauen und Männern, wo die Biathleten bei einem Fehlschuss keine Strafrunde laufen, sondern ihnen je eine Minute zu ihrer Laufzeit dazu berechnet wird. Ein Rennen mit einem ganz eigenen Charakter, ganz anders als besagter Sprint, argumentierte Bayer, wogegen Deflorian entgegnete, Unsinn, es gebe eben ein Staffelrennen und alles andere seien Einzelrennen, egal über welche Länge und egal mit welchem Bestrafungsmodus.

Die Debatte eskalierte, eine Einigung war nicht in Sicht, man schien sich im Zorn zu trennen, Bayer packte seine Schreibmaschine ein und sagte zum Abschied: »Pfiadti, dann geh ich jetzt eben heim.«

Peter Bayer stand schon vor der Tür, als dann plötzlich Frau Deflorian herausstürmte und ihn nach gutem Zureden und der Einladung zu einer Speckjausn, also einer ordentlichen Brotzeit, wieder ins Haus holte. Ihr gelang es, die beiden zurück an den Tisch zu bringen und einen Kompromiss zu vereinbaren. Deflorian akzeptierte die Bezeichnung »Sprint«, dafür ließ Bayer das »allfällig« durchgehen. So entstand das modernisierte Regelwerk.

Später, das klingt ein bisschen absurd, war aber so, später also wurde die Version ins Englische übersetzt und nach weiteren Überarbeitungen in englischer Sprache wieder zurück ins Deutsche. Der Sprint als Bezeichnung für die Kurzstrecke blieb, Deflorians Lieblingswort allerdings blieb bei der Hin-und-her-Übersetzerei irgendwo auf der Strecke, man findet es heute nicht mehr.

Sollte sich eines Tages jemand finden, der über den 2002 im Alter von 95 Jahren verstorbenen Herrn Hofrat Deflorian eine Biografie schreibt, man könnte ihm nahelegen, dieses Wort in das Werk einzubauen. Aber natürlich nur, wenn der Autor möchte. Wenn es passt, gegebenenfalls. Also allfällig.

16. GRUND

WEIL DAS TAPFERE LUFTBALLONAUFBLASKOMMANDO ENDLICH DURCHSCHNAUFEN KONNTE

Der Biathlon-Schießstand von heute ist ein technisch ausgeklügeltes Meisterwerk. Geht alles elektronisch. Das derzeit aktuellste Produkt auf dem Markt ist die sogenannte HoRa 2000E, die Produktbeschreibung auf der Homepage des Herstellers aus dem oberbayerischen Bad Endorf liest sich sehr detailliert. Hier ein Auszug:

»Die Schussenergie wird unabhängig von jeder witterungsanfälligen Mechanik präzise erfasst. In der Elektronik wird mit mikroprozessorgesteuerter Technik jeder einzelne Schuss bewertet, als Treffer oder Fehlschuss erkannt, per weißer Klappe angezeigt und zu dem angeschlossenen Computer weitergeleitet. Die Genauigkeit dieses Messsystems ist sogar deutlich höher als durch die IBU-Regeln gefordert. Die hohe Standfestigkeit der Technik ermöglicht ganzjährigen härtesten Trainingseinsatz wie z.B. im Bundesleistungszentrum Ruhpolding oder in Oberhof. Das anwendungsfreundliche Bedienteil für den Trainingsbetrieb erlaubt die Stehend/Liegend-Umstellung und das Resetten des Standes per Knopfdruck. Als Besonderheit bieten diese Keyboards die Möglichkeit des automatischen Reset nach dem Beschuss. Im Wettkampfbetrieb werden Eingabeterminals zur Erfassung der Startnummern verwendet. Zusätzlich werden hier alle relevanten Schießdaten errechnet. Von der angeschlossenen Zentraleinheit werden dann ohne sichtbaren Zeitunterschied die Daten gesammelt und weitergeleitet. Ihr Anwendungsspektrum reicht vom sofort möglichen Abgleich der Handprotokolle über eine perfekte Wettkampfanalyse bis zur zeitsynchronen TV-Graphik und lässt keine Wünsche offen. Die Schießdaten werden am Notebook mit moderner Fenstertechnik dargestellt und können bereits während des laufenden Bewerbes jederzeit zwischengedruckt und bearbeitet werden. Damit höchstmögliche Zuverlässigkeit gewährleistet ist, finden alle Vorgänge von der Erfassung bis zur PC-Einspeisung auf zwei voneinander unabhängigen Kanälen statt. (Vollständig nur bei Einsatz von Haupt- und Backupsystem). Damit auch bei längerem Stromausfall kein Datenverlust auftritt, ist die gesamte Funktion der Anlage durch Batterien gepuffert.«[15]

Resetten. Keyboard. Eingabeterminal. Backupsystem.

Vor ein paar Jahrzehnten hätten Sie mit den Schultern gezuckt, wenn Sie das gelesen hätten. Es gibt aber auch ein schönes altes Zeitdokument, das belegt, wie das früher so war mit den Zielscheiben, die manchmal auch gar keine Zielscheiben waren.

Sondern Luftballons.

Belegt ist das unter anderem in einem Brief, datiert vom 24. Januar 1972, Absender ein gewisser Franz Schneider, erster Vorsitzender des Skiclubs Ruhpolding. Es ging auch hier um Biathlon-Ziele, allerdings saß der damalige Fabrikant nicht ums Eck in Bad Endorf wie heute, sondern etwas weiter weg, nämlich in Datteln, Ruhrpott Nord. So ist der Brief adressiert an die »Firma Wilhelm Everts, 4354 Datteln/Westf., Postfach 145«, damals einer der größten und traditionsreichsten Fabrikanten von Luftballons. Der Vermerk lautete: *Betrifft: Bestellung von Luftballons für die Deutschen Biathlon-Meisterschaften 1972.*

Darin also stand geschrieben: *Sehr geehrte Herren! Für die Deutschen Biathlon-Meisterschaften 1972 bestellen wir bis spätestens 10. Februar 1972 (die Meisterschaften finden zwischen 15. und 20. Februar 1972 statt) zur Lieferung: 300 Stück blau Größe 90/100. 300 Stück blau Größe 120/130. Mit sportlichen Grüßen.*[16]

Tatsächlich galt es damals, noch zu Großkaliberzeiten bei vielen Wettkämpfen, Luftballons als Ziele anzupeilen. Angeordnet waren sie wie der Fünfer eines Spielewürfels hinter einem Holzbrett mit fünf hineingebohrten Löchern. Allerdings sorgte das nicht nur für akute Atemlosigkeit bei den Helfern vom morgendlichen

Luftballonaufblaskommando, die bei einem Teilnehmerfeld von 100 Biathleten und 20 Schuss pro Läufer 2.000 Ballons in Akkordarbeit mit ihrer Lunge zu befüllen hatten, Gasflaschen kamen damals nicht zum Einsatz. Nein, es führte teilweise auch zu Verdruss, weil es ab und zu vorkam, dass der feuchte Atem an der Innenseite des Ballons gefror. Die Folge war, dass es durchaus geschehen konnte, dass eine Patrone zwar ihr Ziel erreichte, aber nicht zum Platzen brachte, sondern die gefrorene Lufthülle einfach durchbohrte und der Ballon in seiner Form erhalten blieb.

So kam es, dass sich die Luftballons als Zielscheiben auf Dauer nicht durchsetzten, was die freiwilligen Helfer der Luftballonaufblasabteilung erleichtert durchschnaufen ließ.

Die Firma Everts übrigens ging pleite, Ende Februar 2011 war Schicht im Schacht – und die Luft raus.

17. GRUND

WEIL SIE DEN TRABBI-MOTOR AUS DEM SCHIESSSTAND NOCH RECHTZEITIG AUSBAUTEN

In der Entwicklung der Schießstände hatte man viel ausprobiert. Josef Deflorian, von ihm war bereits zu lesen (siehe 15. Grund), hatte bei der WM 1978 in Hochfilzen als Neuerung jene Metallklappfallscheibe eingeführt, die fast wie eine Guillotine funktionierte und auch anders als ein Luftballon oder eine Papierscheibe wiederverwendbar war.

Das Prinzip war recht simpel: eine weiß gepinselte Stahlplatte mit fünf Lochkreisen, dahinter fünf schwarze Stahlscheiben, die durch die Einwirkung des Schusses nach hinten gedrückt wurden und eine über ihnen befindliche weiße Stahlscheibe herunterfallen ließen. Damit wurde das getroffene Ziel unsichtbar, sah es so aus, als würde die schwarze Scheibe weiß. So wie das heute auch noch ist.

Ein besonderer Tüftler war auch der Finne Ilmo Kurvinen, er war früher selbst Biathlet, später Trainer und Masseur in der finnischen Nationalmannschaft. Er entwickelte eigene Modelle, und zwar ganz einfache mechanische. Eine schwarze Metallscheibe, an deren Lagerpunkt unten am Fuß im 90-Grad-Winkel nach vorne eine weiße Kunststoffplatte angebracht ist. Bei einem Treffer also kippte die schwarze Scheibe nach hinten um und hob dadurch die weiße Plastikscheibe nach oben vor das Loch. Der einzige Nachteil war, dass es manchmal einen Unterschied machte, ob ein Randtreffer, wo nur ein Teil der Patronenenergie auf das Ziel einwirkt, oben oder unten einschlug. Aufgrund der physikalischen Hebelwirkung fiel bei gleicher Energie die Scheibe bei einem Treffer oben leichter um als bei einem Treffer unten.

Also war auch das nicht das Schwarze vom Ei.

Schließlich kam eine Erfindung aus dem Osten daher, aus der DDR. Das Modell »Dresden« wurde nach einem Beschluss der Technischen Kommission des Fünfkampf- und Biathlon-Verbandes UIPMB auch bei der Biathlon-Weltmeisterschaft im Februar 1985 in Ruhpolding installiert. 30 hochmoderne Scheiben, Gesamtkosten 60.000 Mark. »Sie sollen sich auch bei starker Kälte durch exakte Auslösung und Genauigkeit der Trefferanzeige auszeichnen«, hieß es damals in einer Erklärung.[17] Das Prinzip dabei war, dass sich die Stahlscheibe bei einem Treffer gerade nach hinten schob, um dabei eine weiße Platte anzuheben, die sich dann vors kleine Schwarze schob.

Die Biathlon-WM wurde dank »Dresden« zu einer Art Heimspiel für die Athleten aus Ostdeutschland, immerhin gewannen die Athleten aus der DDR bei den drei Wettkämpfen eine Gold- und zwei Silbermedaillen. Die Weltmeisterschaft damals war übrigens die erste, bei der alle Wettbewerbe live im deutschen Fernsehen übertragen wurden, und dass die Veranstaltung nicht zu einer großen Peinlichkeit und Witznummer geriet, lag daran, dass man die

Scheiben davor doch noch einmal richtig überprüfte – und dabei feststellte, dass es nicht immer funktionierte, wenn der Läufer nach einem Treffer den Schießstand wieder verlassen hatte, die Scheiben zurück auf Schwarz zu stellen.

Dafür war nämlich der eingebaute Motor zu schwach. Es war ein ostdeutscher Trabbi-Scheibenwischermotor. Die Motoren wurden ausgebaut, stattdessen kam ein westdeutscher Qualitätsmotor von Bosch in die Anlage. Und schon lief's reibungslos.

Ostdeutsche Scheiben, westdeutscher Motor. Es wuchs zusammen, was zusammengehört. Schon vier Jahre vor dem Mauerfall.

18. GRUND

WEIL EINE HESSISCHE LEHRERIN ALS ERSTE DIE FRAUEN IM BIATHLON UNTERRICHTETE

Es war im Sommer 2012, da gab es eine kleine Feierstunde, an der Uplandschule, der Kooperativen Gesamtschule des Landkreises Waldeck-Frankenberg in Willingen. Auf einem Foto sieht man links den Schulleiter Norbert Volkwein, rechts die Personalratsvorsitzende Stephanie Fecke. Und mittendrin mit einem großen Blumenstrauß mit weißen Rosen die Oberstudienrätin Renate Schinze, die an jenem Tag nach 32-jähriger Lehrtätigkeit in den Ruhestand verabschiedet wurde.

Renate Schinze, die große Pionierin des Frauen-Biathlon. Die Erste, die das Potenzial erkannt hatte. Die Visionärin. Die Wegbereiterin der ersten großen Erfolge.

Mitte der Achtzigerjahre, in Chamonix haben gerade die ersten Weltmeisterschaften der Frauen stattgefunden, ohne deutsche Beteiligung. Peter Bayer, der damalige Biathlonreferent, kämpft vehement um die Förderung von Biathletinnen, doch auch beim

Deutschen Skiverband will ihn anfangs niemand erhören. Damals unterstützt Erwin Himmelseher, nicht nur Versicherungskaufmann, sondern auch großer Sportmäzen jener Zeit, den Breiten- und Jugendsport finanziell. Irgendwann sagt Himmelseher zu Bayer, wie sich dieser bei einer Begegnung mit mir später erinnern wird: »Die Jammerei von Ihnen mit dem Frauen-Biathlon kann ich nicht mehr hören, ich gebe Ihnen für die Entwicklung des Frauenbiathlon eine finanzielle Unterstützung; machen Sie das Beste daraus.« Das ist eine nette Geste, nur ist die Umsetzung eben nicht so leicht. Denn auch die westdeutschen Landesskiverbände sträuben sich dagegen. Es gibt Menschen, die sagen, Frauen seien schon rein anatomisch völlig ungeeignet für den Sport, wie sollten sie allein schon die Waffe bei sich führen, wenn die dicken Trageriemen für das Gewehr direkt über ihre Brust führten, das ginge ja überhaupt nicht.

Kurz, es herrschen große Ressentiments in den traditionellen Wintersport-Bundesländern mit Alpennähe, Bayern und Baden-Württemberg. In einem Landesverband allerdings findet Peter Bayer großes Gehör. In Hessen.

Renate Schinze, die damalige Studienrätin an der Gesamtschule Willingen, einem Schulsportzentrum für Nordischen Skisport, sieht in der Idee des Frauen-Biathlon als eine der Allerersten eine einzigartige Chance. Sie entdeckt an ihrer Schule einige starke junge Läuferinnen, 15, 16, 17 Jahre alt, die schon beim SC Willingen für Furore sorgen, und nimmt sie auf einen ersten Biathlon-Lehrgang mit, nach Ruhpolding. Dort wird man allmählich etwas aufgeschlossener. Norbert Baier, der damalige Bundestrainer, erklärt den Mädchen den sicheren Umgang mit der Waffe und leitet ein erstes Training. Die Teilnehmerinnen sind Martina Stede, Inga Kesper, Petra Schaaf. Sie feiern später die ersten großen Erfolge für das bundesdeutsche Frauen-Biathlon. Lange vor Disl, Glagow, Wilhelm, Henkel und Neuner.

Stede wird 1987 Deutsche Meisterin und führt 1989 bei der Juniorinnen-WM die Staffel zu Gold, sie qualifiziert sich für die WM im gleichen Jahr in Feistritz, wo sie im Einzel Fünfte und mit der Staffel Vierte wird. Im Mannschaftsrennen, in dem Westdeutschland Bronze holt, läuft sie nicht mit.

Im Mannschaftsrennen, das gibt es damals noch, laufen alle vier Läuferinnen zusammen, jede schießt einmal, eventuelle Strafrunden läuft die Schützin allein, während die anderen warten. Mit dabei in der Mannschaft sind Inga Kesper, Daniela Hörberger, als Traunsteinerin aus dem oberbayerischen Chiemgau eine Exotin, und Dorina Pieper. Letztere kommt aus dem Wintersport-Mekka Lüdenscheid und wird auch von Renate Schinze betreut, denn sie ist mittlerweile die Bundestrainerin der westdeutschen Biathletinnen.

Vierte Läuferin in der Bronze-Mannschaft ist Petra Schaaf, die zur erfolgreichsten deutschen Biathletin der Anfangsjahre werden wird. Sie holt bereits im Jahr davor, 1988, in Chamonix ihren ersten WM-Titel, in Feistritz im Einzel den zweiten, insgesamt gewinnt sie neun Goldmedaillen bei Weltmeisterschaften und krönt ihre Karriere zum Abschluss mit dem olympischen Staffel-Gold von Nagano 1998. Unter Bundestrainer Uwe Müßiggang.

Müßiggang löst Renate Schinze bereits nach der Wiedervereinigung 1991 als Bundestrainer ab, unter ihm werden die deutschen Biathletinnen zur führenden Nation, die stärksten Biathletinnen kommen dann aus Bayern, Baden-Württemberg, Thüringen.

Petra Schaaf nimmt später den Namen ihres Ehemannes Jochen Behle an, mit dem sie fünf Jahre verheiratet ist, und wird TV-Expertin. Die anderen Mitstreiterinnen von damals verschwinden aus dem damals noch recht spärlich glimmenden Rampenlicht. Dorina Pieper etwa geht zurück in ihre Heimat Lüdenscheid und arbeitet als Schmuckgestalterin. Sie ist das, was genau genommen Mitte der Achtzigerjahre auch Regina Schinze für das deutsche Frauen-Biathlon war. Eine Goldschmiedemeisterin.

19. GRUND

WEIL EIN REPORTER UND EIN WALKIE-TALKIE GRANDIOSE LIVE-REPORTAGEN LIEFERTEN

Biathlon war früher noch richtig abenteuerlich, und die Berichterstattung war es auch. Beispielsweise 1980 bei den Olympischen Winterspielen von Lake Placid.

Damals war Erwin Dittberner als Reporter vor Ort. Erwin Dittberner vom Hessischen Rundfunk. Seine Stimme kannte man aus den Bundesliga-Konferenzen am Samstagnachmittag.

Und jetzt nach Frankfurt zur Eintracht, Erwin Dittberner bitte.

Er hatte eine gute Stimme, war nicht marktschreierisch und aufgeregt, mehr die alte Schule eben. Sachlich, aber doch mit Witz und Humor.

Mit den Jahren wurde Erwin Dittberner auch ein Experte in Sachen Wintersport, vor allem in den nordischen Disziplinen. Darum schickte ihn der Hessische Rundfunk 1980 auch nach Amerika zu den Winterspielen.

Die Übertragungsmöglichkeiten damals waren noch beschränkt, Internet und Mobiltelefon waren Fremdwörter. Irgendwie gelang es Erwin Dittberner aber, immer wieder von der Strecke spannende Live-Reportagen abzuliefern, hautnah dran am Geschehen. Und das mit einer Art Walkie-Talkie.

Walkie-Talkies waren früher sehr beliebt, man selbst hatte den einen Apparat, der Kumpel den anderen, dann versteckte man sich hinter einem Baum und fand es toll, mit dem anderen über dieses Gerät kommunizieren zu können, auch wenn man ihn gar nicht sehen konnte. Meistens war die Reichweite freilich überschaubar, oft reichte es gerade für den Innenhof hinterm Haus.

Erwin Dittberner aber glückte es, mit einem offenbar selbst gebauten Walkie-Talkie eine Verbindung zu einem Satelliten im Orbit herzustellen, der wiederum die Berichte zurück auf die Erde in die Zentrale nach Frankfurt schickte. Alle Berichte schafften es freilich nicht, manche blieben unterwegs hängen.

Was aber ankam, war das Interview mit der bundesdeutschen Biathlon-Staffel nach dem Gewinn der Bronzemedaille. Dittberner sprach: »Hallo Frankfurt ... wie sieht es mit der Bundesliga aus ... wir können ... wir sind bereit.« Die Sportler und ihr Trainer waren auch bereit. Es gab ein kurzes Gespräch über die Eindrücke und das Gefühl, eine Medaille gewonnen zu haben, eine historische dazu, es war das erste Mal, dass bundesdeutsche Biathleten olympisches Edelmetall errungen hatten.

So sprachen Franz Bernreiter, Hans Estner, Peter Angerer und Gerhard Winkler sowie ihr Betreuer Peter Bayer, über das Erlebte, am Schluss sagte Erwin Dittberner noch: »Die Zuschauer toben vor Begeisterung.«

Die Tribünen waren da bereits längst geleert.

So viel journalistische und blumige Freiheit war ihm gegönnt. Interviewpartner von damals aber fragen sich noch heute, wie er das gemacht hat, über so ein windiges Funkgerät eine Live-Schaltung um die halbe Welt herzustellen.

Erwin Dittberner war später von 1983 bis 1987 Sportchef beim Hessischen Rundfunk. Heiligabend 2001 starb er nach langer schwerer Krankheit im Alter von 76 Jahren. Seine Stimme klingt einem immer noch im Ohr, und vielleicht schwingt sie ja noch immer irgendwo in himmlischen Sphären herum, mit den Berichten, die nie ankamen, irgendwo zwischen Lake Placid und Frankfurt.

20. GRUND

WEIL SLIWOWITZ DANN DOCH NOCH
INS OLYMPISCHE DORF GESCHMUGGELT WURDE

1984 fanden die Olympischen Winterspiele im bosnischen Sarajewo statt. Sarajewo lag damals noch im Staatsgebiet von Jugoslawien. Es waren fröhliche Spiele, bei denen die Gastgeber erfolgreich großes Improvisationstalent zeigten. Inmitten des Kalten Krieges und der Boykott-Sommerspiele von Moskau 1980 und Los Angeles 1984 war das blockfreie Jugoslawien ein idealer Austragungsort, bei dem die ganze Sportwelt unbeschwert zusammenkommen konnte.

1992, im Bosnien-Krieg, sah man im Fernsehen die grausamen Bilder der Belagerung Sarajewos mit zerstörten Straßen und Häusern, man hörte die Berichte von insgesamt mehr als 10.000 Toten. Man dachte traurig zurück an das, was man acht Jahre davor gesehen hatte. An Vučko, den lustigen Wolf, das singende Maskottchen der Winterspiele. An Jane Torvill und Christopher Dean, die Eistänzer mit ihrem Gänsehaut-Bolero, der ihnen neunmal die 6,0 brachte.

An Peter Angerer, den Biathleten, der über die 20 Kilometer Gold holte, nach einem dramatischen Zweikampf mit seinem ostdeutschen Konkurrenten Frank-Peter Roetsch, der schließlich Silber gewann.

Es war der allererste Olympiasieg eines westdeutschen Biathleten, mit einem Schlag war Biathlon populär. Sogar die *Tagesschau* und die *heute*-Nachrichten berichteten über den 24-jährigen Skijäger aus dem Chiemgau, bei den Spielen von Sarajewo war man schließlich über jedes Erfolgserlebnis froh, denn außer Angerers Gold gab es für die Bundesrepublik in Sarajewo nur durch den rodelnden Doppelsitzer mit Hans Stanggassinger und Franz Wembacher einen weiteren Olympiasieg.

Natürlich musste das gebührend gefeiert werden, allerdings war es so, dass es damals noch keinen Ort gab, an dem es die Athleten nach einem Sieg so richtig hätten krachen lassen können, aber so wirklich richtig. Das Deutsche Haus als Treffpunkt von Sportlern, Trainern, Funktionären und Journalisten gab es 1988 in Calgary zum ersten Mal, und auch das später legendäre Kufenstüberl, in dem die Athleten noch oft bis früh in den Morgen feuchtfröhliche Nächte erleben, feierte erst 1992 in Albertville sein Olympiadebüt.

So mussten die Sportler also damals noch im olympischen Dorf ausharren, wobei sich Mensa und Kantine jetzt nicht so unbedingt als die stimmungsvollsten aller Party-Locations anboten. Wenn man also schon nicht rauskam, dann musste etwas Gutes reinkommen. Schnaps zum Beispiel.

Dumm war nur, dass im olympischen Dorf absolutes Alkoholverbot herrschte. Peter Bayer, der damalige Biathlon-Chef im Deutschen Skiverband, versuchte einige Male, Sliwowitz in das Athleten-Dorf zu importieren, allerdings ohne Erfolg, jedes Mal wurde er bei der Einlasskontrolle von den Wachbeamten abgewiesen. Schließlich kam ihm eine Idee, er füllte das Hochprozentige in einen großen Ballon-Kanister, fieselte im Materiallager der Biathleten jede Menge Etiketten von herumstehenden Flaschen und klebte diese auf den großen Behälter.

So hatte Bayer keine Probleme, den Schnaps ins olympische Dorf zu schmuggeln. Getarnt als Verdünnungsmittel zum Skireinigen.

Viel übrig blieb nicht von dem in Wahrheit freilich absolut unverdünnten Sliwowitz und viel übrig blieb auch nicht von den Spielen. Die Sportstätten verfielen, im Februar 2014 gab es zum 30-jährigen Jubiläum Bilderserien, die den erschreckenden Zustand der alten Anlagen zeigten, die als hässliche Betonruinen in der Landschaft herumstehen und langsam zerbröseln. Vielleicht auch als Mahnung und Warnung für Sotschi gedacht, wo auch zu befürchten stand, dass die olympischen Wettkampforte nach 2014 nie mehr genutzt würden und als traurige Mahnmale nach und nach zerfallen.

Viel übrig blieb von Sarajewo 1984 nicht, außer die Erinnerung an Vučko und Angerer, an Torvill und Dean. Und bei manchen an geschmuggelten Sliwowitz.

21. GRUND

WEIL SICH 1990 DREI ORTE ÜBER EINE WM FREUEN DURFTEN

Im Vergleich zu manch anderen Sportarten hat Biathlon den großen Vorteil, dass bei einer Veranstaltung, sei es eine Weltmeisterschaft oder ein Weltcup, alle Rennen auf ein und derselben Anlage ausgetragen werden können. Der Schießstand ist immer der gleiche, man läuft im Prinzip immer die identischen Schleifen, je nach Distanz mal öfter und mal weniger oft. Biathlon, kann man sagen, ist also recht überschaubar.

1990 aber wurde es eher unübersichtlich, bei der Weltmeisterschaft. Bevor alle Medaillengewinner feststanden, mussten die Sportler und die Trainer eine große Distanz überwinden. 2.300 Kilometer. Luftlinie.

Zum Ausrichter der WM 1990, einer Jubiläums-Weltmeisterschaft, der 25., wurde Minsk gewählt. Minsk ist die Hauptstadt von Weißrussland, gehörte damals aber noch zur Sowjetunion. Minsk bekam die Titelkämpfe irgendwie im Acht-Jahres-Rhythmus, zum dritten Mal nach 1974 und 1982. Nur war diesmal die Weltmeisterschaft in Minsk schon wieder vorbei, kurz nachdem sie angefangen hatte.

Die ersten beiden Rennen am 20. Februar, die Einzelwettbewerbe der Männer und der Frauen über 20 und 15 Kilometer, fanden noch wie geplant statt, die Gastgeber räumten dabei kräftig ab und holten fünf der sechs Medaillen. Den totalen Sowjet-Triumph verhinderte Petra Schaaf aus Willingen. Sie holte Bronze.

Danach aber wurde es fürchterlich warm, 15 Grad, dazu setzte heftiger Regen ein. Die Veranstalter mühten sich nach Kräften, mit Hubschraubern flog man verzweifelt hinaus in die Wälder der Umgebung, um zwischen den Bäumen noch einen Hauch von Schnee einzusammeln und mitzunehmen, für die Präparierung der Strecke. Vergebens. Die Internationale Wettkampf-Kommission entschied auf Abbruch der Veranstaltung, und während der gesamte Tross schon längst zusammengepackt hatte, pilgerten noch immer Tausende Menschen aus Minsk auf einem kilometerlangen Fußmarsch hinaus auf die Strecke, um erst dort von der Absage der weiteren Rennen zu erfahren. Es gab wenig Schnee, aber viele Kommunikationsprobleme.

Die verbleibenden Wettbewerbe sollten dann im Rahmen des Biathlon-Weltcups in Oslo stattfinden, für die Rennen am Holmenkollen gab es also auch WM-Medaillen. Das klappte alles auch ganz prima, Mark Kirchner etwa holte sich im Sprint neben den Weltcuppunkten auch die WM-Goldmedaille, bei den Frauen gewann die norwegische Lokalmatadorin Anne Elvebakk. Auch die beiden damals noch auf dem Programm stehenden Mannschaftsrennen wurden ausgetragen, mit den Sportlern aus der DDR und den Sportlerinnen aus der UdSSR als Sieger, und bei der Frauen-Staffel freuten sich ebenfalls die Sowjet-Biathletinnen über Gold vor Norwegen und Finnland.

Der letzte Wettbewerb, der noch ausstand, war die Staffel der Männer. Doch während des Rennens kam dichter Nebel auf, die Jury musste notgedrungen abbrechen. Weil im dichten Terminkalender der Biathlon-Veranstaltungen aber die Zeit zur Weiterreise an den nächsten Weltcup-Austragungsort anstand, fiel der Beschluss, die Staffel-Weltmeister im Rahmen des nächsten Weltcups in Kontiolahti zu küren. So kam es dann auch. Am 18. März, fast einen Monat nach der Eröffnung in Minsk, holte die legendäre italienische Staffel mit Pieralberto Carrara, Wilfried Pallhuber, Johann Passler und Andreas Zingerle Gold. So war 1990 das Jahr, in dem zum einzigen Mal in der Geschichte eine Weltmeisterschaft an drei verschiedenen Orten ausgetragen wurde.

Minsk bekam in den Jahren darauf noch viel Schnee. Aber nie mehr eine Biathlon-WM.

22. GRUND

WEIL RODELNDE URLAUBER HEUTE WOHL KAUM NOCH EINE BIATHLON-WM GEFÄHRDEN WÜRDEN

Biathlon-Weltmeisterschaften fanden oft an ungewöhnlichen Orten statt, die man heute gar nicht mehr so richtig kennt, zumindest nicht als Standort von großen Wettkämpfen. Courmayeur 1959, Hämeenlinna 1962, Elverum 1965. Elverum liegt in Norwegen und das sollte man vielleicht dazusagen, man muss das nicht unbedingt wissen.

Eine der skurrilsten Weltmeisterschaften an einem Ort, der nie mehr etwas mit Biathlon zu tun haben sollte, war die WM 1989 in Feistritz an der Drau in Österreich. Grotesk war die WM nicht deswegen, weil zum ersten Mal Männer und Frauen gemeinsam bei ein und derselben Weltmeisterschaft an den Start gingen, sondern deswegen, weil der Ort völlig ungeeignet war.

Österreich hätte weit bessere Biathlon-Stätten gehabt, allen voran Hochfilzen natürlich, das sich bereits als Gastgeber der WM 1978 bewährt hatte. Feistritz aber war ein Politikum. Feistritz liegt in Kärnten, und in Kärnten standen damals Landtagswahlen an. Der damalige Landeshauptmann Peter Ambrozy war von der SPÖ, und von der SPÖ war auch der damals in Wien regierende Bundeskanzler Franz Vranitzky. Die SPÖ jedenfalls erhoffte sich von einer erfolgreichen Biathlon-WM Schub für den Wahlkampf, oft funktioniert das ja ganz gut, wenn Politiker bei einer großen Sportveranstaltung im eigenen Land als bodenständige und nahbare Fans inmitten der Zuschauer Emotionen zeigen und als gönnerhafte Förderer auftreten. Das hilft dann bei der nächsten Wahl.

Manchmal hilft es auch, in Gummistiefeln durch ein Hochwassergebiet zu waten. Aber das ist ein anderes Thema.

Feistritz jedenfalls bekam den Zuschlag von der UIPMB, dem Weltdachverband der Modernen Fünfkämpfer und Biathleten. Mit der Vergabe sah man das damals noch nicht so streng, alte Mitstreiter erinnern sich, dass man als Kandidat einfach nett und freundlich vorsprechen musste, das reichte.

Feistritz also hatte die WM, blöd war nur, dass man auf einmal keinen Schnee mehr hatte. Ein Wärmeeinbruch hatte die letzten Schneereste dahinschmelzen lassen. Die Organisatoren gaben alles, fuhren hinauf auf Passstraßen hoch oben in den Kärntner Nockbergen und schaufelten tonnenweise Restschnee auf die Lastwagen, die sie dann hinunter ins Tal brachten. So hatten sie schon einen Teil der Strecken präpariert, und sie waren ganz zuversichtlich, das noch rechtzeitig hinzubekommen, als es wenige Tage vor der Eröffnung plötzlich eine richterliche Anordnung gab. Eine einstweilige Verfügung, wonach ab sofort kein Schnee mehr von der Passhöhe weggebracht werden dürfe. Wer die Verfügung erwirkte?

Deutsche Feriengäste, die im Urlaub waren und dagegen protestierten, weil der Schnee, und jetzt kommt's, zu ihrer Rodelpiste gehörte. Stand das Interesse von Touristen aus Piefke-Land also über dem der Veranstalter und der Sportler eines Großereignisses? Tat es nicht. Auf vehemente Intervention hochrangiger Biathlon-Funktionäre wurde die Verfügung nach zwei Tagen wieder gekippt und die Schneeladungen kamen mit insgesamt 700 Lkw-Fuhren doch noch vor der Eröffnung ins Tal – was allerdings nicht verhinderte, dass die WM sonderbar anmutende Bilder lieferte, von Wintersportlern, die in einer herrlich alpinen

Frühlingskulisse auf einem winzig schmalen Schneeband über braune Äcker liefen.

Die WM endete mit einem Millionen-Defizit, es war für Herrn Ambrozy keine gute Werbung. Vier Wochen nach dem Ende der Veranstaltung fanden die Landtagswahlen statt. Die SPÖ verlor ihre absolute Mehrheit, neuer Landeshauptmann wurde mit den Stimmen der konservativen ÖVP der FPÖ-Rechtsaußen Jörg Haider.

Die WM 1989 hätte vielleicht besser ganz woanders stattgefunden.

23. GRUND

WEIL DIE OLYMPIA-GESCHICHTE ABENTEUERLICH BEGANN, HINTER EINER GULASCHKANONE UND IN EINER PROPELLERMASCHINE

Es gibt ein altes Schwarz-Weiß-Bild aus dem Jahre 1960, auf dem sieben Männer zu sehen sind, jeder von ihnen mit einer dunklen Jacke und einer schwarzen Bommelmütze auf dem Kopf. Dahinter ist ein Stück Wald zu erahnen. Zwei von ihnen sehen schon etwas älter aus, der ganz links, und der eine in der Mitte hinten, die anderen sind so, nun, Anfang, Mitte 20.

Würde man es nicht wissen, man hätte keinerlei Hinweis darauf, dass es sich hier um fünf Biathleten und zwei Betreuer handeln würde. Um die allererste deutsche Olympiamannschaft, die bei der Biathlon-Premiere 1960 in Squaw Valley an den Start ging.

Einer der Männer war Herbert Kirchner.

Fast fünf Jahrzehnte später, im Jahre 2008, erzählte Herbert Kirchner einmal von damals, von einem großen Abenteuer.

Als feststand, dass Biathlon ins olympische Programm aufgenommen wurde, liefen ab Frühsommer 1959 bei den Biathleten in Ostdeutschland die Vorbereitungen auf Hochtouren. Los ging es, wie Kirchner berichtete, mit einem Rudertrainingslager auf der Insel Rügen. Dort bauten die hoffnungsvollen Biathlon-Talente erst einmal ein Zeltlager auf. Eine Hotel-Unterkunft konnten sie sich nicht leisten. »Auf einem offenen Militär-LKW, beladen mit fünf 20-Mann-Zelten und als Anhänger einer Gulaschkanone, rumpelten wir in einer über zehnstündigen Fahrt Richtung Ostsee«, so Kirchner. »Nur gut, dass es nicht regnete.«[18]

Später im Jahr zog man ins tschechische Riesengebirge, weil Schnee dort aber Mangelware war, ging es weiter nach Swerdlowsk, hinter den Ural, zu den Biathlon-Brüdern der großen Sowjetunion. Sogar Weihnachten feierten sie in Sibirien, erst an Silvester waren die DDR-Sportler wieder in der Heimat.

Kirchner hatte sich bereits zu einem der besten Läufer und sichersten Schützen seiner Mannschaft entwickelt, doch zum Jahreswechsel stand noch gar nicht fest, ob er überhaupt nach Squaw Valley fahren würde. Und ob dort überhaupt ein Biathlet aus Deutschland-Ost dabei wäre. Denn 1960 gab es ja noch ein gesamtdeutsches Team, bei dem Sportler aus der BRD und der DDR in einer Mannschaft antraten.

So vereinbarten die Olympia-Funktionäre aus beiden Staaten für Anfang Januar zwei Ausscheidungsrennen zwischen den Sportlern aus Ost und West, mit Hin- und Rückspiel sozusagen. Zunächst in Sonthofen im Allgäu, danach in Altenberg, Sachsen.

Allerdings stand die Entscheidung schon nach dem ersten Wettkampf fest. Denn für die westdeutschen Biathleten endete das Heimspiel mit einem so fürchterlichen Debakel, dass die Sportführung um den westdeutschen Skiverbands-Generalsekretär Hans-Heinrich Kirchgeßner die weiße Fahne hisste und den Rückkampf wegen Chancenlosigkeit absagte.

So flogen also vier Biathleten aus Thüringen, Cuno Werner, Horst Nickel, Kurt Hinze und Herbert Kirchner, mit einer viermotorigen Propellermaschine in einem 23-stündigen Flug über die

Polarroute zum Olympiaort in der Sierra Nevada nach Kalifornien. Mit dabei auch noch der Ersatzläufer Wolfgang Heider, Trainer Max Braun und Betreuer Horst Christmann.

Untergebracht war das Team wie alle anderen Sportler auch im olympischen Dorf, das sich aber, obwohl es neu erbaut wurde, nicht wirklich als komfortables Quartier erwies. »Wir fanden spartanische Unterkünfte vor«, erinnerte sich Kirchner, bestehend aus zwei 80 Zentimeter breiten Doppelstockbetten und einer Militärkiste anstelle eines Schrankes. Aber als Luxus stand für alle vier Besucher ein elektrischer Rasierapparat zur Verfügung.«[19]

Die Wettkampfstrecke lag damals am McKinney Creek, knapp 30 Biathleten aus acht Nationen sollten im 20-Kilometer-Rennen an den Start gehen, bei der einzigen Entscheidung im Biathlon. Staffelrennen und die anderen Distanzen wurden erst später nach und nach ins olympische Programm aufgenommen.

Kirchner hatte die Startnummer eins gezogen, es war keine sonderlich gute Nummer an jenem Tag, da die »messerscharfen Eiskristalle«, wie er sagte, in der wenig präparierten Spur seinen Belag ziemlich ruinierten: »Ich hatte schon am ersten Schießstand nach vier Kilometern keine Krume Wachs mehr auf meinen Holzskiern.«[20] So hatte Kirchner auch wenig mit der Entscheidung zu tun, genauso wenig wie seine Mannschaftskollegen. Beim Sieg des Schweden Klas Lestander wurde Cuno Werner als bester Deutscher Neunter, Herbert Kirchner kam auf Platz 13, Horst Nickel belegte Rang 17 und Kurt Hinze beendete das Olympiadebüt auf Position 20.

Seine Startnummer von damals hat Herbert Kirchner, der nach seiner Karriere Trainer wurde, übrigens behalten. Eine historische Nummer. Denn Kirchner war der allererste Läufer im allerersten olympischen Biathlon-Rennen.

Und er war der auf dem Foto ganz rechts.

ECHTE HAUDEGEN

24. GRUND

WEIL DER HIRSCH IM TRAINING LEICHTER UMFIEL ALS DIE SCHEIBEN IM RENNEN

Elf Medaillenentscheidungen gab es bei den Winterspielen von Sotschi in der Sportart Biathlon, mehr als je zuvor, weil sie diesmal noch die Mixed-Staffel ins Programm aufgenommen hatten, zwei Frauen, zwei Männer. Man weiß nicht, was sie sich für Pyeongchang 2018 noch alles einfallen lassen, vielleicht das 3.000-Meter-Mannschaftszeitrennen oder die 12x150-Meter-Staffel, bei der die Läufer 48-mal an den Schießstand müssen. Jedenfalls gab es in den vergangenen Jahren schon eine rechte Inflation an neuen Wettkämpfen, und eigentlich braucht man jetzt auch keine neuen mehr.

1972 war das noch recht überschaubar. Bei den Winterspielen von Sapporo gab es ganze zwei Entscheidungen. Im Einzelrennen über 20 Kilometer und in der Staffel. Bei den Männern natürlich. Frauen gab es noch nicht. Also, es gab sie schon, aber nicht im Biathlon, die Frauen durften da erst später ran.

1972 war Biathlon auch erst das vierte Mal offiziell Teil des olympischen Programms, unter dem charmanten Namen »Militärpatrouillenlauf« war es zwar schon 1924 Demonstrationswettbewerb, erstmals Medaillen vergeben wurden aber erst 1960 in Squaw Valley (siehe 23. Grund). Drei Medaillen waren das, Gold, Silber, Bronze, im Einzelrennen über 20 Kilometer. Das war es auch schon, mehr Biathlon war nicht. 1968 kam dann noch die Staffel dazu. Vier mal 7,5 Kilometer.

In Sapporo 1972 nahmen an der Staffel 13 Nationen teil, es war schon ein wenig wie heute, jeder der vier Athleten pro Land musste zweimal schießen, einmal liegend, einmal stehend. Kleiner Unterschied: Die Scheiben waren nicht wie heute in einer Entfernung von 50 Metern aufgestellt, sondern dreimal weiter entfernt, in einer Distanz von 150 Metern. Statt der heute üblichen Trefferfläche (siehe 12. Grund) betrug der Durchmesser damals 15 beziehungsweise 35 Zentimeter.

Das Staffelrennen gewann die Sowjetunion, die DDR kam auf den dritten Platz. Silber holte sich die Mannschaft Finnlands, sie war gelaufen in der Besetzung Esko Saira, Juhani Suutarinen, Heikki Ikola, Mauri Roppänen. Diese Aufstellung verwunderte dann doch. Denn der beste Mann fehlte. Yrjö Salpakari, der drei Tage zuvor im Einzelrennen beim Sieg des Norwegers Magnar Solberg immerhin Fünfter und damals der beste Finne geworden war. Aber vielleicht war die Nicht-Nominierung dann doch die Strafe für den groben Wildfrevel, den der 27-jährige Athlet aus dem westfinnischen Lapua begangen hatte, wie damals berichtet wurde.

Ereignet hatte sich der aufsehenerregende Zwischenfall beim Training für das Rennen. Salpakari war mit seinen Skiern und seiner geschulterten Waffe durch den Makomanai-Wald von Sapporo gelaufen, als er plötzlich innehielt. In einiger Entfernung hatte er einen Hirsch gesehen. Er blieb stehen, riss sich die Waffe vom Rücken und lud durch. Dann schoss er. Stehend. Zweimal. Beide Schüsse saßen. Der Hirsch fiel tot um.

Fast hätten sie Salpakari deswegen disqualifiziert und ihn mit Schimpf und Schande aus dem Olympiarevier gejagt. Doch der Finne entschuldigte sich und gelobte, sich in Zukunft bei ähnlichen Situationen beherrschen zu wollen. Mit einer Medaille wurde es dann aber leider nichts für ihn, weil er am Schießstand zweimal nicht traf, das bedeutete zwei Strafminuten.

Im Training war's da schon leichter. Kunststück, der Hirsch hatte auch einen größeren Durchmesser.

25. GRUND

WEIL OHNE DEN PICHLER HANS
RUHPOLDING NIE ZUM BIATHLON-MEKKA GEWORDEN WÄRE

Und dann ging die Beschallung wieder los. An der Blockhütte am Eingang zum Schießstadion. Aus einer großen Lautsprecherbox auf dem schneebedeckten Dach hämmerte ein Lied den Menschen ein, »und dann die Hände zum Himmel, komm lasst uns fröhlich sein«. Ein populärer Gassenhauer, in dem es weiter heißt: »Wir wollen trinken. Noch einen trinken.« Aber das muss man manchen Menschen hier nicht zweimal sagen, an den Weltcup-Tagen von Ruhpolding.

Nebenan vor dem Festzelt entlud die Privatbrauerei Schnitzlbaumer die Biervorräte für die kommenden Stunden. Aus zwei großen Lastwägen. 60 Fässer, 3.000 Liter. Tags zuvor, es war noch hell, schleppten sie am Nachmittag die ersten Bierleichen heraus. Am Abend wurden es noch mehr. So ist das jedes Jahr, so war das auch im Januar 2006, mit 80.000 Besuchern an fünf Tagen, als Ruhpolding im Schnee versank und ein Teil des Publikums im kollektiven Delirium. Es herrschte wieder einmal Ausnahmezustand im Chiemgau. Noch mehr als sonst.

26.000 Menschen kamen an den ersten beiden Tagen der traditionellen Weltcup-Veranstaltung, Mittwoch und Donnerstag, so viele wie noch nie an banalen Werktagen. Bei einer Brotzeit ein wenig abseits des Geschehens traf ich mich damals zu einem Gespräch mit dem Pichler Hans. »Wo wir hier mit dem Biathlon angfangt hamm«, sagte der Pichler Hans, »da hamma noch Schulklassen aus dem Landkreis hergebracht, damit's überhaupt Zuschauer hat. Heut brauchst die Kinder gar nimmer herschicken. Die wern bloß zammtrampelt.«

Der Pichler Hans war damals 77, er ging auf zwei Krücken, Magen und Milz hatten sie ihm schon herausgenommen, ansonsten aber ging es ihm noch prächtig. Er hatte eine bewegte Karriere hinter sich, er war Fingerhakler, Teilnehmer der WM im Armdrücken in San Francisco und Vorstand vom Trachtenverein in Ruhpolding. Noch viel bemerkenswerter aber, der Pichler Hans war dem Vernehmen nach der allererste Sozi in Ruhpolding und als Sportwart der erste Sozialdemokrat im Gemeinderat, ein Exot in so einem tiefschwarzen CSU-Nest wie Ruhpolding.

Jedenfalls war das mit dem Biathlon in Ruhpolding alles nur ihm zu verdanken. Anfang der Siebziger, als der Schießstand drüben im Nachbarort Inzell nicht mehr zu nutzen war, setzte Pichler die Verlagerung nach Ruhpolding durch. Südlich vom Ort, am Zirnberg, begann der gelernte Holzknecht mitten im Wald mit dem Kahlschlag für Loipe und Schießstand. Die Widerstände waren enorm. Die einen wetterten gegen das Abholzen, die anderen gegen das sinnlose Hobby durchgeknallter Militaristen, und viele auch gegen beides.

Und als schließlich die ersten Wettbewerbe durchgeführt wurden, waren die Zuschauerränge so wenig frequentiert wie heute nur noch der Stand mit dem alkoholfreien Fruchtpunsch in der Fußgängerzone. 1979 bekam Ruhpolding schließlich seine erste Weltmeisterschaft, nur war das Interesse des Fernsehens herzlich gering. Martin Haßlberger, der spätere Tourismus-Chef des Orts, fuhr damals nach Köln, um bei den Machern der ARD-*Sportschau* wenigstens ein paar Sendeminuten über die Weltmeisterschaft in Ruhpolding zu erbetteln. Murrend willigte der damalige Sportchef Hans-Joachim Rauschenbach ein und kündigte den einzigen Kurzbeitrag in seiner gewohnt holprigen Blumigkeit schließlich so an: »Biathlon, das ist, wie wenn in einem Symphonieorchester mit Maschinengewehren geschossen wird.«[21]

Später ging es nicht mehr um Gewehre im Orchester. Viele Jahre später spielte Biathlon die erste Geige, im Fernsehen, in der Vermarktung. Es folgten glorreiche Zeiten für die Sportart und auch für die Gemeinde, nach 1979 gab es noch drei weitere Weltmeisterschaften. 1985, 1996 und 2012, aber diese bislang letzte WM erlebte der Pichler Hans nicht mehr. Er starb Ende 2010, wenig später seine Frau Luise. Die beiden hinterließen zwei Söhne, den Wolfgang, der als Trainer der schwedischen und der russischen Mannschaft große Erfolge feierte. Und den Claus, einen ehemaligen Hochspringer, der in der Jugend viele Deutsche Meisterschaften feierte und noch heute einige Rekorde hält, der schließlich den Weg in die Politik einschlug und dort der Linie seiner Familie treu blieb. Bei der Kommunalwahl 2008 wurde der SPD-Kandidat Pichler mit 64,3 Prozent der Stimmen gewählt, im März 2014 gar mit 67,59 Prozent im Amt bestätigt. Pichler meinte danach: »Der Wähler wollte einfach Kontinuität.«[22]

Kontinuität will der Biathlon-Fan auch. Deswegen wird er auch weiter nach Ruhpolding kommen, jedes Jahr Mitte Januar. Und einen trinken. Noch einen trinken.

26. GRUND

WEIL BEIM BIATHLON DER WALD MANCHMAL DIE SCHÖNSTEN GESCHICHTEN ERZÄHLT

Im Fernsehen, die Älteren unter uns werden sich noch dunkel erinnern, gab es einmal eine Zeit, da begann das Programm irgendwann am Nachmittag. Bei uns daheim in München waren fünf Programme zu empfangen, ARD und ZDF, der BR, dazu dank Grenznähe ORF 1 und 2. Das Programm war kurz vor Mitternacht zu Ende, danach war wieder Sendepause bis zum nächsten Nachmittag. Wenn man vor dem nächsten Nachmittag den Bildschirm einschaltete, sah man ein Testbild, einen großen Kreis mit vielen Linien und Kästchen. Wenn die Linien und Kästchen verzerrt waren, dann stimmte etwas mit dem Bild nicht. Sie waren oft verzerrt, und dass die Kästchen bunt waren, erfuhr man auch erst viele Jahre später, beim ersten Farbfernseher, aber da gab es schon fast kein Testbild mehr, weil das Programm bald rund um die Uhr lief.

In jener Zeit war das Fernsehen noch ein Erlebnis. Manchmal gab es zur Hauptsendezeit um Viertel nach acht ein Drei-Stunden-Theaterstück von Schiller und alternativ dazu auf dem anderen öffentlich-rechtlichen Sender eine Politdiskussion, in der viel geraucht und nach Herzenslust geschimpft und beschimpft wurde und Political Correctness noch ein Fremdwort war. Genauso wie zappen. Zappen, das ging gar nicht, man hatte früher noch keine Fernbedienung, sondern zum Umschalten der Programme nur einen sperrigen Drehschalter, rechts am klobigen Fernsehkasten, über dem Lautstärkeregler, dem Kontrastknopf und dem Helligkeitshebel, und weil einem das Aufstehen aus der durchgesessenen Wohnzimmercouch zu mühsam war, entschied man sich frühzeitig für ein Programm, bei dem man dann auch blieb.

Das führte zu einer größeren Aufmerksamkeit, einer besseren Wahrnehmung des Gesehenen, einer höheren Konzentration. Das Fernsehen lieferte damals noch Inhalte, das Fernsehen erzählte Geschichten. Einer der besten Geschichtenerzähler damals war Bruno Moravetz.

Bruno Moravetz war Sportreporter, er kommentierte vor allem Wintersport, nordischen Skisport, Skisprung, Langlauf, Biathlon. Sein berühmtestes Zitat stammt von den Winterspielen 1980, vom 15-Kilometer-Langlauf in Lake Placid, als es die amerikanische Regie es kein einziges Mal schaffte, den zwischenzeitlichen Sensationsführenden aus dem Sauerland einzublenden, und Moravetz fragte: »Wo ist Behle?« Manchmal hat es Moravetz, das sagte er später einmal, gestört, auf diesen einen Spruch reduziert zu werden. Mit Recht, Moravetz war mehr als nur diese drei Wörter.

Es war immer ein großer Genuss, ihm zuzuhören, er nahm den Zuschauer mit, er entführte ihn in eine eigene Welt der Sagen und der Mythen, trug alte Legenden aus dem Riesengebirge vor und aus Skandinavien, je nachdem, von wo aus er gerade reportierte. Seine Geschichten waren oft spannender als das ganze Rennen und manchmal, wenn die Kamera einen in tief verschneite Wälder blicken ließ, durch die sich ein einsamer Läufer seinen Weg bahnte, dann glaubte man, dass die Stimme nicht aus einer Kommentatorenkabine aus der Nähe des Zielstrichs kam, sondern irgendwo aus den Weiten des Waldes. Oder dass es gar der Wald selbst war, der sprach. Moravetz' Stimme, so knorrig wie der Baumstamm, so knarzig wie der Ast unter dickem Schnee. So fest wie die Wurzel in der Erde.

Bruno Moravetz war gerade 80 geworden, als er in einem Interview auf seine beeindruckendsten Erlebnisse zurückblickte.[23] Er berichtete von seinen ersten Winterspielen 1952 in Oslo, als es einen Vorführwettbewerb namens Bandy gab. Auf einem vereisten Fußballfeld, mit elf Spielern pro Mannschaft, Hockeyschlägern und einem größeren Fußball. Ein Sport, der aber doch nie ins olympische Programm aufgenommen werden sollte. Moravetz kritisierte den Selbstdarstellungs-Zeitgeist seiner Nachfolger, nannte »Moderatoren, die sich bei Olympia Cowboyhüte aufsetzen, oder ein Experte, mit einem Schwein auf dem Kopf« als »Fehlzündungen, um sich in den Vordergrund zu drängen. Das ist nicht meine Art.« Er schilderte seine eigene Philosophie, den Sport mit Wissen und Verstand, aber auch mit Gefühl und Emotion zu vermitteln, so: »Meinen Kameraleuten habe ich gesagt: Macht solche Bilder, dass die Leute im Ruhrpottnebel anfangen zu weinen.« Und er kam noch auf eine Episode aus dem Biathlon zu sprechen, von den Olympischen Winterspielen 1972 in Sapporo, als er zur fachlichen Vorbereitung das Trainingslager der deutschen Mannschaft besuchte und einen der damaligen Biathlon-Trainer zu einem Schieß-Duell herausforderte, auf die Scheiben natürlich, nicht aufeinander.

Moravetz traf zweimal. Der Trainer nur einmal. »Auf die zwei Liter Rotwein, um die wir gewettet haben, warte ich noch heute«, sagte Moravetz, damals, 2002. Und nun konnte nicht mehr geklärt werden, ob er sie jemals bekam. Am Silvestertag 2013 starb Bruno Moravetz, im Alter von 92 Jahren.

Jetzt sitzt er vermutlich irgendwo da droben, eine Handvoll gebannt lauschender Erzengel um sich geschart, als himmlischer Geschichtenerzähler. Das nur für all diejenigen, die jetzt fragen mögen: »Wo ist Moravetz?«

27. GRUND

WEIL EIN TRINKFESTER PECHVOGEL DEN LUSTIGSTEN ABEND DER WM-GESCHICHTE VERANSTALTETE

Biathlon-Weltmeisterschaften sind heute ein mediales Großereignis, vor allem im Fernsehen. Für die Titelkämpfe 2012 in Ruhpolding etwa hatten ARD und ZDF in der Chiemgau-Arena 30 Kilometer Kabel verlegt, dazu kamen 39 Kameras zum Einsatz. Täglich gab es Pressekonferenzen mit den ganz großen Stars, Magdalena Neuner und Martin Fourcade, Darja Domratschewa und Emil Hegle Svendsen, und wenn die Frageunden mit den Journalisten vorbei waren, dann verschwanden die Läufer wieder ganz schnell ins Mannschaftshotel oder zum Training. Ein recht typisches und oft zu beobachtendes Phänomen bei beliebten Sportarten. Beim Tennis war das so, beim Skispringen, und beim Fußball sowieso. Je mehr Medieninteresse und je mehr Fans und Zuschauer, desto mehr ziehen sich die Sportler zurück, desto mehr werden sie durch ihre eigenen Pressesprecher und Funktionäre abgeschottet.

1958, genau 54 Jahre vor der WM in Ruhpolding, war das noch ganz anders. Bei der allerersten Biathlon-Weltmeisterschaft in Saalfelden im Salzburger Pinzgau. Da schaute nämlich keiner zu, es gab keine Kameras und kaum Zuschauer, und deswegen konnten die Biathleten unbehelligt im Ort herumtollen, bei lustigen Abenden – und bei legendären Saufgelagen.

Von der WM damals sind nur wenige Bilder überliefert. Eine der seltenen Aufnahmen zeigt einen Mann mit eingefrorenen Augenbrauen und Wimpern, der Mund halb geöffnet, er versucht wohl zu lachen, das gelingt ihm aber nicht, vermutlich kann er wegen der Kälte das Gesicht nicht mehr bewegen. Es könnte auch das Foto eines Mannes sein, der sich freut, weil man ihn nach einer dreimonatigen Eishölle in einer Gletscherspalte an der Nordwand des Nanga Parbat doch noch gerettet hat. Ist es aber nicht. Es ist Alexander Michailowitsch Gubin, Sowjetrusse, Teilnehmer der WM von Saalfelden. Viele Jahre später erzählte er einmal, wie es zugegangen war, damals, 1958. Gubin, der trinkfeste Pechvogel.

Alexander Gubin, Jahrgang 1935, war eigentlich Langläufer. Bei der nationalen Meisterschaft 1958 drückte man ihm und den anderen Läufern plötzlich ein Gewehr in die Hand, man sagte ihnen, sie sollen zwischendrin auch mal auf Ziele schießen. Gubin tat das besser als seine Konkurrenten, keiner traf besser als er, weshalb er gleich im Anschluss die Nachricht erhielt, er habe sich für die Biathlon-WM qualifiziert.

Ohne weiteres Training setzte man Gubin und seine sowjetischen Mitstreiter in ein Flugzeug nach Innsbruck, dort trafen sie zum ersten Mal in ihrem Leben auf Iwan Gnezdilow, der wurde ihnen als Schießtrainer vorgestellt. Und schon ging's los. Im Einzel über 20 Kilometer kam Gubin nur auf Platz zehn, aber in der Staffel lagen die Sowjets lange auf Goldkurs. Man hatte zwischenzeitlich bis zu 15 Minuten Vorsprung, aber dann kam Alexander Gubin an den Schießstand. »Beim letzten Schießen klemmte die Patrone fest«, berichtete er einmal. »Ich hatte erst versucht, die Patrone durch den Verschluss herauszuholen, dann war ich drauf gekommen, den unteren Deckel zu öffnen.«[24] Was aber eine schlechte Idee war, denn so fiel die ganze Munition in den Schnee.

Gubin kroch auf dem Boden herum, suchte die Patronen, und als er sie endlich wiedergefunden, im Gewehr einsortiert und dann geschossen hatte, waren die Schweden schon vorbeigezogen. Gubin und seine Russen wurden Zweite, das erfuhren sie dann am Abend nach der Auswertung der Ergebnisse durch die Jury. Damit war die WM nach den zwei Wettbewerben auch schon wieder vorbei, die Veranstaltung dauerte nur zwei Tage, vom 1. März bis zum 2. März.

Am Abend des 2. März aber bewiesen viele Athleten egal welcher Nation noch beste Kondition, bei der Abschlussfeier der WM in einem Wirtshaus in Saalfelden. »Nach ein paar offiziellen Reden holten wir unseren Wodka heraus«, erinnerte sich Gubin später. »Wir hatten viel davon mitgebracht als Gastgeschenke. Naja, und dann bewirteten wir alle damit. Eine gemeinsame Sprache fanden wir schnell. Wir brachten ihnen sogar den russischen Trinkspruch bei: Do dna!« Trink es leer.

Dies brüllte dann nach einer Stunde der ganze Saal, am Ende schliefen viele im Vollrausch noch am Tisch ein. Mächtig verkatert stiegen die sowjetischen Biathleten dann am nächsten Tag in den Bus und fuhren nach Wien, von dort flogen sie in die Heimat.

Danach bestritt Alexander Gubin nie wieder einen Biathlon-Wettkampf.

1960 und 1964 war er noch als Langläufer bei den Olympischen Winterspielen, später wurde er Sportlehrer, und als er in Rente ging, zog er mit seiner Frau Tamara in die Gegend von Sankt Petersburg, in eine ärmliche Siedlung ohne Gas, ohne Kanalisation, ohne Warmwasser. Ungemütliche Verhältnisse, und vielleicht ist es ja so, dass ihm die Augenbrauen und Wimpern in bitterkalten Wintermonaten dann wieder einfrieren, so wie damals in Saalfelden, und hin und wieder nur ein Stamperl Wodka gegen die Tristesse hilft. Do dna.

28. GRUND

WEIL DIE FINNISCHEN VÖGEL DEM ALTEN AAPPO
NOCH STUNDENLANG ERBITTERTEN WIDERSTAND LEISTETEN

Skandinavien gilt als die Wiege des nordischen Skisports. In Skandinavien gab es schon Ski-Wettkämpfe, als man in anderen Ländern in südlicheren Breitengraden noch nicht wusste, was man mit zwei länglichen Brettern unter den Füßen überhaupt anstellen soll.

So gab es also schon im 19. Jahrhundert viele Meisterschaften, eines der traditionsreichsten und ältesten nordischen Skirennen ist dabei das Oulu Tervahiihto. Oulu liegt in der Mitte Finnlands, meistens ist es dort saukalt. Einmal im Jahr sieht man Oulu auch im Fernsehen, am Ende der *Tagesthemen* zum Beispiel, wenn zum unterhaltsamen Ausklang der Nachrichtensendung noch kuriose Berichte aus aller Welt zum Schmunzeln anregen sollen. In Oulu findet nämlich alljährlich die Luftgitarren-Weltmeisterschaft statt. Die gab es allerdings 1889 noch nicht, genauso wenig wie andere Sportarten, die sich in Finnland mittlerweile großer Beliebtheit erfreuen, wie etwa das Gummistiefelweitwerfen, der Moorfußball und das Handywerfen.

Nein, 1889 gab es als wichtigsten Sportwettkampf den Oulu Tervahiihto. Ein Skilanglauf, der um einen der vielen zugefrorenen Seen führte. Die Strecke war damals 32 Kilometer lang, das Preisgeld betrug 100 Finnmark, das war ungefähr die Hälfte von dem, was man in Finnland so im Winter verdiente. Und weil der Winter in Finnland lang war, also fast die Hälfte eines Jahresverdienstes.

Der Sieger des ersten Rennens war ein gewisser Aappo Luomajoki. In der finnischen Literatur wird er gerne als einer der Pioniere des Skisports bezeichnet, es gibt sogar noch alte grobkörnige Schwarz-Weiß-Aufnahmen von ihm, da sieht man einen Mann mit einem kantigen Schädel, einem knorrigen Gesichtsausdruck und einer weißen Zipfelmütze.

Über jenen Aappo Luomajoki sagt man auch, dass er zu jener Zeit gewissermaßen einer der ersten Biathleten war. Oft sei er nämlich beim Konditionstraining für die langen, strapaziösen Langlaufrennen einen ganzen Tag lang, von früh bis spät, durch die Landschaft und durch die Wälder gelaufen, auf dem Rücken ein Gewehr. Dabei habe er immer wieder angehalten und angelegt – und dann auf Vögel geschossen. Man kann sich ausmalen, dass die Viecher hoch droben in der Luft das anfangs vielleicht gar nicht ernst genommen und sich eher belustigt hatten. Über diesen durchgeknallten Typen da unten mit seiner Knarre, wie er atemlos herumfuchtelt und vor lauter Anstrengung nach dem Laufen gar nicht richtig zielen kann.

Doch den Vögeln verging nach einiger Zeit das Lachen, denn Aappo Luomajoki ließ nicht locker, und auch wenn er im Stehendanschlag zuerst viele Fehler schoss, ließ er sich nicht unterkriegen. Immer wieder, stundenlang das gleiche Spiel, kaum hatte er einen der immer nervöser werdenden Vögel erspäht, griff er zur Waffe, peng, peng.

Irgendwann, so will es die Überlieferung[25], zahlte sich die Beharrlichkeit aus. Weil die anvisierten Opfer mit der Zeit ermüdeten und ihnen die Luft ausging, sollte Herr Luomajoki leichtes Spiel haben. Als die früh am Tag einsetzende Dämmerung allmählich in eine unwirtliche Dunkelheit überging, schoss er einen ermatteten Vogel nach dem anderen vom Himmel und brachte die Viecher zum Abendessen mit nach Hause. Man könnte sagen, Luomajoki war so etwas wie der Begründer des Verfolgungsrennens im Biathlon.

Irgendwie hatte er schon einen Vogel. Aber den haben sie ja heute noch, im Land der tausend Seen und der Gummistiefelweitwerfer.

29. GRUND

WEIL EIN URPLÖTZLICHER WUTAUSBRUCH DEN BIATHLON-SPORT REVOLUTIONIERTE

1978 war das Jahr, in dem Österreich ein großes Ereignis feierte. Córdoba, die WM in Argentinien, das 3:2 gegen Deutschland, unvergessen, wie die ORF-Radio-Legende Edi Finger damals beglückt und gerührt ins Mikrofon weinte: »I werd narrisch.«

In jenem Jahr, drei Monate zuvor, im März, war Österreich aber auch Schauplatz einer bemerkenswerten Großveranstaltung, der Biathlon-WM in Hochfilzen, einer historischen Weltmeisterschaft. Denn es waren die ersten Titelkämpfe, bei denen die Sportler mit Kleinkaliberwaffen schossen.

Bis dahin rannten die Biathleten immer mit mächtigen Großkalibergewehren durch die Gegend. Der Schießstand war meist außerhalb der Sichtweite der Zuschauer, sofern denn überhaupt Zuschauer da waren, die Entfernung zu den Scheiben mit bis zu einem viertel Kilometer extrem groß. Josef Deflorian, damals als Mitglied der Technischen Kommission des Verbandes für Modernen Fünfkampf und Biathlon UIPMB einer der einflussreichsten Funktionäre im Biathlon-Sport, hatte bald erkannt, dass es mit Biathlon in der Form nicht mehr weitergehen konnte. Das Image als Militärwettkampf war immer noch denkbar schlecht, und so versuchte er schon viele Jahre, die Sportart attraktiver zu gestalten, zu modernisieren, der Öffentlichkeit zugänglicher zu machen.

1976, im Rahmen der Winterspiele von Innsbruck, tagten die Mitgliedsverbände der UIPMB in Seefeld, dem Austragungsort der nordischen Olympiawettbewerbe. Auch hier warb Deflorian eindringlich und händeringend um die Umstellung auf Kleinkalibergewehre, um wegzukommen von einer mit einem militärischen

Image behafteten Veranstaltung. Um eine Disziplin mit deutlich sportlicherem Charakter und eine bessere Außendarstellung zu schaffen, aber auch um Kosten zu sparen, schließlich war die Kleinkalibermunition um einiges günstiger. Allerdings leisteten die Delegierten immer noch enormen Widerstand. Bei der entscheidenden Abstimmung votierten die Verbände zwar mit 14 zu acht Stimmen für Deflorians Initiative, die erforderliche Zweidrittelmehrheit für eine Veränderung des Reglements aber wurde verfehlt. Es war eine Neinstimme zu viel.

Teilnehmer der Veranstaltung erinnern sich noch heute, wie Deflorian wutschnaubend den Raum verließ und schimpfte, dann würde 1978 eben keine Weltmeisterschaft in Hochfilzen stattfinden und am Ende auch nirgendwo sonst. Das zeigte Wirkung, zumindest bei drei Delegierten. Schließlich wurde ein zweites Mal abgestimmt, diesmal kam das nötige Quorum zustande. Das Ergebnis lautete 17 zu fünf.

So hatte ein einziger heftiger Wutanfall mehr Erfolg als all die jahrelangen, wohl ausgefeilten und sorgfältig abgewogenen Argumente.

Die Neuerung war ein voller Erfolg, bis heute gilt die WM in Hochfilzen 1978 als Wendepunkt in der Geschichte des Biathlon-Sports, als Anfang der großen Erfolgsgeschichte. Das lag auch daran, dass der umtriebige Herr Deflorian eine weitere Innovation durchsetzte, die allerdings auf deutlich geringeren Widerstand stieß und unter dem etwas sperrigen Namen »Deflorian-Metallklappfallscheibe« in die Fachliteratur eingehen sollte (siehe 17. Grund). Ein mechanischer Vorläufer der heutigen elektronischen Schießscheibe, aber auch schon in der gleichen Anordnung auf einem Fünfer-Balken, postiert in Sichtweite der Zuschauertribüne.

Beherrscht wurde die damals noch aus lediglich drei Wettkämpfen bestehende WM übrigens von den Läufern aus der DDR. Frank Ullrich, Eberhard Rösch und Klaus Siebert räumten im Sprint alle Medaillen ab, im Einzel kamen Ullrich und Rösch beim Sieg des

Norwegers Odd Lirhus auf die Plätze zwei und drei, und in der Staffel siegte natürlich auch die Mannschaft aus Deutschland-Ost – das Erfolgstrio aus dem Sprint zusammen mit Manfred Beer.

Für Gastgeber Österreich dagegen verliefen die Wettkämpfe nicht so erfolgreich, mehr als ein fünfter Platz in der Staffel war nicht drin. Die Zeit zum Narrisch-Werden kam für die Alpenrepublik erst drei Monate später.

30. GRUND

WEIL BRUNO MORAVETZ FRITZ FISCHER ZU SEINER OLYMPIA-PREMIERE VERHALF

Während der Winterspiele 2014 erzählte Fritz Fischer einmal (siehe 64. Grund), wie das alles so war, bei seinen allerersten Olympischen Spielen, 1980 in Lake Placid. Wie er am Frühstückstisch saß und plötzlich Ingemar Stenmark daherkam, der große Stenmark, der beste Slalomfahrer in jenen Jahren, vielleicht aller Zeiten. Stenmark fragte, ob da noch frei wäre, und so saß Fischer plötzlich neben seinem großen Idol. Auch wenn Fischer selbst ja Biathlet war, kein alpiner Skifahrer.

Dass Fritz Fischer aber überhaupt vor Ort war, das hatte er Bruno Moravetz zu verdanken, jenem berühmten Fernsehreporter.

Es war Anfang des Jahres 1980, nur noch wenige Wochen bis zu den Spielen, eigentlich stand die Mannschaft bereits fest. Peter Bayer, der damalige Biathlon-Chef im Deutschen Skiverband, hatte seine fünf Olympiastarter schon beisammen. Peter Angerer, Gerhard Winkler, Franz Bernreiter, Hans Estner – und Andreas Schweiger vom TSV Schwangau, der 1978 und 1979 im Einzel über 20 Kilometer Deutscher Meister geworden war und 1978 auch maßgeblichen Anteil daran hatte, dass die westdeutsche Staffel bei der WM in Hochfilzen Bronze holte.

Nun also stand noch der Weltcup in Ruhpolding an, und laut Reglement hatte der deutsche Verband als Ausrichter fünf zusätzliche Startplätze zur Verfügung. So etwas nützen die Trainer dann gerne, um vor allem jungen Nachwuchssportlern die Chance zu geben, einmal bei so einem großen Rennen dabei zu sein. Sie sollen hineinschnuppern, das sagen die Betreuer dann immer ganz gerne, mal spüren, wie sich das anfühlt inmitten der arrivierten Top-Athleten.

Einer der Hineinschnupperer war damals auch Fritz Fischer vom heimischen SC Ruhpolding. Fischer war 23, gerade einmal fünf Jahre zuvor hatte er das erste Mal überhaupt auf Langlaufskiern gestanden, erst bei der Bundeswehr bei den Gebirgsjägern in Bad Reichenhall hatte er eine gewisse Affinität zum Biathlon entwickelt. Nun also der Weltcup daheim, und prompt geschah das, womit keiner gerechnet hatte, Fritz Fischer wurde im Einzelwettkampf Siebter und damit bester Deutscher. Dann kam der Auftritt von Bruno Moravetz, in einem Fernsehinterview fragte er nach dem Rennen Peter Bayer: »Kommt der Fischer denn jetzt mit nach Lake Placid?« Und Bayer erwiderte, wenn er seine Leistung ein zweites Mal bestätigen könne, dann ja.

Fischer konnte das, auch im darauffolgenden Rennen, dem letzten vor Olympia, überzeugte er wieder als zweitbester Deutscher. Danach kam es erneut zu einem Interview mit dem deutschen Biathlonchef, Moravetz fragte: »Na, Herr Bayer, stehen Sie zu Ihrem Wort?« Und Bayer antwortete, wie er sich später einmal erinnerte, mit den Worten: »Was g'sagt is, is g'sagt.«

Für Peter Bayer war es die wohl schwierigste Entscheidung in seiner Funktionärslaufbahn. Fischer fuhr mit zu den Spielen von Lake Placid, aber weil nur fünf Biathleten nominiert werden durften, erwischte es den untröstlichen Andreas Schweiger, er musste zu Hause bleiben.

Seine guten Ergebnisse konnte Fischer bei den Winterspielen nicht wiederholen, im Sprint kam er nur auf Platz 27, in der Staffel der Bundesrepublik, die Bronze holte, blieb er nur Ersatzmann und Zuschauer.

Ein Jahr später fand im finnischen Lahti die Weltmeisterschaft statt. Fischer erzielte da schon bessere Ergebnisse, vor allem mit einem fünften Platz über 20 Kilometer, und da durfte er in der Staffel dann endlich mitlaufen und sich am Ende über seine allererste Medaille bei einem Großereignis freuen. Hinter der DDR gewannen sie Silber, Franz Bernreiter, Peter Angerer, Fritz Fischer – und Andreas Schweiger.

31. GRUND

WEIL DAS GRAMMOFON DES DINOSAURIERS NOCH ÄLTER WAR ALS ER SELBST

Es war nur eine Kurznachricht, mehr nicht, im Mai 2007. In der Zeitung, in der Meldungsspalte. Dort stand an jenem Tag auch zu lesen, dass der Fußball-Bundesligist Hamburger SV den Vertrag mit U19-Nationalspieler Änis Ben-Hatira vorzeitig bis 2012 verlängert habe. Dass Hertha BSC Berlin Torhüter Jaroslav Drobný vom VfL Bochum als Neuzugang für die kommende Saison verpflichtet habe. Dass Eishockey-Nationalspieler Alexander Sulzer von den DEG Metro Stars zu den Nashville Predators in die amerikanische NHL wechsle.

Und dann darunter, ganz klein, eben auch noch diese eine Neuigkeit, dass Sergej Tschepikow seine Karriere beendet habe. Mit 40 Jahren. Der Biathlon-Olympiasieger aus Russland. Der letzte noch aktive Biathlet, der olympisches Gold für die Sowjetunion geholt hatte. Fast 20 Jahre nach seinem Staffel-Gold mit der UdSSR, bei den Winterspielen von Calgary. Tschepikow, der Dinosaurier, das Relikt. Der Denker, der Philosoph. Was man von ihm hörte, war meist außergewöhnlich und sehr speziell.

Sergej Tschepikow war anders als viele seiner Mitstreiter im Biathlon, kritisch, intelligent, belesen. Manche Spitzensportler, ob im Biathlon oder anderen Disziplinen, sehen oft nur den Sport, für den Blick über den Tellerrand reicht es bei vielen nicht, man schwimmt lieber in der eigenen Suppe. Tschepikows Horizont ging aber immer über die fünf Scheiben am Schießstand hinaus, und wenn er den ganzen Winter über unterwegs war, dann hatte er für die Abende auf dem Hotelzimmer immer viele Bücher dabei. Von Leo Tolstoi. Oder von Anton Pawlowitsch Tschechow etwa.

Tschechow schrieb 1886 eine Kurzgeschichte mit dem Titel *Talent*. Etwas, was Sergej Tschepikow bereits als Kind war, ein sehr großes Talent sogar.

Aufgewachsen im Altaigebirge, in der rauen Landschaft Sibiriens, hatte Sergej Tschepikow schon als Kind mit dem Biathlon angefangen. Er kam gut voran, bei den Juniorenweltmeisterschaften 1987 im finnischen Lahti, als er gerade 20 war, gewann er alle drei Rennen: den Sprint und das Einzelrennen sowie die Staffel. 1988 dann der große Durchbruch, gleich bei seinem Einstand in den Reihen der großen und erfahrenen Sowjet-Läufer gewann er Olympiabronze im Sprint und Gold mit der Staffel. Als Jüngster im Team, zusammen mit den erfahrenen Haudegen Wassiljew, Popow und Medwetsew.

Es folgten erfolgreiche Jahre, 1990 und 1991 gewann er den Gesamtweltcup, 1992 holte er mit der Staffel Olympiasilber, 1994, bei den Spielen von Lillehammer, wurde er im Sprint Olympiasieger. Danach trat er zurück, wurde Langläufer, mit bescheidenem Erfolg, um 2001 nach siebenjähriger Abstinenz sensationell sein Comeback im Biathlon anzukündigen, mit 34 Jahren. Prompt lief er wieder vorne mit, gewann 2004 in Antholz beim Sprint wieder ein Weltcuprennen und sicherte sich mit der russischen Staffel 2006 in Turin noch einmal olympisches Silber. Da war dann er der alte Haudegen.

Tschepikow sagte einmal, als Biathlet wollte er »kein Fachidiot sein, der ein paar Runden läuft und ein paar Mal auf eine kleine Scheibe zielt«.[26] Vielmehr wollte er darüber reflektieren, wer der Mensch ist, wohin er geht. Über das Leben, und als gläubiger Mensch auch über Gott. Er wollte darüber mit Freunden diskutieren, bei einem guten Essen, einem Glas Rotwein, er wollte seine Lebensweisheiten auch seinen inzwischen vier Kindern mitgeben, die er zusammen mit seiner Frau, der früheren Biathletin Jelena Melnikowa, bekommen hatte.

Einmal, während eines Trainingsaufenthalts im österreichischen Ramsau, erfüllte er sich einen alten Traum. In einem Laden entdeckte er ein altes Grammofon, 100 Jahre alt, natürlich ohne Stromanschluss. 300 Euro legte er dafür hin, und als er einmal Besuch von einem Reporter der IBU-Fachzeitschrift *Biathlonworld* bekam, da legte er eine ganz alte Scheibe auf den Plattenteller, drehte an der Handkurbel und legte die Nadel auf die Platte. Es erklang alte Jazzmusik aus den Zwanzigerjahren. »Guter alter Jazz«, sagte Tschepikow. »Das ist die Musik, die ich mag.« Aus den anderen Zimmern, dort, wo seine jüngeren Kollegen wohnten, schallten Rock und Pop und Hip-Hop.

Was man von Tschepikow hier hörte, auch das war einfach außergewöhnlich und speziell. Ein Mann, der mehr verdiente als nur eine Kurzmeldung.

32. GRUND

WEIL DER ALTE RUSSE SICH DEM MEDAILLENBISS VERWEIGERTE

Bei Olympischen Spielen und Weltmeisterschaften gibt es im Rahmen der Siegerehrungen immer drei verschiedene Arten von Bildern. Diese sind dann gleich darauf im Internet zu finden oder am nächsten Tag in der Zeitung. Darauf sieht man entweder den siegreichen Sportler, wie er mit Tränen in den Augen oder auch, je nach Gemütszustand, hemmungslos schluchzend hochblickt in Richtung aufgezogener Nationalfahne. Oder man sieht die drei Podiumsplatzierten, wie sie sich nach dem Abspielen der Hymne oben beim Gewinner auf dem obersten Treppchen Arm in Arm tummeln, gerne noch mit einem Blumenstrauß in der Hand.

Oder die dritte Variante: Das Bild zeigt die glücklichen Athleten, wie sie gerade in ihre Medaille beißen.

Wer noch nie bei so einer Veranstaltung dabei war, wird sich vielleicht schon oft gefragt haben, wieso eigentlich, was das für einen Sinn haben soll. Um die Echtheit des Edelmetalls zu dokumentieren und darzulegen, dass die Plakette nicht in Wahrheit ein in goldenes Stanniolpapier eingewickelter Schokotaler ist?

In alten Wildwest-Filmen konnte man oft beobachten, dass finstere Gestalten eine Goldmünze zwischen die Zähne nahmen, um festzustellen, ob ihnen nicht gerade eine Fälschung angedreht worden war – und wenn ja, dann war es um den Falschgoldlieferanten eher schlecht bestellt. Es hieß nämlich schon früher, je reiner und echter das Gold, desto weicher die Münze und je tiefer die Bissspuren.

Bei den Olympischen Spielen freilich ist der Echtheitstest schon seit mehr als 100 Jahren obsolet. 1912 in Stockholm wurde ein letztes Mal eine Medaille aus echtem Gold überreicht, mittlerweile ist es der Standard, dass die Goldmedaille einen Silberanteil von mindestens 92,5 Prozent und einen sechs Gramm schweren Überzug aus Gold hat.

Dass die Sportler immer die Medaillen zwischen die Zähne nehmen, daran sind die Fotografen schuld. Die Fotografen stehen bei Siegerehrungen immer in einem dichten Pulk vor der Bühne, und wenn die Geehrten von ihrem Treppchen heruntersteigen, an den Rand der Bühne treten und ihre Medaillen vor die Objektive der Kameras halten, dann gibt es immer einige Fotografen, die die Sportler wort- und gestenreich darum bitten, auch auf die Medaille draufzubeißen, weil das ja ein schönes Motiv geben würde.

Nur, ein ausgefallenes und originelles Motiv ist es freilich längst nicht mehr.

Von Sergej Tschepikow war hier schon zu lesen (siehe 31. Grund), ein russischer Biathlet, ein eigenwilliger Charakter, der in Calgary 1988 seine erste und in Turin 2006 seine letzte Olympiamedaille gewonnen hatte. Tschepikow war auch bei Weltmeisterschaften erfolgreich. 2005 in Hochfilzen etwa, da holte er im hohen Alter von 38 Jahren noch einmal Silber in der Verfolgung, hinter Ole Einar Bjørndalen, vor Sven Fischer. Nach der Siegerehrung baten ihn auch hier die Fotografen, doch bitte die ihm soeben überreichte Medaille zum Mund zu führen. Doch da hatten sie die Rechnung ohne den Russen gemacht. Tschepikow nämlich schüttelte den Kopf und weigerte sich beharrlich und erfolgreich, das sei ihm zu albern, signalisierte er.

Da half kein Flehen und Bitten und Betteln. Tschepikow blieb hart wie Falschgold. An ihm bissen sich die Fotografen die Zähne aus.

33. GRUND

WEIL EINE VERWECHSLUNG IN JUNGEN JAHREN SPÄTER ZU GROSSEN ERFOLGEN FÜHRTE

Es hätte alles ganz anders kommen können. Peter Angerer hätte sich 1983 über einen WM-Titel freuen können statt über Silber, der damalige Sowjetbürger und heutige Weißrusse Alexander Popow dürfte sich heute immer noch Gesamtweltcupsieger 1989 nennen. Und Matthias Jacob hätte bei sich zu Hause in Thüringen noch eine Bronzemedaille hängen, von der WM 1982, wo er sich aber in Wahrheit über den undankbaren vierten Platz im Einzel grämen musste. Das alles wäre so gekommen, wenn ein Norweger, der einer der stärksten Biathleten in den Achtzigerjahren war, in seiner Jugend nicht aus Versehen einmal die Sportarten verwechselt hätte. Dann hätten seine Mitstreiter einen Konkurrenten weniger gehabt und wären immer einen Platz weiter vorne gelandet, wenn er, wie es eigentlich geplant war, beim Langlauf geblieben wäre. Eirik Kvalfoss.

Eirik Kvalfoss. Welch ein Name.

Der Name war allgegenwärtig, wenn man sich damals die Übertragungen von großen Wettkämpfen anschaute, von Weltmeisterschaften und Olympischen Spielen. Es war noch nicht so wie heute, wo in den Vorberichten vor den Rennen die großen Stars der Szene gerne porträtiert werden und man erfährt, wo sie leben, wie sie ticken, was sie privat machen. Nein, solche Hintergrundberichte gab es damals noch nicht, und irgendwie war das auch schön, denn je weniger man über die Sportler wusste, desto mehr konnte man seine Gedanken spielen lassen. Und wenn die Kamera, die eine Kamera, eine gefühlte Ewigkeit zwischen mächtigen Baumstämmen hindurch geduldig in einen tief verschneiten Wald hineinblickte, wo dann endlich eine Silhouette auftauchte und Bruno Moravetz brummte: »Dort hinten kommt Eirik Kvalfoss«, dann schloss man die Augen und stellte sich einen alten norwegischen Wilderer vor, der sich gerade mit einem erlegten Elch auf dem Rücken in kilometerlangen Tagesmärschen schweren Schrittes durch den meterhohen Schnee der skandinavischen Wildnis plagt, gewärmt nur von einem Rentierfell und einem rauschenden rotblonden Vollbart, um seiner 20-köpfigen Familie wieder für ein paar Tage Nahrung in die kleine karge Blockhütte zu bringen, bevor es ihn wieder hinauszieht zur Jagd und er dann als Beute vielleicht ein paar Schneehühner mitbringt oder einen Polarfuchs.

Solche Sachen dachte man. Bei dem Namen. Eirik Kvalfoss.

Dabei war Eirik Kvalfoss, wenn man ihn sich näher anschaute, ein ganz unscheinbarer Typ. Er blickte immer ganz brav und wenig Furcht einflößend. Es gibt ja auch Sportler, die allein schon mit ihrem Äußeren und ihrem Auftreten für Angst und Schrecken sorgen. Aber von diesem Eirik Kvallfoss drohte, rein vom Auftreten, so wenig Gefahr wie von Philipp Lahm als Neunjährigem.

Höflich, charmant, zuvorkommend. Aber gnadenlos in der Loipe und am Schießstand. Das kam aber eben nur, weil er sich einmal geirrt hatte. Klein Eirik war ein begnadeter Läufer, eines Tages aber, zu frühen Schulzeiten im Alter von zwölf Jahren, geschah es, dass er in seiner Heimatstadt Voss einer Verwechslung aufsaß und statt wie geplant zu einem Langlaufrennen zu einer Biathlon-Jugendmeisterschaft dazustieß. Er fiel nicht sonderlich auf dabei, allerdings hatte er Gefallen daran gefunden, an dem Zweikampf aus Laufen und Schießen. Bald wurde er einer der Besten seines Landes und dann auch der Welt. Weltmeister 1982 und 1983, Olympiasieger 1984, jeweils im Sprint. Danach stürzte er in eine große sportliche Krise, aus der ihn erst Stein Johnsen, damals in Norwegen einer der gefragtesten Sportpsychologen, und Grete Nykkelmo, seine damalige Lebensgefährtin, führten. Die beiden brachten ihn wieder zurück nach oben. 1989 wurde Kvalfoss noch einmal Weltmeister, über 20 Kilometer, es blieb sein letzter Erfolg.

Nach der Karriere begann er bei seinem Hauptsponsor zu arbeiten, er tauschte den Rennanzug gegen einen feinen Anzug und ging in die Marketing-Abteilung einer großen Lebensversicherung.

Der wilde Jägersmann aus den norwegischen Wäldern, er blieb reine Fantasie.

STARKE HELDEN

34. GRUND

WEIL HENKEL TROCKEN ZUM ABSCHLUSS IN CHAMPAGNERLAUNE WAR

Und dann war Schluss. Endgültig. Nach zweieinhalb Jahrzehnten. Andrea Henkel trug eine goldene Krone auf dem Kopf, sie hielt ein Glas Sekt in der Hand. Es war nicht die Platzierung, die es zu feiern gab, Platz 13 im Massenstartrennen beim Weltcup in Oslo, da hatte sie schon weitaus bessere Resultate erzielt. Zu feiern gab es den Abschied einer großen Sportlerin, einer der weltbesten Biathletinnen aller Zeiten. »Es fühlt sich in Ordnung an. Ich bin bereit«, sagte die 36-Jährige nach ihrem finalen Wettkampf. »Ich bin über viele Sachen in meiner Karriere glücklich.«[27] Das durfte sie auch sein. Bei zwei olympischen Goldmedaillen und acht WM-Titeln. Nach zweieinhalb erfolgreichen Jahrzehnten Leistungssport, in denen sie nie so richtig gefeiert wurde, in denen sie sich auch nie so richtig feiern lassen wollte. Bejubelt wurden andere, sie wurde respektiert. Und das lag nicht an ihren sportlichen Erfolgen, die gab es ja zur Genüge, das lag ganz einfach an ihrer Art.

1989, da war sie gerade elf, hatte Andrea Henkel mit dem Biathlon begonnen, in ihrer Heimat Großbreitenbach, einem Erholungsort auf der Hochfläche des Thüringer Schiefergebirges. In jener Zeit gab es in der Richtung Westen noch eine Grenze, der wichtigste Arbeitgeber der Stadt war noch der VEB Relaistechnik. Und es war eine Zeit, in der Frauen-Biathlon eine olympische Disziplin geworden war. »Man steckte uns Mädchen damals einfach zu den Jungs ins Biathlon-Zentrum«, erzählte sie einmal.[28] Geschadet hatte es sicher nicht.

Als die beiden Deutschlands dann längst wieder eines waren, gab sie ihr Weltcupdebüt, den größten Erfolg feierte sie 2002 in

Salt Lake City, bei den Olympischen Winterspielen, als sie im Einzelrennen über 15 Kilometer Gold holte. Was danach folgte, war ein seltsamer Auftritt, aber ganz typisch für Andrea Henkel. Andere Sportlerinnen hätten sich für einen wenige Stunden nach dem Triumph folgenden Pressetermin mit vielen Kameras und Fotografen mächtig aufgebrezelt, hätten posiert, gelacht, geflirtet, das übliche Spiel eben, um sich auch als schillernd charismatische Persönlichkeit abseits des Sports zu präsentieren, um sich damit auch für die Werbeindustrie als attraktive Vermarktungsfigur zu positionieren. Bei Andrea Henkel war das anders.

Wer damals dabei war, als sie im Deutschen Haus saß, wird nie diesen Anblick vergessen, wie sie vorne auf dem Podium saß, schmallippig und verbissen. Zwischendrin lachte sie einmal, doch das wirkte fast unnatürlich.

Manch eine an ihrer Stelle hätte vom größten Moment ihrer Laufbahn gesprochen, der Erfüllung eines Kindheitstraums, davon, jetzt der glücklichste Mensch auf Erden zu sein. Andrea Henkel sagte, sie habe sich sehr über ihren einen Schießfehler geärgert. Die Journalisten wollten wie immer bei solchen Anlässen noch etwas mehr wissen, sich erkundigen über den Privatmenschen, so kleine bunte Episoden hören und wie es denn aussehen würde, etwa mit einem Lebensgefährten. Henkel sagte: »'Nen Freund? Nee, den gibt's nicht.« Punkt. Und ob sie denn jetzt am Abend noch feiern und es richtig krachen lassen würde, fragte noch einer, mit Bier etwa und Thüringer Rostbratwürsten? »Nee, Bier mag ich nicht. Und Würste esse ich nur im Sommer.«[29]

Am nächsten Tag titelte eine Zeitung in Anspielung auf ihre spröde Art: »Henkel trocken.«

Aber Andrea Henkel blieb so, sie wusste um ihre Außenwirkung, es machte ihr aber nichts. Auch in den folgenden Jahren wurde sie nicht zum großen Liebling der Massen, bejubelt wurden andere. Die ein bisschen schrille Kati Wilhelm mit ihren roten Pumuckl-Haaren. Oder die Wallgauerin Magdalena Neuner, die das Klischee vom bayerischen Bilderbuch-Mädl bestens bediente. Andrea Henkel wurde beklatscht, artig, brav, mehr nicht.

Doch das alles kümmerte sie nicht, und das brachte ihr mit den Jahren auch bei den Reportern immer mehr Anerkennung ein. Sie war halt so und sie blieb auch so. Hätte sie plötzlich auf Glamour Girl und Everybody's Darling gemacht, es hätte nur wie ein plumpes Heranwanzen an die Journaille gewirkt, man hätte die Welt nicht mehr verstanden.

Henkel feierte noch viele große Erfolge. In Salt Lake City holte sie auch mit der Staffel noch Gold, 2005 gewann sie ihren ersten WM-Titel im Einzel, bei den Titelkämpfen von Hochfilzen. Dorthin war sie nur als Ersatzfrau gereist, dazu muss man wissen, dass sie in den Jahren nach 2002 eine massive sportliche Krise hatte, es kamen Krankheiten, die Umstellung auf ein neues Gewehr, all das führte zu einem großen Leistungseinbruch. In Hochfilzen lief sie dann das Einzelrennen nur, weil Martina Glagow krankheitsbedingt ausfiel und Simone Denkinger kurzfristig geschwächelt hatte. Und prompt holte sie den Titel. Auf der Pressekonferenz danach lautete eine Frage, ob sie denn ein Glückskind sei. Andrea Henkel antwortete: »Nee, ein Glückskind bin ich nicht.«[30]

Mit dem Staffel-Gold bei der Heim-WM 2012 holte Andrea Henkel ihren letzten großen Titel, Olympia 2014 in Sotschi verlief wie für die übrigen deutschen Biathletinnen wenig glücklich. Auch hier war sie gebeutelt von einer saftigen Erkältung, und auch hier gab es noch einmal eine für sie ganz typische Szene. Nach dem Einzelrennen wartete schon ein Pulk von Reportern auf erste O-Töne, als sie den Medien-Auflauf sah, blieb sie in einer Entfernung von drei Metern stehen und wartete zwei Minuten eisern, bis ihr der Verbandsmedienmann Stefan Schwarzbach zur Seite eilte. Nicht ohne meinen Pressesprecher. Dabei hatte sie eh nicht viel zu sagen. »Nee, war nicht so mein Rennen.«

Beim Weltcupfinale am Holmenkollen im März 2014 gab sie dann ihren Abschied, und zumindest da wirkte Henkel trocken ein wenig in Champagnerlaune. Sie schien fast aufzublühen, sie sprach drei Sätze am Stück, was für ihre Verhältnisse wie ein endloser Monolog ohne Punkt und Komma anmutete. Sie sprach davon, nun in die USA überzusiedeln, dort eine Ausbildung zur Fitnesstrainerin zu machen und künftig eben in Lake Placid zu leben. Warum gerade da? Weil da ihr Partner lebt, der amerikanische Biathlet Tim Burke.

'Nen Freund? Ja, den gibt's jetzt also doch.

35. GRUND

WEIL DER GOLDFISCH DOCH NOCH MEHR WERT WAR ALS DER GOLDENE LACHS

Er lag regungslos im Zieleinlauf. Bestimmt drei Minuten lang. »Ich musste ein bisschen Ruhe finden«, sagte Sven Fischer später. »Um zu mir zu kommen.«[31] Als der Stadionsprecher ihn »Olympic Champion« nannte, da hatte er es immer noch nicht ganz begriffen. Auf seine alten Tage, mit 34, Biathlon-Olympiasieger im Sprint, nachdem er 1994 und 1998 schon Staffel-Gold geholt hatte. Dann stand er ganz oben, und in seinen Augen stand das Wasser. Bei den Winterspielen von Turin 2006.

Tränen flossen auch bei Willi Fischer, dem Vater und Manager. »Ich glaub's nicht, ich glaub's nicht«, sagte er immer wieder, als er den Sohn nach dem Triumph über zehn Kilometer in die Arme schloss. Er wollte ihn gar nicht mehr hergeben.

Doch Sven Fischer musste weiter, weitere Interviews standen an, es ging zur Flower Ceremony, die erste inoffizielle Siegerehrung vor Ort, bei der es noch keine Medaille gibt, sondern, wie der Name schon sagt, nur Blumen. Und dann wurde der Vater geherzt. Vom norwegischen Physiotherapeuten, von italienischen Betreuern, alle freuten sich mit. Und selbst die Konkurrenten verneigten sich, Ole Einar Bjørndalen, der nur Zwölfter wurde, huldigte seinem langjährigen Widersacher und Weggefährten: »Fantastisch, Sven hat sich das wirklich verdient.« Bjørndalen und Fischer verstanden sich schon immer bestens. Auch sprachlich. Fischer spricht fließend norwegisch, was aus seiner früheren Beziehung zu der ehemaligen norwegischen Biathletin Annette Sikveland herrührt. 2003 erhielt Sven Fischer von der norwegischen Botschaft den »Goldenen Lachs« für seine Verdienste um die deutsch-norwegische Freundschaft. Den damit verbundenen Sachpreis von einer Tonne Lachs verteilte er an soziale Einrichtungen in Norwegen und Thüringen.

Vater Willi erzählte mir nach dem Triumph seines Sohnes von den Anfängen, wie der Sohn als Vierjähriger erstmals auf Skiern stand, als Bub aber erst Kreismeister in der Leichtathletik war, über 800 Meter. Erst mit zwölf kam er an die Sportschule Oberhof und begann mit Biathlon. »Als er 18 war, schien schon alles vorbei«, sagte der Vater. »Er hatte einen Knorpelschaden, wir haben nicht gedacht, dass er wieder gesund würde.«

Wurde er aber. Aus Lillehammer schickten Sven und Willi Fischer eine Postkarte als Dank an die Ärzte von damals. Und als er nun, an jenem 14. Februar 2006, seinen Sohn wieder in den Armen hatte, meinten sie beide: »Wir haben zusammen viel Schönes erlebt und auch weniger Schönes.«

Dann wischte er sich mit der Hand wieder über die Augen. Auch Mutter Helga saß auf der Tribüne, Freundin Doreen war daheim in Schmalkalden. Zusammen mit Töchterchen Emilia Sophie. Zu denen kommt später noch eine eigene Geschichte (siehe 79. Grund).

Emilia Sophie war jedenfalls während der Spiele zwei Jahre alt geworden, und Opa Willi verriet noch, dass sie inzwischen auch ihren Vater immer anfeuert. »Lauf Papa« und »Hopp Fisch«.

Fischers Zimmerkollege Michael Rösch wurde nach dem Rennen noch gefragt, was das Geheimnis seines Kumpels und Teamgefährten sei. »Der Fisch«, sagte Rösch und überlegte lange, »der Fisch ist einfach der Fisch. Den kannst du nicht erklären.«[32] Ein Phänomen. Nun war er ein Goldfisch.

36. GRUND

WEIL MICHAEL GREIS VOR DEM LEBERKÄS DREI GOLDENE ANANASSCHEIBEN SERVIERT BEKAM

Es war kurz vor Mitternacht, genau fünf Minuten vor zwölf, da hatte es Michael Greis dann endlich geschafft. Die Augenlider gingen nur noch ganz langsam auf, es war klar zu erkennen, der Mann ist reif fürs Bett. Fürchterlich erschöpft lächelte er im Deutschen Haus von Sestriere noch all jene an, die ihm die Hand schüttelten und ihm auf die Schulter klopften. Michael Greis, ein Mann mit Manieren, er wusste, was sich gehört. Als er sich endlich nach draußen gekämpft hatte und vor der Tür an der Durchgangsstraße des norditalienischen Bergdorfs stand, da gab es ein ganz besonderes Bild. Michael Greis stand da, ganz allein mit sich, und griff mit der Hand in die rechte Hosentasche. Da hatte er sie den ganzen Abend versteckt, seine Goldmedaille. Er zog sie hervor und schaute sie an, so eine knappe Minute. Irgendwie immer noch ungläubig und staunend, um sich nun vielleicht doch begreiflich zu machen, was er eigentlich geschafft hatte, so rund neuneinhalb Stunden zuvor. Er war Olympiasieger geworden, zum ersten Mal in seinem Leben. Über 20 Kilometer, am 11. Februar 2006, gleich beim ersten Rennen der olympischen Biathlon-Wettbewerbe, bei den Spielen in Turin.

Am Morgen war alles noch Routine gewesen, im Quartier in San Sicario gab es wie immer Marmeladenbrot, Früchtetee, eine Scheibe Ananas zum Frühstück. Später gewann Greis die Goldene Ananas.

Zumindest hatten die olympischen Medaillen in Turin so ein eigenwilliges Design, das stark an die tropische Obstpflanze erinnerte.

Als Greis dann um halb drei am Nachmittag als Sieger festgestanden hatte, die schärfsten Konkurrenten Bjørndalen und Hanevold, die beiden Norweger, hinter ihm geblieben waren, ging es für ihn erst richtig los. Blumenzeremonie, Pressekonferenz, Dopingkontrolle, danach die Fahrt in einer schwarzen Limousine 90 kurvige Kilometer hinunter nach Turin, wo am Abend auf der Medals Plaza immer die Siegerehrungen stattfanden.

Als er im Auto saß und gerade hinunterchauffiert wurde, rief ich bei ihm auf dem Handy an, er schilderte, wie sie gerade im Konvoi kurz vor der Stadtgrenze von Turin seien, mit dem ganzen Mannschaftstross hintendran, Trainer, Betreuer, Teamkollegen. Und was das für ein großer Moment sei für ihn. »Das wird noch dauern, bis ich das begriffen habe. Die Fahrerei jetzt nehme ich gerne in Kauf. Olympiasieger zu sein, ist einfach ein sensationelles Gefühl.« Und dann sagte er dem anrufenden Reporter noch: »Dieses Gefühl würde ich Ihnen auch gerne wünschen.« Daraus wurde nur leider nichts. Vielleicht im nächsten Leben.

Zurück in Sestriere am späten Abend, wo sich die deutschen Medaillengewinner des Tages immer noch im Deutschen Haus einzufinden hatten, um artig vor einer Sponsorenwand mit den Logos der ganzen aufgelisteten Geldgeber des Nationalen Olympischen Komitees vor Geschäftspartnern und Marketingmenschen ein paar Plattitüden von sich zu geben, war ihm dann die Sehnsucht nach Ruhe anzusehen. Er erzählte, wie er rund um seinen achten Geburtstag 1984 die Sommerspiele von Los Angeles verfolgt und dabei Carl Lewis bewundert hatte, der in der Leichtathletik vier Goldmedaillen geholt hatte. »Damals dachte ich mir, da oben auf so einem Podest möchte ich auch mal stehen.«

Dort, wo er dereinst vor dem Fernseher gesessen hatte, in Nesselwang im Allgäu, lebte Greis da schon längst nicht mehr, er hatte sich schon Jahre davor am Biathlon-Stützpunkt Ruhpolding niedergelassen. Aber seine Eltern lebten noch dort. Gekommen zum Rennen waren sie nicht, es war ja Samstag, Vater Josef Greis, ein pflichtbewusster Postbeamter, hatte zu arbeiten, man musste schließlich Prioritäten setzen. Und so sahen sie ihrem Michi zu Hause am Bildschirm zu, wie er Olympiasieger wurde, so wie einst der Michi dem Carl Lewis.

Spätabends, während ihr Sohn in Sestriere noch von einem TV-Interview zum nächsten herumgereicht wurde, erzählten sie am Telefon noch von den Anfängen, wie er als Elfjähriger Alpin-Skifahrer werden wollte und erst dann zum Biathlon wechselte. Wie er anfangs im Mittelmaß stagnierte, wie begeistert sie jetzt seien, dass es nun mit dem großen Traum endlich geklappt habe. Und wie sie ihn nach der Rückkehr in der Heimat feiern werden, wenn er daheim in Nesselwang vorbeischaut. Mit einem Brätstrudel von Mama Annemarie. »Den Brätstrudel mag der Michi nämlich am liebsten«, verriet mir Papa Josef und erklärte, was ein Brätstrudel überhaupt sei. Brätknödel eingewickelt in Pfannkuchen.

Genau zwei Wochen später war der Papa übrigens dann doch da. Als sein Bub vier Tage nach dem Staffel-Gold vom 21. Februar am letzten Samstag der Spiele im Massenstart über 15 Kilometer seinen dritten Olympiasieg holte und damit zum überragenden Biathleten der Spiele wurde.

Diesmal wollte Vater Josef doch mitfeiern, er kam angereist aus Nesselwang, mit ihm noch ein ganzer Fanclub. Die Freunde sangen: »Ein goldner Michi, es gibt nur ein' goldnen Michi. Ein goldner Miiiiiichi.« Auch Athleten gratulierten. Susi Erdmann, die Bobpilotin, fiel ihm um den Hals. Felix Neureuther, der Slalomfahrer, drückte ihn fest an sich.

Die Küche im Deutschen Haus hatte mächtig aufgefahren, es gab Leberkäs und Weißbier. Der Abend war lang, die Feier ging bis vier in der Früh und war wesentlich länger als die erste.

Kurz vor Ende der langen Party saß Michael Greis neben seinem Vater an einem Ecktisch des Deutschen Hauses. Michael Greis sagte mir: »Das ist alles noch wie ein Traum.« Dann starrte er vor sich auf den Tisch. Dort lagen drei goldene Ananasscheiben.

37. GRUND

WEIL DER GEBURTSTAG DES SCHWIEGERVATERS WICHTIGER WAR ALS DER WELTCUP IN RUHPOLDING

27. Was für ein Alter. Mit 27 haben andere Sportler ihre Karriere schon beendet und sind als Mutter im Ruhestand. Magdalena Neuner zum Beispiel. Bei einer anderen Magdalena ging es da erst richtig los. Bei Magdalena Forsberg. Sie begann nämlich erst mit 27 ihre Laufbahn. Und was für eine das dann werden sollte.

Dabei hatte sie daheim in Schweden schon früh angefangen, die Eltern waren die besten Trainer und ergänzten sich prächtig hinsichtlich einer späteren Biathlon-Karriere. Von der Mutter lernte die kleine Magdalena das Langlaufen, vom Vater das Schießen. Auf der Jagd, wo sie immer mit einer Schrotflinte unterwegs war.

Als Mitglied der schwedischen Langlauf-Staffel holte sie bei der WM 1987 in Oberstdorf mit 19 Jahren schon eine Bronzemedaille. Bei den Winterspielen von Lillehammer hatte sie wegen einer Achillessehnenverletzung gefehlt, und weil sie das Langlaufen allein nicht mehr reizte, wechselte sie das Metier und wurde Biathletin. Das war 1994, mit 27 eben. Und schon feierte sie ihren ersten Sieg, im Sprintrennen von Ruhpolding, in der Heimat jenes Mannes, der unzertrennbar mit ihrer Erfolgsgeschichte verbunden sein sollte. In der Heimat von Wolfgang Pichler, der ab 1995 das Amt des schwedischen Biathlon-Trainers übernommen hatte.

Forsberg glückte mit knapp 30 dann der endgültige Durchbruch, 1997 bei der Weltmeisterschaft in Osrblie, mit den ersten beiden von insgesamt sechs WM-Titeln, der endgültige Beginn einer großen Erfolgsgeschichte. Frei von allen Allüren und Empfindlichkeiten wurde sie zur beliebtesten Biathletin, selbst bei den Weltcups in Ruhpolding und Oberhof schien sie manchmal populärer zu sein als die hauseigenen Sportlerinnen, wie die Disl, die Wilhelm, die Apel. Manchmal wurde ihr der Trubel um ihre Person in Deutschland auch ein wenig zu viel. Einmal sprach sie davon, wie angenehm unaufgeregt das in ihrer Heimat sei, trotz ihres hohen Bekanntheitsgrades: »Das ist eine Sache der Mentalität. Ist der König auf der Straße, sagen die Leute: Aha, der König. Und bin ich auf der Straße, sagen die Leute: Aha, die Forsberg. Dann gehen sie weiter.«[33]

Insgesamt sollte Magdalena Forsberg 42 Weltcuprennen gewinnen und dazu sechsmal den Gesamtweltcup. Völlig absurd mutete nur an, dass sie nie olympisches Gold holte. 1998 in Nagano zerbrach sie am Druck, die Ränge 14 und 17 als beste Platzierungen führten ebenso wie eine anstehende Familienplanung schon zu Rücktrittsgedanken, die sie bald wieder verwarf. Und 2002 in Salt Lake City reichte es auch nur zweimal zu Bronze. Im Verfolgungsrennen lag Forsberg bis zum letzten Schießen auf Goldkurs. Dann setzte sie zwei Schuss daneben. Da wurde sie nur Sechste.

Magdalena Forsberg aber hatte mit 34 Jahren längst die Gelassenheit, mit sportlichen Niederlagen souverän umzugehen. Kurz nach Olympia gewann sie 2002 ihre letzten beiden Weltcuprennen, dann war Schluss mit dem Biathlon.

Später sah man sie noch häufiger im deutschen Fernsehen als TV-Expertin, sie sprach auch sehr gut deutsch, und doch wusste sie immer Prioritäten zu setzen. Einmal sagte sie der ARD für den anstehenden Weltcup in Ruhpolding ab. Wegen einer großen Sause daheim in Schweden. Der Schwiegervater feierte an dem Wochenende seinen 90. Geburtstag.

Mit ihrem Mann Hendrik bekam Magdalena Forsberg zwei Söhne, 2003 einen Olle, 2007 einen Erik. Die Buben wachsen auch sportlich auf, beim älteren der beiden habe sie bald den Drang zum alpinen Skifahren und zum Eishockey gespürt, sagte sie einmal. Nur beim Erik, dem Jüngeren, da habe sie sich schwergetan. Als er Ende 2009 einmal auf Langlauf-Skiern stand, habe er fürchterlich zu weinen angefangen und gesagt: »Mama, das mache ich nie mehr wieder.« Was nichts heißen musste. Im Alter von zwei Jahren war da auch noch lange Zeit, eine große Karriere anzufangen. Ganz locker ein Vierteljahrhundert.

38. GRUND

WEIL DER NORWEGISCHE NOMADE AUS DEM WOHNMOBIL UNERSÄTTLICH IST

Wenn man als Reporter am Ende von Olympischen Spielen zurückblickt auf die eben vergangenen 16 Tage, wenn man Bilanz ziehen und zu einem Fazit kommen möchte, dann lässt man die ganz besonderen Ereignisse Revue passieren, die großen Augenblicke. Das, was man dann gerne olympische Sternstunde nennt. Da fallen einem immer viele spezielle Momente ein, was aber nur manchmal schwerfällt, ist, die allergrößte Leistung überhaupt herauszuheben, den Triumph, der alle anderen übertraf.

Bei den Spielen von Sotschi war das allerdings ganz einfach, die Festlegung auf das alles überstrahlende Glanzlicht. Das Sprint-Gold von Ole Einar Bjørndalen gleich am ersten Wettkampftag.

Wie er seinen Konkurrenten enteilte, wie er den Hügel nach dem Schießstand leichten Schrittes elegant hinaufspurtete, den steilsten aller Anstiege auf den Biathlon-Strecken weltweit, wie er am Ende triumphierte trotz eines Fehlschusses und einer Strafrunde. Im Sprint, der kürzesten aller Biathlon-Distanzen, entscheidet oft genau so ein Fehlschuss über Sieg und Niederlage. Dominik Landertinger auf Platz zwei und Bronzemedaillengewinner Jaroslav Soukop blieben an jenem Tag ohne Fehler. Sie waren chancenlos gegen Bjørndalen. Trotz seiner Strafrunde. Wenige Tage nach seinem 40. Geburtstag. 16 Jahre nach seinem ersten Olympiagold.

Auf der Pressekonferenz danach sagte Bjørndalen: »Ich hatte schon bessere Rennen.«[34]

Der Kannibale. Der Unersättliche. Der Außerirdische. Mit den Jahren hatte Bjørndalen immer mehr martialische Beinamen bekommen. Der Unerklärliche, das Phänomen, das traf es vielleicht am besten. Man hätte aber auch sagen können: der aus dem Kaff mit dem Möbelhaus.

In einem Porträt über Bjørndalen stand einmal, dass das Nest, aus dem er stammt, ein winziger Ort namens Simostranda, so unbedeutend und klein sei, dass es auf keiner Landkarte eingezeichnet sei.[35] Aber wenn man einmal mit dem Auto durch Südnorwegen fahren und am Straßenrand ein einzelnes Möbelhaus sehen würde, dann könnte es sein, dass man Simostranda gefunden hat.

Die, die mit ihm dort groß wurden, erzählen heute noch gerne Geschichten, wie sich der kleine Ole auf dem elterlichen Bauernhof ein Seil zwischen Haus und Stall spannte, um darauf zu balancieren. »Er hätte auch zum Zirkus gehen können«, sagte der Bürgermeister einmal.[36]

Tat er aber nicht. Er ging zum Biathlon. Mit seinen beiden Brüdern Dag und Hans Anton bildete er eine eigene Trainingsgemeinschaft, das »Team Bjørndalen«, 1993 bei der Junioren-WM in Ruhpolding kamen gleich die ersten Erfolge, er gewann dreimal Gold. Bjørndalen war nicht aufzuhalten, 1996 der erste Weltcupsieg, 1997 die ersten WM-Medaillen, 1998 Olympiagold im Sprint von Nagano, dann, 2002, die Festspiele von Salt Lake City, viermal Gold in Einzel, Sprint, Verfolgung, Staffel.

Nach den Spielen, als die Gedanken bereits um Turin 2006 kreisten, scherzten manche Konkurrenten schon, Bjørndalen sei so ehrgeizig und gierig, am Ende werde er vermutlich sogar 2010 noch an den Start gehen. Sie hatten das eher aus Spaß gemeint. Doch das Lachen sollte ihnen noch vergehen.

Eskapaden und Skandale leistete sich Bjørndalen nie. 2006 heiratete er die Biathletin Nathalie Santer, eine Südtirolerin, ihr Vater ist ein bekannter Hotelier in Toblach im Hochpustertal, dazu später mehr (siehe 106. Grund).

In Vancouver 2010 holte er dann noch mal Gold, mit der Staffel, er war 36, und als er im April 2011 mit seinem Schwager im Wald arbeitete und einen zu schweren Holzblock zu ungeschickt in die Höhe hob, da, so sagte er, habe es geklungen wie bei seinen Schüssen am Schießstand – es machte Peng.

Drei Bandscheiben waren ihm herausgerutscht, ein schwerer Vorfall, er hätte es auch als Signal sehen können, nun mit 37 die Karriere zu beenden, warum sich weiter schinden, er hatte ja schon alles erreicht. So würden viele denken in so einer Situation, nicht so Bjørndalen. Monatelang ließ er sich von Ärzten und Physiotherapeuten behandeln, quälte sich durch die Reha, nahm das Training wieder auf. Als man ihn kurz vor der WM in Ruhpolding 2012 fragte, ob er jemals ans Aufgeben gedacht habe, schaute er ganz entgeistert und meinte: »Nein, wieso?« Wie man auch nur auf so eine dämliche Frage kommen könne.

In Ruhpolding gewann Bjørndalen seine WM-Titel 17 und 18. Mit der Staffel und im Mixed.

2012 war auch das Jahr, in dem er sich wieder von seiner Nathalie trennte, er kannte nur noch ein Ziel, Sotschi 2014. Und so begann Bjørndalen ein Leben als Nomade. Er zog mit seinem Wohnmobil von einem Trainingsort zum nächsten und stellte sein Gefährt neben dem dortigen Biathlonstadion ab, sein Essen machte er sich auf einem kleinen Elektrokocher. »Da steige ich aus und kann gleich mit dem Training beginnen. Ist doch wunderbar«, sagte er einmal.[37] Ein nüchternes Leben, reduziert auf das Wesentliche: Essen, Schlafen, Trainieren. Soziale Kontakte? Unwichtig. Bjørndalen eben.

Es war auch nichts, wozu sich Bjørndalen zwingen musste. Kein krampfhafter Verzicht, keine Selbstkasteiung. Es gefiel ihm viel mehr. Ein verregneter Augustnachmittag in den Bergen, bei tief hängenden Wolken und fünf Grad plus, und weit und breit keine Menschenseele – was gibt es Schöneres für einen wie ihn.

Aber noch schöner war dann doch der Olympiasieg am Samstag. Einer der ersten Gratulanten an jenem Tag war der frühere Langläufer Bjørn Dæhlie, der Landsmann, der bis Sotschi der erfolgreichste Athlet in der Geschichte Olympischer Winterspiele war. Nach Sotschi war es nicht mehr. Durch den Triumph mit der norwegischen Mixed-Staffel hatte nun auch Bjørndalen wie Dæhlie achtmal Gold und viermal Silber gewonnen, aber dazu eben noch eine Bronzemedaille, 2006 im Massenstart von Turin.

Nach den Spielen kündigte Bjørndalen an, seine Karriere um weitere zwei Jahre fortsetzen zu wollen. 2016 war die Biathlon-WM zu Hause in Oslo, ein passender Moment und ein würdiger Abschluss.

Bei dem Sprint-Triumph von Sotschi liefen übrigens auch deutsche Biathleten mit, allerdings fielen sie nicht weiter auf. Simon Schempp war der Beste, Platz 15. Arnd Peiffer kam auf Rang 34, nach dem Rennen sagte der 26-Jährige über den Triumphator: »Mit 40 zu gewinnen, da kann ich nur sagen: ›Hut ab!‹« Und ergänzte in einem Anflug von Selbstsarkasmus: »Aber das beruhigt mich auch. Da habe ich noch 14 Jahre Zeit, um Gold zu holen.«[38] Bjørndalen ist dann 54.

Vielleicht haben sie ihm in Simostranda dann auch schon ein Denkmal gebaut.

Neben dem Möbelhaus.

39. GRUND

WEIL DER KÖNIG DIE EINSAMKEIT NICHT MEHR ERTRUG UND EIN BABYSCHREI ZUM RÜCKTRITT FÜHRTE

So einzigartig und märchenhaft die Weltmeisterschaften in Oberhof 2004 für das Ehepaar Poirée verlaufen, so sehr man sie das Herrscherpaar des Biathlons nennt, den König und die Königin, so sehr bröckelt ihre Dominanz in den Jahren danach. Der Franzose Raphaël Poirée und seine norwegische Frau Liv Grete sind berauscht vom Erfolg und zuversichtlich, dass sie bei Großereignissen auch in den kommenden Jahren so abräumen werden wie bei den sieben Titeln und neun Medaillen in Oberhof.

Doch da täuschen sie sich. Liv Grete Poirée holt bis zu ihrem Karriereende 2006 keine einzige Medaille mehr, auch die Olympischen Spiele von Turin werden zu einer einzigen großen Enttäuschung. Ehemann Raphaël sagt später, 2008: »Vielleicht hätten wir uns nach dieser wunderbaren Saison 2004 ein Sabbatjahr nehmen sollen.«[39]

Eine Einsicht, die etwas zu spät kommt. Immerhin, Raphaël Poirée wird 2005 in Hochfilzen Dritter im Massenstart, auch in Turin 2006 holt er Bronze. Mit der Staffel, als Schlussläufer, nach einem dramatischen Fotofinish gegen den Schweden Carl Johan Bergman. Es bleibt ein schwacher Trost, denn trotz all ihrer großen Erfolge, trotz jeweils acht Weltmeistertiteln, trotz insgesamt 68 Weltcupsiegen (Raphaël 46, Liv Grete 22) und obwohl er viermal den Gesamtweltcup gewinnt und sie einmal – olympisches Gold bleibt ihnen immer verwehrt.

Liv Grete Poirée beendet 2006 ihre Karriere, sie spürt, dass es nach so vielen gesundheitlichen Rückschlägen keinen Sinn mehr macht, sich weiter zu quälen und zu schinden, sie will sich nun ganz ihrer kleinen, zu diesem Zeitpunkt dreijährigen Tochter

Emma widmen – und sie wird zum zweiten Mal schwanger. Ehemann Raphaël denkt unterdessen noch gar nicht an Rücktritt, hat vielleicht Vancouver 2010 im Hinterkopf. Dann wäre er 35, und in einer optimalen Verfassung durchaus noch in der Lage, sich seinen Traum vom Olympiasieg zu verwirklichen.

Doch plötzlich spürt Raphaël Poirée, wie es ist, wieder allein zu sein, mehr noch, ein Gefühl der Einsamkeit. Jahrelang war er immer mit seiner Partnerin Liv Grete unterwegs, im Sommer wie im Winter, da im Biathlon – anders als etwa bei den alpinen Skifahrern – Frauen und Männer immer gemeinsam an den gleichen Orten ihre Rennen bestreiten. Dann kam auch noch Emma dazu, das Privatteam, das Familienunternehmen.

Und nun, nach dem Rücktritt seiner Ehefrau, reist er plötzlich wieder ohne seine beiden Liebsten durch den Weltcup. Er ist nicht einmal bei der Geburt seiner zweiten Tochter Anna dabei, sie kommt im Januar 2007 auf die Welt, während Poirée gerade in Ruhpolding ist. Es wird das letzte Mal sein, dass er hier im Chiemgau bei einem Rennen an den Start geht, das steht für ihn fest, als er mit seiner Liv Grete kurz nach der Entbindung in der Klinik spricht. »Als ich Anna durch das Telefon schreien hörte, wusste ich an diesem Tag, dass ich nach dieser Saison aufhören würde.«[40] Allerdings behält er seine Entscheidung für sich, sein letztes großes Ziel ist die WM in Antholz im Februar, dort holt er tatsächlich noch einmal einen WM-Titel, seinen achten und letzten.

Kurz nach dem Zieleinlauf verkündet er seinen Rücktritt, die anstehenden Rennen am Holmenkollen würden die letzten sein, sagt er, er will die Karriere in Oslo beenden, aus Liebe zur norwegischen Heimat seiner Frau. Das Saisonfinale in Chanty-Mansijsk schenkt er sich, er verschenkt damit auch noch alle Chancen auf den Gewinn des sechsten Gesamtweltcups, den sich schließlich Michael Greis sichert.

In seinem letzten Rennen wird Poirée ganz knapp Zweiter, hauchdünn geschlagen von seinem langjährigen Weggefährten und Konkurrenten Ole Einar Bjørndalen, es ist der 11. März 2007. Ein Tag, an dem noch ein anderer großer Landsmann von Raphaël Poirée das Ende einer Ära verkündet. Staatspräsident Jacques Chirac erklärt, dass er zu den nächsten Präsidentschaftswahlen im Mai nicht mehr antreten wird.

Ein historisch bedeutsamer und in der Geschichte Frankreichs einmaliger Tag. Denn wann passiert es schon, dass beide zeitgleich und ganz unabhängig voneinander zurücktreten? Der Präsident und der König?

40. GRUND

WEIL KATI WILHELM NACKTFOTOS EINFACH LANGWEILIG FAND

Am Ende bekam sie das große Zittern. »Beim letzten Schuss«, sagte Kati Wilhelm Ende November 2006, nach dem Sprintrennen in Östersund, »da habe ich vor Angst gewackelt.«[41] Deshalb wurde es auch nichts mit dem ersten Saisonsieg, und deshalb wurde Wilhelm auch nur Zweite. Der Kopf war schuld.

Es war eines der wenigen Male in ihrer Karriere, wo der Kopf nicht mitspielte. Schon 2002, nach ihren ersten beiden Olympiasiegen, im Sprint und mit der Staffel, hatte sie gesagt: »Schießen ist reine Kopfsache.«[42] Wenn der Kopf stimmte, und das tat er bei Kati Wilhelm oft, dann hatte sie Erfolg. Sie war genau, präzise, alles schien geplant, strukturiert, nichts dem Zufall überlassen. Immer schon.

Mit den Medien pflegte sie einen professionellen Umgang, aufgeschlossen, eloquent, die Sätze waren druckreif, vieles kam überraschend und schlagfertig, oft legte sie einen recht staubtrockenen Humor an den Tag. Keine Frage, die sie nicht beantwortete, solche

Sportler sind immer dankbar. Auf die Frage, ob sie sich denn bei einer *Playboy*-Anfrage nicht auch einmal ausziehen würde, sagte sie: »Das haben doch schon viele gemacht. Das wird ja langsam langweilig.«[43] Sie blieb immer cool, entspannt.

Nichts konnte sie aus der Fassung bringen. Außer Andreas Emslander. Ihr Freund und späterer Ehemann. Bei den beiden hatte es 2005 in Turin gefunkt. Bei der Olympia-Generalprobe auf der Biathlon-Strecke von San Sicario.

Emslander, ein Mittenwalder, arbeitete zu jener Zeit als Ski-Techniker bei der US-amerikanischen Biathlon-Mannschaft, und Kati Wilhelm gestand später, der Andi sei ihr schon länger aufgefallen. Nur ansprechen wollte sie ihn nicht. »Ich wollte erobert werden und tatsächlich kam er auf mich zu und hat einen Satz gesagt, der in meinen Ohren magisch klang.«[44]

Emslander nämlich fasste sich ein Herz, und als er in Turin auf die Startliste schaute, ging er zu Kati Wilhelm und sagte: »Du hast die Nummer eins.« Eine nette Vorlage mit der damals zwar noch nicht kommunizierten Frage, ob sie nicht vielleicht auch seine Nummer eins werden wolle, aber das ergab sich dann von ganz allein. Ganz bald.

Ein Jahr später war er schon längst ihr fester Partner und ihr fester Betreuer, am schicksalhaften Ort, bei den Winterspielen 2006, präparierte und wachste Emslander auch die Ski seiner Freundin. Kati Wilhelm holte einmal Gold und zweimal Silber.

Im Sommer fuhren die beiden dann im Wohnmobil durch die Rocky Mountains, ein Urlaub mit Wanderungen und Paddeltouren, aber auch mit einigen Trainingseinheiten, wenn sie auf den Rollskiern Bergpässe bis 3.500 Meter hinaufjagten. »Eine wunderschöne Abwechslung«, sagte Wilhelm danach, »das durchbrach die Eintönigkeit an meinen sonstigen Trainingsorten.«[45] Die Rockies waren ihr lieber als Ruhpolding.

Es war die Zeit, als viele Konkurrentinnen eine Babypause einlegten, Mama wurden, nur Kati Wilhelm wusste schon damals, das wäre nichts für sie. »Kein Thema für mich«, sagte sie, »an Kinder werde ich erst denken, wenn ich die Karriere beendet habe.«[46] So kam es dann auch, nach ihrem Rücktritt 2010, nachdem sie in Vancouver mit der Staffel noch einmal Olympiabronze gewonnen hatte.

»Ich wollte selbst bestimmen, wann ich gehe«, sagte sie zum Abschied mit 33, als die große wilhelminische Ära endete.[47] Selbstbestimmt, selbstbewusst, zielgerichtet, ganz klar im Kopf, bis zum Ende der Laufbahn – und darüber hinaus.

Im November 2011 brachte sie ihre erste Tochter, Lotta, auf die Welt, und als sie im Herbst 2013 ihre erneute Schwangerschaft bekannt gab, meinte sie: »Es hat vom Timing hervorragend geklappt, da unser Kind im Frühjahr auf die Welt kommt und ich noch als ARD-Expertin an Olympia in Sotschi teilnehmen kann.«[48] Das tat sie dann auch – bevor sie am 2. Juni 2014 Sohn Jakob zur Welt brachte.

Präzise, genau, nur nichts dem Zufall überlassen. Kati Wilhelm eben.

41. GRUND

WEIL NEUNERS WEG EINST ZU VIELEN MEDAILLEN FÜHRTE UND HEUTE ZU EINEM GIPFEL MIT RUNDUMBLICK

2013 beging Wallgau in Oberbayern sein 1.250-jähriges Jubiläum. Wallgau ist ein Ort im Oberen Isartal, in dem nicht viel los ist. Das war schon im Jahr 763 so. In der ersten urkundlichen Erwähnung ist auf Lateinisch zu lesen: »Pagum desertum quem Uualhogoi appellamus.« Zu Deutsch: »Einen verlassenen Bezirk, den man Uualhogoi nennt.« Seitdem hat sich nicht viel geändert. Außer dass aus Uualhogoi Wallgau wurde.

Wallgau hat keine großen Tourismus-Attraktionen, im Rathaus haben sie oft davon gesprochen, dass sie auf sanften Tourismus setzen würden. Andere Bürger aus der Gemeinde meinen dagegen, der Ort habe schlicht und einfach die Entwicklung bei den modernen Freizeitangeboten, wie es sie in anderen Dörfern der oberbayerischen und Tiroler Alpen gibt, verschlafen. Kein Fun- und Spaßbad, kein Erlebnispark, keine Sommerrodelbahn und kein Hochseilgarten, weder Outdoor noch Adventure, und auch keine Wellness. Stattdessen gibt es einen Minigolfplatz hinterm Haus des Gastes. Dass die Urlauberzahlen rückläufig waren, nun ja.

Man muss das nicht schlecht finden, im Gegenteil, es ist ehrenwert, unterm schönen weiß-blauen Himmel nicht auf Teufel komm raus Umweltversündigungen in die liebliche Landschaft hineinzubauen, nur um ein paar Urlauber mehr anzulocken. Es war nur schlicht und ergreifend so, dass an Wallgau die Entwicklung des Tourismus einfach vorbeigegangen zu sein schien.

Bis Magdalena Neuner kam.

Als Heimatgemeinde des Everybody's Darlings des Biathlons war Wallgau ab den ersten Erfolgen 2007 plötzlich im ganzen Land bekannt. Es drängten sich wieder mehr Gäste über die B11 vom Walchensee kommend Richtung Süden, wie sollte man auch sonst nach Wallgau kommen, einen Bahnhof mit Zuganschluss hat es schließlich nicht.

Natürlich hatte der verstärkte Zustrom auch negative Begleiterscheinungen, zwar hielten die Einwohner alle dicht, wenn jemand nach dem Haus von Magdalena Neuner fragte, aber irgendwie fanden es doch immer wieder manche. Neuner selbst erzählte einmal von den Anfangsjahren 2007 und 2008, als wildfremde Menschen bei ihr klingelten und kaum, dass sie die Tür geöffnet hatte, auch schon im Flur standen.

Das wurde nicht wirklich besser, später musste Neuner sogar einmal die Polizei rufen, weil mitten in der Nacht ein Stalker bei ihr auf dem Balkon stand und an die Scheibe klopfte und ihr Liebesbriefe ans Auto klemmte.

Auch das spielte letztendlich eine Rolle, warum Magdalena Neuner 2012 ihre Karriere beendete. Auf diese ganzen Begleiterscheinungen legte sie keinen gesteigerten Wert mehr.

Nach ihrem letzten Rennen folgten noch viele Ehrungen in der Heimat, und als es dann zur offiziellen Verabschiedung kam, da verkündete Bürgermeister Hans-Jörg Zahler, dass man nun der berühmten Tochter des Ortes zu Ehren doch noch eine Touristenattraktion errichten werde, und zwar den Magdalena-Neuner-Panoramaweg.

Ein Wanderpfad, beginnend in Wallgau auf 866 Meter über Normalnull, am Haus des Gastes, also gleich neben dem Minigolfplatz, vorbei an 28 Tafeln mit Bildern, Fotos und vielen kleinen Details aus ihrer einzigartigen Karriere. Ganz oben gibt es dann zwar keine Medaillen, wie die Tourismus-Info Wallgau in einer Pressemeldung launig vermerkte, aber dafür einen 360-Grad-Rundumblick, vom türkisgrünen Walchensee über Isar- und Rißbachtal und Soiernberge, Karwendel und Wetterstein bis zum Estergebirge.

Ganz oben heißt übrigens am Gipfel des Wallgauer Hausberges namens Krepelschrofen, einer nicht sonderlich hohen Erhebung von 1.160 Metern.

So war es ganz gut, dass Magdalena Neuner ihre Karriere doch recht früh beendet hat. Sonst hätte der Weg nicht gereicht. Dann hätten sie für die vielen Schautafeln zu den weiteren Erfolgen den Hügel noch ein paar Hundert Meter in die Höhe aufschütten müssen. Hoch über Uualhogoi.

GLÄNZENDE TAGE

42. GRUND

WEIL SICH DIE STIMMUNG ERHELLTE, AM TAG, ALS DER FC BAYERN GEWANN

Es war 2008, Mitte Februar, in Östersund war gerade Weltmeisterschaft. Kurz vor dem letzten Wochenende, ein Ruhetag. Die deutschen Biathlon-Männer waren trotzdem beschäftigt: Waffen putzen, Wunden lecken. Nach dem Debakel im 20-Kilometer-Einzelrennen. Ali Wolf war als bester DSV-Starter auf einem indiskutablen 19. Platz gelandet, unter vier Fehlschüssen kam keiner davon, Michael Greis als 36. ballerte sogar fünfmal daneben.

Ein Warnschuss.

Für das finale Wochenende, aber auch für die Zukunft des Biathlons, denn Altmeister Fritz Fischer machte sich an jenem Freitag damals Sorgen um seinen Sport. »Wir müssen aufpassen, dass der Boom nicht plötzlich weg ist«, sagte Fischer in einem Telefonat.[49] Wegen seiner – inzwischen auskurierten – Tumorerkrankung war Fischer nicht als Co-Trainer der deutschen Männer dabei, die Wettkämpfe in Schweden verfolgte er zu Hause in Ruhpolding am Fernseher. Und das mit wachsender Unruhe. Denn gerade bei den Männern hatte sich nach vielen Jahren des Erfolgs eine gewisse Stagnation eingestellt, wenn nicht gar ein Abwärtstrend.

»Mir war schon in den vergangenen Jahren klar, dass es irgendwann nicht weiter aufwärtsgehen kann«, sagte Fischer, der Staffel-Olympiasieger von 1992, »der Druck, zu gewinnen, wurde immer größer.« Um dann einen Vergleich zum Fußball zu ziehen. »Beim Biathlon ist es so wie beim FC Bayern. Da gibt es auch enorme Erwartungen. Da zählt nur der Titel. Zu meiner Zeit haben wir schon bei einem achten Platz freudig eine Flasche Sekt aufgemacht.« Mittlerweile tranken sie schon bei einem vierten Platz. Um den Frust runterzuspülen.

Bei den Frauen schaffte es damals wenigstens immer noch eine, vorne reinzulaufen, auch wenn andere schwächelten. Andrea Henkel, Martina Glagow, Magdalena Neuner, Kati Wilhelm, die Golden Girls einer goldenen Generation, der sie Jahre danach bitterlich hinterherweinten, als die Erfolge ausblieben, bei den Männern dagegen waren schon in jener Zeit Erfolge und Podiumsplätze fast zufällige Ausreißer nach oben. »Ich kann es mir nicht erklären«, sagte Fischer, »die Buben müssen sich fragen, was da los ist. Ob das Drumherum zu viel ist, ob sie damit auch umgehen können. Ob sie den Druck nicht verkraften.« Es ging dann auch noch um den absoluten Willen, die Zielstrebigkeit und auch das Talent, als Fischer meinte: »Die Männer brauchen eine Lena Neuner. Aber den Neuner-Effekt gibt es da leider nicht.« Einen, der früh große Erfolge feiern und damit die Konkurrenz im Team anstacheln würde.

Es sah jedenfalls alles nicht gut aus vor dem finalen Wochenende, überhaupt war das Klima schlecht in Östersund. Kurz vor der WM waren Spekulationen in Sachen Doping aufgekommen, eine ganze Reihe von Biathleten, darunter auch deutsche Sportler, seien Stammgast bei der Wiener Blutbank Humanplasma gewesen, seien dort für Blutdoping ein und aus gegangen (siehe 57. Grund). Erhärten ließen sich die Vorwürfe nicht, sie sorgten aber generell für miese Laune.

Die Stimmung erhellte sich schließlich aber doch noch, denn für das deutsche Team gab es ein versöhnliches Ende. Die Männer-Staffel holte am Samstag Bronze, das Frauen-Quartett Gold. Sie hielten den Erwartungen stand. Wie auch der FC Bayern. Die Bayern gewannen an diesem Wochenende 3:0 in Hannover.

43. GRUND

WEIL IM HAUSE NEUNER NACH DEM GOLD-DEBÜT DER HAMSTER NOCH ZUM TIERARZT DURFTE

Die Eltern von berühmten Sportlern sind nicht alle gleich. Es gibt solche und solche. Das heißt, es gibt Väter und Mütter, die ihren Kindern überallhin folgen, auf der Tribüne mitjubeln und bereitwillig Interviews fürs Fernsehen oder für die Zeitung geben, voller Freude und auch voller Stolz. Und es gibt Eltern, die sich eher zurückhalten, sich nirgendwo aufdrängen, die lieber ihre Söhne und Töchter allein machen lassen wollen, um ihnen vor Ort beim Wettkampf auch nicht noch auf die Nerven zu gehen. Und wenn sie schon dort sind, dann möchten sie am liebsten in Ruhe gelassen werden.

Große Unterschiede gibt es da beispielsweise bei den Eltern der beiden erfolgreichsten deutschen Wintersportlerinnen zu Beginn des 21. Jahrhunderts, Maria Riesch und Magdalena Neuner. Monika und Sigi Riesch waren immer gerne mit dabei, sie standen dann immer inmitten eines großen lilafarbenen Fanpulks, was daran lag, dass der Sponsor von Tochter Maria seine Schokolade in ebenso gefärbtem Papier einpackt. Im Fernsehen wurden sie immer eingeblendet, wenn die Maria im Starthaus stand, das war auch so in Vancouver 2010 bei den Winterspielen. Monika Riesch erzählte später, als sie mit frisch hingestylter Haartracht zum abendlichen Empfang ins Deutsche Haus gekommen war, die Geschichte, dass sie nach dem Slalom-Gold der Maria zum Friseur gegangen sei und während des Haareschneidens ihrem Barbier voller Stolz vom Olympiasieg ihrer Tochter berichtet habe, woraufhin der Friseur gleich einen Champagner köpfte.

Bei Paul und Margit Neuner, den Eltern von Magdalena, kann man sich das nur schwer vorstellen, zunächst einmal würden sich die Regisseure im Studio schwertun, sie mit der Kamera auf der Tribüne einzufangen, weil nur die wenigsten wissen, wie Vater und Mutter der Gold-Lena überhaupt aussehen.

Die Neuners machten sich rar, in Vancouver saßen sie zwar auch auf den Rängen des Biathlon-Stadions, aber das eher zurückhaltend und unauffällig, und als man nach dem Sprint-Silber der Magdalena um ein Gespräch bat, da sagten sie zwar ein paar Sätze, machten aber auch klar, dass sie eigentlich lieber in Ruhe gelassen werden wollten. Dann zogen sie ab, dabei hatten sie eine Fahne, allerdings nicht in Lila, sondern in Weiß und Blau, die bayerische Landesfahne, stilecht.

Drei Jahre zuvor, beim allerersten großen Triumph der Tochter, war Vater Neuner (siehe 100. Grund), allein da, 2007 bei der WM in Antholz. Damals war er auch noch etwas gesprächiger, mit den Jahren gewann man den Eindruck, je mehr die Lena gewonnen hatte, desto weniger wollte der Papa sagen, man kann das ja aber auch gut verstehen und nachvollziehen.

Mama Margit blieb 2007 zu Hause, das lag auch an ihrem Bruder, Lenas Onkel, der wegen einer schweren Behinderung in häuslicher Pflege lebt und immer eine Aufsichtsperson benötigt. Auch Vater Paul sagte damals: »Das macht uns und der Lena immer wieder klar, dass das Leben nicht immer rosig laufen muss.«

Bezeichnend für den Stellenwert des Sports in Relation zu den großen, aber auch den kleinen Sorgen des Alltags war darüber hinaus auch eine Episode von genau jener Weltmeisterschaft in Antholz. Eva Möslein erzählte die Geschichte einmal, Frau Möslein ist Vorstand des ersten und offiziellen Magdalena-Neuner-Fanclubs aus Wallgau. Damals während der WM-Woche im Februar 2007 habe sie zwischen den drei Goldmedaillen von Magdalena immer wieder vergeblich versucht, Margit Neuner daheim am Telefon zu erreichen, sie wollte einfach nur zu den Erfolgen der Tochter gratulieren. Doch den ganzen Tag ging niemand ran, erst später am Nachmittag hob Mutter Neuner ab. Eva Möslein hatte sich schon gefragt, ob sie Anrufe gar nicht mehr persönlich entgegennehmen wolle, weil jetzt nach den Triumphen sicher Gott und die Welt anriefen.

In vergleichbaren Situationen kommt es vor, dass Eltern nichts mehr anderes kennen als den Erfolg ihres Kindes und eine Goldmedaille von der Wertigkeit über alles andere stellen. Nicht so bei Margit Neuner, sie sagte ganz einfach, sie sei unterwegs gewesen, mehr so nach dem Motto, es gäbe ja auch noch wichtige Dinge im Leben.

Sie sagte: »Ich war mit dem Hamster beim Tierarzt.«

Genau fünf Jahre später, im Spätwinter 2012, saßen Margit und Paul Neuner in Ruhpolding im Stadion, in der Chiemgau-Arena. Unten lief Tochter Lena bei der WM eines ihrer letzten großen Rennen und Paul Neuner sagte als Fazit: »Wir haben so viele Glücksmomente erfahren und so viele Erfahrungen erleben dürfen, dafür sind wir sehr dankbar. Aber wir sind auch nicht böse, wenn wieder ein bissl Ruhe in die Familie einkehrt und wir wieder ins normale Leben zurück finden.« [50]

Ins normale Leben zurück wollte auch Lena Neuner selbst wieder. Nach fünf Jahren in der Weltspitze mit vielen Erfolgen, aber auch mit viel Trubel und Rummel um ihre Person. Darum trat sie auch mit 25 zurück, weil sie sich fühlte wie ihr Haustier. Wie im Hamsterrad.

44. GRUND

WEIL DER BULLE VON TÖLZ EIN PFUNDSKERL VON EINEM GLÜCKSBRINGER WAR

Von Ottfried Fischer gibt es ein schönes Zitat über seine sportlichen Fähigkeiten und die größten Erfolge in seiner aktiven Karriere: »Ich war der Erste, der bei Bundesjugendspielen Minuspunkte holte.« Das sagte er im Sommer 2010, bei der Verleihung des Bayerischen Sportpreises, als er als Redner auf der Bühne stand. Seine Rede hatte höchst kabarettistische Züge, so sagte der Fan der Münchner Löwen auch noch: »Eigentlich wollte ich eine Laudatio halten auf den deutschen Fußballmeister TSV 1860, aber die bayerische Staatsregierung war nicht in der Lage, mir diesen Wunsch zu erfüllen. Da sieht man mal, wie schlecht es in diesen Tagen steht um die CSU.« Natürlich war Fischer nicht geladen, um die Sechziger zu rühmen, da gab es schon seit Jahren nichts mehr zu preisen, sondern erfolgreiche bayerische Sportler bei den Winterspielen von Vancouver. Anni Friesinger, die Eisschnellläuferin, die mit ihrer artistischen Slapstick-Einlage auf dem Bauch rutschend in der Teamentscheidung noch Gold für die deutschen Frauen gerettet hatte. Und drei Biathletinnen. Magdalena Neuner, die Doppel-Olympiasiegerin, dazu Kati Wilhelm und Martina Beck, geborene Glagow, die mit der Staffel Bronze holten.

Fischer durfte die Auszeichnungen überreichen, dann war er wieder weg, und so kam er auch nicht dazu, zu erzählen, dass er schon ganz früh mit dem Biathlon zu tun hatte, 1992 in Albertville nämlich.

Damals hatte der Weltverband UIPMB in Les Saisies ein Hotel angemietet und einen Biathlonclub eingerichtet. Dort trafen sich abends die Athleten und die Betreuer, und weil Sponsoren im Sport immer wichtig sind, eben auch ein paar Sponsoren, dazu noch Journalisten. In diesem Biathlonclub herrschte immer gute Stimmung, das lag auch an der ordentlichen Verpflegung, Leberkäs und Weißwürste kamen von einem Metzger aus Bad Tölz. Für den »Bullen von Tölz« war es also fast ein Heimspiel, denn auch Ottfried Fischer liebte die Atmosphäre, das Ambiente.

Fischer war damals 38, er hatte im Fernsehen eine Sendung, in der er sich den Olympischen Spielen von der satirischen Seite widmete. Jedenfalls, so erinnern sich damalige Augenzeugen, saß er an jenen Abenden oft gerade mit den Biathleten zusammen, meist in heiterer und ausgelassener Stimmung. Und Fischer schien dabei eine Art Maskottchen zu werden, ein Pfundskerl von einem Glücksbringer. In jedem der sechs Rennen – drei bei den Männern, drei bei den Frauen – gab es immer mindestens eine Medaille für das erstmals nach der Wiedervereinigung gesamtdeutsche Team aus Ost und West. Antje Misersky holte Gold und Silber im Einzel und im Sprint, dazu zusammen mit Uschi Disl und Petra Schaaf den zweiten Platz in der Staffel. Bei den Männern gab es einen Doppelsieg von Mark Kirchner und Ricco Groß im Sprint über zehn Kilometer, dazu Kirchners Silber im Einzel über 20 Kilometer. Und als unvergessener und gewaltiger Abschluss der goldene Staffellauf mit Groß, Jens Steinigen, Kirchner – und mit Fischer als Schlussläufer.

Fritz Fischer. Nicht Ottfried. Wobei das natürlich auch grandios gewesen wäre. Otti Fischer im Schlussspurt im knallengen Rennanzug, mit der schwarz-rot-goldenen Fahne unter dem Jubel von Tausenden Zuschauern auf der Tribüne, und nach dem Zieleinlauf in Anlehnung an seinen Möbelhaus-Werbespruch: »Gold. Mehr sog i ned.«

Aber zumindest passiv blieb Otti Fischer dem Sport stark verbunden. Später lieferte er jedes Jahr im Dezember einen sportlichen Jahresrückblick für die Münchner *Abendzeitung*, in dem er meist völlig unvorbereitet, aber dafür umso humorvoller und launiger auf die wichtigen Ereignisse des Jahres einging. Einmal, es war 2007, da ging es auch um die Olympiabewerbung, die Bestrebungen Münchens, 2018 Olympische Winterspiele ausrichten zu dürfen. Ob er sich da in der Rolle des letzten Fackelläufers sehen würde, wollte ich wissen. Ob er sich vorstellen könne, wie einst Günter Zahn 1972 im Münchner Olympiastadion die 162 Stufen auf der Gegengerade hochzutrippeln, hinauf zur großen Betonschale, in der das olympische Feuer dann zu entzünden wäre.

Fischer nahm damals Bezug auf die berühmte Rede von Edmund Stoiber zum Transrapid und sagte: »Die ganzen Treppen hoch? Vielleicht bauen sie ja zum Feuer auch einen kleinen Transrapid. Der Stoiber würde sich freuen: In zehn Minuten, vom Stadion unten hinauf zum olympischen Feuer. Dadurch rückt das Olympiastadion noch näher an die Stadt heran.«

Aber es kam alles anders, München bekam weder den Transrapid noch die Winterspiele. Hätten sie aber den Olympiazuschlag bekommen und wirklich Otti Fischer als Flammenentzünder nominiert und die Treppen hochgeschickt, die Spiele hätten vermutlich erst 2019 begonnen.

45. GRUND

WEIL MAN SELBST MIT EINEM LEEREN GEWEHRMAGAZIN NOCH DRITTER WIRD UND DANACH WELTMEISTER

Magdalena Neuner war fürchterlich nervös, 2007 in Oberhof. So nervös, dass sie die Patronen vergessen hatte. Aber die Nervosität war auch verständlich, es war alles sehr plötzlich und unvermittelt über sie hereingebrochen, zwei Tage zuvor, bei ihrem allererstem Sieg in einem Weltcuprennen.

Am 5. Januar hatte die damals 19-Jährige im Sprint triumphiert. Sicher, als fünffache Juniorenweltmeisterin hatte man ihr schon einiges zugetraut, dass es aber jetzt so schnell klappen sollte mit ihrem ersten Triumph, das hatte viele mehr als erstaunt. Selbst Uwe Müßiggang, der in seinen 16 Jahren als Cheftrainer der deutschen Biathletinnen schon viel erlebt hatte, wirkte völlig ungläubig. »Fantastisch, was die Lena hier geleistet hat«, sagte er ungläubig und ein wenig entrückt.

Magdalena Neuner selbst sagte dann auch noch einige Dinge, und dass sie die Fragen der Journalisten sogar verstand, rein akustisch, das lag daran, dass sie gleich nach dem Rennen ihre Ohrstöpsel herausgenommen hatte.

Richtig, die Ohrstöpsel.

Die Ohrstöpsel wurden später schon fast ein Markenzeichen, damit lief sie immer, aus Angst, sich vom Lärm der Zuschauer – am Rennsteig in Oberhof waren es an jenem Tag 19.000 – irritieren zu lassen. »Gerade am Schießstand bin ich noch nicht so stabil«, sagte sie. »Da wollte ich verhindern, dass mich die Atmosphäre aus der Ruhe bringt.« Danach meinte sie noch: »Irgendwie bin ich über die Strecke geflogen. Das ist alles Wahnsinn, den Sieg kann ich noch gar nicht realisieren.«[51]

So startete sie zwei Tage später als Erste ins Verfolgungsrennen, es war nur bedauerlich, dass sie vor lauter Aufregung keine Patronen dabeihatte. Denn nach dem Training am Vormittag hatte die Wallgauerin vergessen, das leer geschossene Magazin wieder mit Munition aufzufüllen. Das Malheur bemerkte sie beim ersten Schießen, ein Ersatzgewehr musste her, das kostete Zeit und den möglichen Sieg. Trotzdem wurde sie hinter der norwegischen Siegerin Linda Grubben und der Französin Sandrine Bailly noch Dritte.

Man berichtete damals noch etwas über die Prämie von 17.000 Euro, die Neuner für den Sprint-Sieg bekommen hätte, und über ihre Pläne, das Geld in den Ausbau ihrer Wohnung zu investieren. Darüber, dass die Fertigstellung der Immobilie freilich kein Problem sein dürfte, da sie mit ihrer sympathisch natürlichen und gewinnend charmanten Art schon längst im Visier zahlungskräftiger Sponsoren sei. Dass sie ein recht bodenständiger Mensch sei, fest verwurzelt in der oberbayerischen Heimat, dort bevorzugt Strümpfe und Topflappen stricken und bei der Stubnmusi gerne an der Harfe sitzen würde – mit den Brüdern Paul (22) und Christoph (14) und Schwester Anna (12).

Als die traditionellen Weltcup-Tage in Oberhof vorbei waren, und als der Tross sich anschickte, zum nächsten Standort nach Ruhpolding weiterzuziehen, da war noch völlig offen, ob Magdalena Neuner auch zur Weltmeisterschaft nach Antholz wenige Wochen später würde reisen dürfen. Die Sportführung, allen voran Trainer Müßiggang, überlegte, ob die WM nicht zu früh käme, es gab die Sorge, ob Neuner nicht verheizt würde.

Der Rest ist bekannt. Neuner durfte fahren und holte in Antholz drei Titel. Die Patronen auffüllen, das vergaß sie dort nicht mehr.

46. GRUND

WEIL EMMAS ELTERN FÜR EIN MÄRCHEN IM THÜRINGER WALD SORGTEN

Das Ehepaar hatte schwer zu tragen, 2004, bei der Abreise aus Oberhof. Noch einmal standen der Franzose Raphaël Poirée und seine norwegische Frau Liv Grete für ein abschließendes Fotoshooting vor den Kameras, sie waren reichlich dekoriert, um ihre Hälse baumelten insgesamt neun Medaillen. Sieben glänzten in Gold, eine in Silber, eine in Bronze. Ihr größtes Glück sah man nicht auf dem Bild. Ihr Töchterchen Emma.

Und als Raphaël Poirée gefragt wurde, wie es denn jetzt sei, wie sich das Leben nicht nur wegen dieser triumphalen Weltmeisterschaft verändert habe, sondern vor allem durch die kleine Emma, da sagte er: »Vor der Geburt gaben wir dem Biathlon 100 Prozent, wir dachten nur an unsere Rennen, unseren Ski, unsere Gewehre, unsere Siege, unsere Niederlagen. Wir sprachen nur über unsere Ziele, die wir hinsichtlich des Biathlons hatten. Aber jetzt hat sich alles geändert. Während des Trainings und in jedem Rennen geben wir 200 Prozent dem Biathlon, aber danach, wenn wir zurück sind im Hotel, geben wir 200 Prozent unserer Emma.«[52]

Die Geschichte des Ehepaars Poirée und ihrer gerade einmal ein Jahr alten Tochter überstrahlte alles andere bei diesen Titelkämpfen. Ein Märchen aus dem Thüringer Wald.

Raphaël Poirée und Liv Grete Skjelbreid galten schon zuvor als das große Traumpaar des Biathlons. Hätten sie ihre Traumberufe aus Kindertagen realisiert, dann hätten sie sich sicher nie getroffen, er wollte Feuerwehrmann werden, sie Busfahrerin. Aber so hatten sie sich schon früh kennen- und lieben gelernt, Anfang der Neunziger sahen sie sich das erste Mal bei Juniorenwettkämpfen, 1996 wurden sie ein Paar, 2000 folgte die Hochzeit, im Januar 2003 folgte Emmas Geburt.

Beide hatten da bereits große Erfolge gefeiert, sie hatte in Nagano und Salt Lake City drei olympische Medaillen geholt, zweimal Silber, einmal Bronze, dazu war sie bereits vierfache Weltmeisterin. Und auch er war da schon einer der Weltbesten, neben Silber im Verfolgungsrennen und Staffel-Bronze 2002 in Salt Lake City hatte er bis dahin ebenfalls vier WM-Titel errungen.

Es wirkte beachtlich, wie sich das Paar nach der Geburt organisierte, weiter auf der Jagd nach Titeln und Medaillen im Biathlon, ohne dabei die kleine Emma zu vernachlässigen. Die Mutter begann nur zwei Wochen nach der Entbindung wieder mit dem Training, die Tochter wurde überallhin mitgenommen. Man baute ein richtiges Privatteam auf. Liv Gretes Cousine Gro Eikeland reiste als Kindermädchen von Ort zu Ort, mit in der Mannschaft waren auch Livs Schwester Ann Elen und deren Ehemann Egil Gjelland sowie Raphaëls jüngerer Bruder Gael.

Bei der WM in Oberhof, bei der alle zusammen im Drei-Sterne-Hotel »Oberland« wohnten, folgte schließlich ein Triumph dem nächsten. Raphaël Poirée gewann Gold in Sprint, Einzel und Massenstart, Silber in der Verfolgung, Bronze mit Frankreichs Staffel. Liv Grete siegte in Sprint, Verfolgung, Massenstart und mit ihren Norwegerinnen in der Staffel.

Seitens der Medien und bunten Klatschmagazine gab es natürlich viele Anfragen für ein gemeinsames Bild. Das glückliche Paar, dazwischen die kleine Tochter, Raphaël Poirée erzählte einmal, dass Fotografen nach der Geburt das Krankenhaus regelrecht belagert und Versuche unternommen hätten, irgendwie ein Foto von Emma zu bekommen. »Aber Liv und ich wollen unser Leben für uns behalten.« Das war ein ehrenwertes Ansinnen, ein Leben ganz für sich, das war aber nach den Poirée-Festspielen von Oberhof nicht mehr realisierbar. Die beiden waren gefragte Gäste, so ganz konnten und wollten sie sich dem Rummel dann aber doch nicht entziehen. Sie gingen von einer Fernsehsendung zur nächsten Talkshow, von einer Sponsorenveranstaltung zum nächsten PR-Termin. Die beiden rieben sich auf, es folgten Rückschläge und Krankheiten, 2006 beendete Liv Grete Poirée ihre Karriere, ihr Ehemann lief noch weiter. Bis 2007 (siehe 39. Grund).

2010 besuchte das norwegische Magazin *Mamma* die Familie auf ihrem Hof in Liv Gretes Heimatort Eikelandsosen. Familie Poirée zeigte sich nun aufgeschlossener gegenüber den Medien und gewährte einen Einblick in ihr Leben. Raphaël erholte sich noch von den Folgen eines schweren Quad-Unfalls, bei dem er sich eine massive Wirbelsäulenverletzung zugezogen hatte und nur knapp dem Rollstuhl entgangen war.

Die da bereits siebenjährige Emma hatte mittlerweile noch zwei kleinere Schwestern bekommen, Lena, drei Jahre alt, und Anna, einundhalb. Man konnte lesen, wie Lena aufwachte und eines der Katzenbabys herumtrug, wie Emma mit einer Freundin um das Haus herumradelte und wie es sich Anna nach einem Tag in der Kinderkrippe auf dem Schoß der Mama bequem machte.

Man dachte bei der Lektüre des Artikels zurück an Oberhof 2004. An die Aufteilung zwischen Biathlon und der Familie. Daran, dass sie ihren Kindern jetzt 400 Prozent geben können.

47. GRUND

WEIL EIN NEUER EUROCENT UND ALTE DDR-METHODEN ZU GOLD VERHALFEN

Michael Greis war am langsamsten. Als Letzter kam er zur Pressekonferenz, und weil oben auf dem Podium kein Stuhl mehr frei war, es war ein wenig wie das Kinderspiel »Reise nach Jerusalem«, verbrachte er die Fragerunde im Stehen. Über die Schultern von Ricco Groß, Michael Rösch und Sven Fischer schaute sich Greis die Ergebnisliste an, es schien, als müsste er es wirklich noch einmal schwarz auf weiß lesen, um es auch zu begreifen. Er strahlte, schüttelte ein wenig den Kopf und schien es endlich realisiert zu haben – dass er gerade Staffel-Gold gewonnen hatte, zusammen mit dem Trio, das sich noch Stühle hatte ergattern können.

Ein Erfolg, der einem Glückscent zu verdanken war und alten DDR-Trainingsmethoden. 2006, bei den Winterspielen von Turin.

Fest stand der Sieg schon nach dem letzten Schießen, als Michael Greis alle Scheiben getroffen hatte, zu groß, zu uneinholbar war der Vorsprung auf die zweitplatzierten Russen. Frank Ullrich, der Bundestrainer, war dann auch gar nicht mehr zu bremsen, von seinem Beobachtungsposten hinter dem Schießstand stürmte er los, umarmte Rösch, Groß und drückte jeden, der nicht rechtzeitig Reißaus genommen hatte, vehement an sich. »Das ist der Wahnsinn«, sagte er immer wieder, »der Wahnsinn.« Selten hatte man den Bundestrainer der deutschen Männer so aufgewühlt gesehen wie an diesem Tag.

Dann liefen Tränen über seine Wangen, links und rechts. Ich fragte ihn nach seinen Empfindungen, als er plötzlich aus der linken Jackentasche einen kleinen Eurocent herausholte, der auf der einen Seite mit einem Herzen verziert war. »Den hat mir meine Frau kurz vor der Abreise als Glücksbringer mitgegeben«, sagte er. »Den habe ich schon den ganzen Tag gedrückt.« Zumindest fast den ganzen Tag, denn kurz bevor Sven Fischer zum Schießen gekommen war, hatte Ullrich den Cent wieder in die Jacke gesteckt. Prompt schoss Fischer samt Nachladepatronen so oft daneben, dass er eine Strafrunde drehen musste und Russen und Franzosen wieder bedrohlich nahe kamen.

Ullrich reagierte unverzüglich und nahm den Talisman wieder in die Hand. Ab da war der Triumph ungefährdet. Gerade der junge, erst 22-jährige Michael Rösch hatte als zweiter Läufer die Konkurrenz geschockt, zehn Schuss, zehn Treffer, dazu eine großartige Laufleistung. »Ich habe einfach volle Hilde gegeben«, sagte Rösch in bestem Biathlon-Jargon. »Auch wenn ich am Schluss auf der letzten Rille dahergekommen bin.«

Was Altmeister Ricco Groß, den gebürtigen Sachsen mit Wahlheimat Ruhpolding, zum launigen Kommentar verleitete: »Der Michi Rösch ist echt ein Hundling.« Das größte denkbare Kompliment, das es in Bayern zu verteilen gibt. Ein Ritterschlag vom Altmeister, der soeben seine vierte olympische Goldmedaille gewonnen hatte.

An Frank Ullrichs Glücksbringer allein lag der Triumph freilich nicht, wie Michael Rösch danach verriet. Sondern auch an den Reaktionsübungen am Computer. »Ich bin kurz vor dem Start noch fünf Minuten davor gesessen«, sagte Rösch.[53]

Eine der Übungen: einen sich schnell bewegenden Punkt per Tastendruck genau dann auf dem Bildschirm anzuhalten, wenn er über einen festen Punkt hinwegzieht. Auch Frank Ullrich sagte später, wie wichtig die Arbeit am Laptop sei: »Mit dieser Methodik können wir unsere Reaktionszeiten verbessern. Das machen wir schon seit vielen Jahren, das haben wir schon zu DDR-Zeiten praktiziert.«

Von einer »großen Schlacht« sprach Ullrich noch, das klang zugegeben etwas martialisch. Und davon, dass er sich seiner Tränen nicht schämen wolle.

Oben auf der Tribüne saß neben den vielen deutschen und norwegischen Fans übrigens auch IOC-Präsident Jacques Rogge. Und selbst er verneigte sich. »Das ist schon beeindruckend, mit welcher Selbstverständlichkeit die deutschen Biathleten hier die Medaillen gewinnen«, sagte er und war voll der Bewunderung: »Biathlon ist das Aufregendste, was es bei den Olympischen Winterspielen gibt.«

Aufregend sollte auch die Party am Abend werden, Bundestrainer Frank Ullrich verordnete nämlich »Feiern bis zum Abwinken«, denn bis zur nächsten und letzten Olympiaentscheidung bei den Männern, dem Massenstartrennen, waren noch vier Tage Zeit.

Dort holte Michael Greis dann sein insgesamt drittes Gold bei den Spielen. Weil sein Trainer den Glückscent drückte. Und weil dann er selbst es war, der volle Hilde gab.

48. GRUND

WEIL DAS VERRÜCKTESTE STAFFELRENNEN ALLER ZEITEN DOCH NOCH EIN GLÜCKLICHES ENDE FAND

Es waren keine gute Nachrichten, die die Biathleten bei der WM in Chanty-Mansijsk hörten, am Morgen des 20. März 2003. Es war absehbar gewesen, nicht mehr zu verhindern, schon lange, nur irgendwie hatte man immer noch gehofft und gebetet, es würde dann doch nicht so weit kommen. Aber dann hatte George W. Bush eben doch ausgewählte Ziele in Bagdad bombardieren lassen, womit klar war, der Irakkrieg hatte begonnen.

Das beschäftigte natürlich auch die Sportler in Sibirien, und doch waren sie eben dort, weil sie um Medaillen kämpfen sollten, und nicht, um die Welt zu retten. Deswegen mussten sich die Frauen an jenem Tag auf das bevorstehende Staffelrennen konzentrieren.

Was am Morgen, als die Biathletinnen in leicht bedrückter und gedämpfter Stimmung am Frühstückstisch zusammensaßen, aber noch niemand wusste, war, dass es das verrückteste Staffelrennen in der Geschichte von Weltmeisterschaften werden würde.

Los ging es mit Simone Denkinger, sie lief zwei Strafrunden, dazu muss man sicherheitshalber erklären, dass eine Strafrunde bei einer Biathlon-Staffel schon eher außergewöhnlich ist. Jeder Schütze hat nämlich anders als in den Solo-Rennen wie Einzel, Sprint, Verfolgung und Massenstart immer noch jeweils drei Patronen zum Nachladen zur Verfügung. Heißt: Um die fünf Scheiben zu treffen, hat man acht Versuche. Für jede Scheibe, die dann immer noch steht, gibt es eine Strafrunde. Zwei Strafrunden sind also schon eine Menge.

Bei Uschi Disl war das aber noch mehr. Sie ballerte noch viel wilder durch die Landschaft, am Schluss drehte sie drei Strafrunden, genau wie nach ihr Kati Wilhelm. Die zielte nämlich auch nicht besser. Acht Strafrunden nach den ersten drei Läuferinnen, mehr als eine Minute Rückstand auf Bronze beim letzten Wechsel, eine Minute, sieben Sekunden, wie sollte das noch gut gehen.

Aber die deutschen Frauen hatten ja Martina Glagow als Schlussläuferin, und die war gerade in der Form ihres Lebens, deswegen gelang ihr auch das, womit keiner mehr gerechnet hatte. Sie lief die beste Einzelzeit aller 60 Athletinnen der insgesamt 15 Staffeln und holte kurz vor Schluss doch noch die Weißrussin Olena Zubrylowa ein, auch keine ganz Schlechte, sie war da bereits vierfache Weltmeisterin. In einem packenden Finalsprint holte Glagow für die deutsche Mannschaft dann doch noch Bronze, hinter den siegreichen Russinnen und der Ukraine.

»Ich bin in meinem ganzen Leben noch nie so gelaufen«, sagte Glagow danach atemlos. »Mir ist schwarz geworden vor Augen, noch ein paar Meter mehr, und ich wäre umgefallen.« Als man sie da so anschaute, man hätte nicht widersprechen wollen. Denkinger, Disl, Wilhelm, die drei wirkten den Tränen nah, versuchten ihre indiskutable Schießleistung mit den in der Tat fast irregulären und vor allem stets drehenden Windverhältnissen zu erklären, wie Uschi Disl, die meinte: »Mich hat es dauernd hin- und hergebeutelt.«[54]

Und wer meinte, einen altgedienten Trainer wie Uwe Müßiggang könne nichts mehr erschüttern, der sah sich an diesem Tag getäuscht. »So ein verrücktes Staffelrennen mit solch wechselnden Böen habe ich noch nie erlebt. Eigentlich habe ich mir beim letzten Wechsel gedacht, so dumm kann es gar nicht laufen, dass wir noch eine Medaille gewinnen. Aber wie Martina das rumgerissen hat, war unglaublich. Diese Medaille glänzt schöner als manches Gold.«[55] So feierten sie an diesem Tag noch gemeinsam einen unglaublichen Erfolg, und als es noch mal um das Thema Irak ging, sagte Kati Wilhelm: »Es ist furchtbar, daß man solche Konflikte nicht friedlich lösen kann. Aber ich finde, dass man ein Stück Normalität weiterleben sollte.«[56] Es war ein aus ihrer Sicht absolut nachvollziehbarer Satz.

Es lagen einfach Welten zwischen dem Krieg im Irak und dem Biathlon in Sibirien.

VI

ANDERE LÄNDER

49. GRUND

WEIL DIE SCHÜTZLINGE DES LETZTEN DIKTATORS FAST ZU PFEIL UND BOGEN GEGRIFFEN HÄTTEN

Und plötzlich saßen sie auf dem Trockenen. Die Biathleten Weißrusslands. Konnten nicht mehr schießen. Die Munition war alle. Und neue bekamen sie nicht. War eine skurrile Geschichte.

Schuld an allem war erst einmal Lukaschenko. Alexander Lukaschenko. Man nennt ihn gerne »Europas letzten Diktator«, das ist kein Titel, auf den er stolz sein kann, aber einer, den er auch nicht mehr loskriegt. Den Titel trägt er seit dem Sturz von Slobodan Milošević in Serbien im Oktober 2000, das war sozusagen der vorletzte Diktator des Kontinents, und Lukaschenko heißt so wegen der Menschenrechtsverletzungen und massiven Einschränkungen der Meinungs- und Pressefreiheit in Weißrussland. Irgendwann reichte es daher der Europäischen Union und es wurden in Brüssel erste Sanktionen verhängt. Am 20. Juni 2011 also gab es den Beschluss 2011/357/GASP mit dem folgenschweren Artikel 3a, der besagte: »Der Verkauf, die Lieferung, die Weitergabe oder die Ausfuhr von Rüstungsgütern und dazugehörigen Gütern aller Art, einschließlich Waffen und Munition, Militärfahrzeugen und -ausrüstung, paramilitärischer Ausrüstung und entsprechender Ersatzteile, sowie von zu interner Repression verwendbarer Ausrüstung an bzw. nach Belarus durch Staatsangehörige der Mitgliedstaaten oder vom Hoheitsgebiet der Mitgliedstaaten aus oder unter Benutzung von ihre Flagge führenden Schiffen oder Luftfahrzeugen sind unabhängig davon, ob diese Güter ihren Ursprung im Hoheitsgebiet der Mitgliedstaaten haben oder nicht, untersagt.«[57]

Heißt: Auch die weißrussischen Biathleten bekamen keine Munition mehr. Denn die Munition bekamen sie bis dahin immer aus

Deutschland. Von wegen, Sport und Politik seien sauber voneinander zu trennen.

Publik wurde der Fall 2012, kurz vor der Biathlon-WM in Ruhpolding, als Klaus Siebert den Lieferungsstopp beklagte. Siebert kommt aus dem Erzgebirge, er war einer der besten Biathleten der DDR, dreifacher Weltmeister Ende der Siebziger Jahre. 2008 übernahm er das Amt des weißrussischen Cheftrainers der Biathlon-Frauen, doch mit Problemen wie diesen hatte auch er nicht gerechnet. Die letzte Munitionslieferung hätten sie ein Jahr zuvor bekommen, erzählte Siebert, eine Nachbestellung von 75.000 Patronen würde derzeit zurückgehalten vom Hersteller in Sachsen-Anhalt.

Das klang nach viel, relativierte sich aber gleich wieder angesichts der Erläuterung, dass ein Athlet im Laufe einer Saison 10.000 Schuss abgibt, man für eine ganze Mannschaft also rund 300.000 Patronen veranschlagen müsse. »Wir müssen das klären, wie es weiter geht«, sagte Siebert damals noch. »Wir können ja künftig nicht mit Pfeil und Bogen schießen.«[58]

Das mussten sie auch nicht. Schließlich bekamen sie ihre Munition nach dem großen Wehklagen doch noch, durfte sich Siebert sowohl in Ruhpolding als auch 2013 in Nove Mesto über Weltmeister-Titel seiner besten Sportlerin Darja Domratschewa freuen. 2014 schließlich folgte die Krönung, als Domratschewa bei den Winterspielen von Sotschi gleich drei Goldmedaillen holte.

Da war sie dann richtig gut in Schuss.

50. GRUND

WEIL DIE ITALIENER AUCH NICHT SCHLECHTER SCHOSSEN ALS BEI DER HINRICHTUNG VOM HOFER

Großveranstaltungen im eigenen Land sind ja immer etwas Besonderes für die Sportler der Gastgebernation. Bestes Beispiel war die Fußball-WM 2006, getragen von einer einzigartigen Euphorie zauberte sich die deutsche Nationalmannschaft zwar nicht ganz zum Titel, immerhin aber doch ins Halbfinale und zum dritten Platz. Die meisten Nationen rüsten auch immer mächtig auf vor so einem Ereignis, man denke nur an die Sommerspiele 2008 in Peking, als das chinesische KP-Regime ab dem Moment der Vergabe durch das IOC im Jahre 2001 einen Masterplan entwickelte, um bei den prestigeträchtigen Heimspielen vor den Augen der Welt so viele Medaillen wie möglich abzuräumen, was letztendlich auch gelang. China wurde mit 51 Goldmedaillen überlegen beste Nation im Medaillenspiegel, ähnlich wie auch Kanada bei den Winterspielen von Vancouver 2010, damals reichten 14 Goldmedaillen zu Platz eins in den Edelmetall-Charts.

Natürlich setzen solche Veranstaltungen einige Sportler auch unter Druck, manchmal unter zu großen Druck. Felix Neureuther etwa bei der alpinen Ski-WM 2011 in Garmisch-Partenkirchen. Jahrelang hatte er alles nur diesem einen Ziel untergeordnet, dem Slalom-Gold vor der eigenen Haustür, und davon gesprochen, wie sehr er sich darauf freue, am heimischen Gudiberg, dort wo er als kleiner Bub das Skifahren gelernt hatte, oben im Starthäuschen zu stehen und dabei auf sein Elternhaus schauen zu können. Wie sehr ihn dieser Gedanke motiviere, betonte er gerne. Letztendlich lähmte er ihn aber nur. Später sagte Neureuther bei einer gemeinsamen Begegnung kurz vor den Winterspielen von Sotschi in einem sehr persönlichen Gespräch über diesen einen Moment: »Als ich losfahren wollte, waren meine Beine wie Beton. Ich wusste von vornherein, das wird nix.« Neureuther flog raus, weil er zerbrochen war an den Erwartungen, vor allem an den eigenen.

Wie sehr Sportler aber auch beflügelt werden können, zeigte sich wenige Monate nach der bereits erwähnten Fußballweltmeisterschaft auch bei der Handball-WM 2007. Man hatte nicht viel gegeben auf die deutsche Nationalmannschaft, war ja davor alles eher Mittelmaß, nicht so, dass man wirklich Turnierfavorit gewesen wäre. Doch dann steigerte sich das Team von Heiner Brand immer mehr, nach dramatischen Siegen über die Turnierfavoriten Spanien und Frankreich gab es im Finale in Köln einen begeisternden Erfolg gegen Polen.

Was das alles mit Biathlon zu tun hat? Nun, parallel zur Handball-WM 2007 fand in Antholz die Biathlon-WM statt. Antholz liegt in Südtirol, auf einem nördlicheren Breitengrad als Villach oder Klagenfurt im österreichischen Kärnten. Die meisten Einheimischen sprechen Deutsch in Antholz, und dennoch gehört Antholz zu Italien.

Nur interessierte sich in Italien gar keiner für diese Veranstaltung, in der Historie sportlicher Großveranstaltungen gab es wenige Ereignisse, die im eigenen Land auf weniger Beachtung stießen als die Biathlon-WM in Antholz.

Möglicherweise wäre das anders gewesen, wäre einige Male die *Fratelli d'Italia* erklungen, die italienische Hymne bei der Siegerehrung auf dem Marktplatz von Antholz. Doch die heimischen Sportler versagten auf ganzer Linie, egal ob im Liegendanschlag oder im Stehen, den Biathleten im Trikot Italiens fehlte es auf ganzer Linie am »acqua della meta«, also am Zielwasser.

Und so fielen die Berichte über die WM in Anterselva, so der italienische Name von Antholz, eher knapp aus. In der *Gazzetta dello Sport*, der täglichen Sportbibel des Landes, fand sich einmal eine Randnotiz. Auf Seite 38. Eine Kurzmeldung im Einspalter, links unten. Mehr kam auch nicht mehr. Die italienischen Biathleten blieben schließlich komplett ohne Medaille.

Dass die Italiener mit dem Gewehr nicht gut treffen, das stellte schon der Tiroler Freiheitsheld Andreas Hofer fest. Es war eine der letzten Erkenntnisse seines Lebens. Bei seiner eigenen Hinrichtung, 1810 in Mantua.

»Ach, was schießt Ihr schlecht«, sollen seine letzten Worte gewesen sein, höhnend über die desolate Schussleistung des italienischen Exekutionskommandos, das im ersten Versuch kläglich versagt und ihn lediglich verletzt hatte. Beim zweiten Schießen trafen sie dann. Übrigens auch wieder im Stehendanschlag. Nicht überliefert ist, ob die Schützen danach noch eine Strafrunde laufen mussten.

51. GRUND

WEIL DIE BULGARISCHE BIATHLETIN AN DEN »BECHER MIT DEM FÄCHER« ERINNERTE

In der herrlichen Filmkomödie *Der Hofnarr* von 1955 gibt es ein wunderbares Wortspiel, das Einzug in den Sprachgebrauch vieler Cineasten gehalten hat. In der entsprechenden Szene hat die Hexe Griselda einen Becher Wein vergiftet, mit dem der grimmige schottische Adelige Sir Griswald of Mackelain zur Strecke gebracht werden soll. Damit nicht aus Versehen ihr eigener Schützling, der vom unvergessenen Danny Kaye gespielte Hofnarr Hubert Hawkins, einen Schluck aus dem kontaminierten Krug nimmt, gibt sie ihm einen Merkspruch mit auf den Weg: »Der Wein mit der Pille ist im Becher mit dem Fächer, der Pokal mit dem Portal hat den Wein gut und rein.« Daraus entspinnen sich dann viele Variationen bis hin zum »Kelch mit dem Elch«, weshalb am Ende allgemeine Verwirrung darüber herrscht, in welchem Gefäß das Kügelchen Gift denn nun sei.

In dem gleichen Film gibt es auch noch eine andere urkomische Szene. Mit Fuzzy, dem Weinhändler, und seiner Enkeltochter, die ursprünglich vorgibt, stumm zu sein. Die junge Frau wird bei einer Kontrolle von einer Truppe des Königs gefragt, ob sie denn Leute im Wald gesehen habe. Es entspinnt sich ein langes Hin und Her zwischen Fuzzy und dem königlichen Gefolge, als die vermeintlich sprachlose Enkelin das Murmeln und Tuscheln anfängt und ihrem Großvater ohne Punkt und Komma in epischer Breite etwas zuflüstert. Worauf der alte Mann auf die Frage, was sie denn nun gesagt habe und ob sie denn jetzt jemanden gesehen habe, erwidert: »Sie sagt: Nein.« Warum sie dafür so lange gebraucht hätte, wollen die Königstreuen wissen. Darauf der Alte: »Sie stottert.«

Genau an diese Szene erinnerte man sich bei den Winterspielen von Salt Lake City 2002, als Gast der Pressekonferenz nach dem Verfolgungsrennen der Frauen über zehn Kilometer. Vorne auf dem Podium hatten die drei Medaillengewinnerinnen Platz genommen. Die russische Olympiasiegerin Olga Pylewa, die Zweitplatzierte Kati Wilhelm und die Bulgarin Irina Nikultschina, die Bronze gewonnen hatte. Wie immer bei diesem Prozedere bekam die Goldmedaillengewinnerin die meisten Fragen gestellt, während sich die deutsche Journaille vor allem für die 25-jährige Wilhelm interessierte, die nach ihrem Sieg im Sprint nun ihre zweite Medaille bejubeln konnte. Irina Nikultschina saß erwartungsgemäß schweigend daneben, doch dann, ganz kurz vor Ende der Presserunde, gab es doch noch eine Frage eines Reporters an sie. Was sie denn meine, wollte der Mann wissen, ob denn ihre gute Laufleistung oder das Schießergebnis mit nur einem Fehler die größere Rolle für ihren Erfolg gespielt habe, was in ihren Augen rein subjektiv wichtiger gewesen sei. Laufen oder schießen?

Da holte Irina Nikultschina aus und gab, natürlich auf Bulgarisch, wahre Wortkaskaden von sich, sprudelte vor Eloquenz und konnte sich gar nicht mehr bremsen. Sie hob und senkte ihre Stimme immer wieder, betonte manche Passagen mehr, andere weniger, gestikulierte mit den Händen, zwischendrin streute sie noch einen kurzen Lacher ein. Als sie nach gut zwei Minuten endlich fertig war, sank sie von ihrer gewaltigen Sprechleistung sichtlich erschöpft in ihren Stuhl zurück. Dann war der Dolmetscher an der Reihe, der Nikultschinas umfangreiche Verbalergüsse vom Bulgarischen ins Englische übersetzen sollte. Er knipste das Mikro vor sich an, dann sagte er: »Both.« Beides. Dann schaltete er das Mikro wieder aus und beendete die Pressekonferenz. Dass sie gestottert habe, sagte er nicht.

Vier Jahre später, nach den Spielen von Turin, beendete Irina Nikultschina ihre Karriere, sie war da bereits Mutter einer einjährigen Tochter namens Yonna und arbeitete fortan in ihrer Heimatstadt Bansko als Sportlehrerin.

Anders als manch andere Sportlerin aus den früheren Ostblockstaaten geriet Irina Nikultschina aber nie in Dopingverdacht. Das war auch gut so, sonst hätte sie am Ende vielleicht doch noch unangenehmere Fragen als 2002 beantworten müssen, ob sie denn vorsätzlich oder versehentlich Mittelchen und Substanzen genommen habe.

Wo die Pille denn gewesen sei, im Becher mit dem Fächer oder im Pokal mit dem Portal.

52. GRUND

WEIL DIE TRAURIGEN SCHWEDEN SICH SCHLIESSLICH BEI IKEA MIT KÖTTBULLAR TRÖSTEN KONNTEN

Sie waren mächtig enttäuscht. Hatten sie sich alles ganz anders vorgestellt, die schwedischen Biathleten, bei den Winterspielen von Vancouver 2010. Sie waren als Mitfavoriten angereist, dann gab's eine Pleite nach der anderen. Einzig Björn Ferry durfte jubeln über seinen Olympiasieg im Verfolgungsrennen. Jener Schwede, den ein

TV-Reporter einmal versehentlich Bryan Ferry nannte, wie den britischen Sänger von Roxy Music.

In Vancouver jedenfalls spielte im Biathlon die Musik woanders. Nicht bei den Schweden. Selbst die Schwedin Anna Carin Olofsson, die Olympiasiegerin von 2006, ging leer aus. Sie hatte auch noch großes Pech im Verfolgungsrennen, als sich ihre Startschranke 15 Sekunden zu spät öffnete und sie am Ende als Vierte nur elf Sekunden Rückstand auf Platz drei hatte. Die Schweden legten erst Protest ein, zogen ihn dann aber wieder zurück. Lief alles nicht wirklich glücklich.

Neidvoll blickten die schwedischen Biathleten hinüber zu den Langläufern. Dort dominierte das Team Sverige. Charlotte Kalla, Marcus Hellner, dazu die Männer-Staffel, sie alle holten Gold.

So ging es dann ins letzte Wochenende, die Spiele gingen zu Ende. Bei allen Beteiligten war die Zeit des Einpackens angebrochen. Die Olympiasieger und Medaillengewinner der Schlusstage packten ihre Medaillen ein, genauso wie die ewig fröhlichen Volunteers ihre blauen Jacken, die sie für ihre ehrenamtliche und unermüdlich aufopfernde Arbeit als Dank behalten durften. Die Touristen packten gut gelaunt ihre Mitbringsel ein, die sie nach stundenlangen Wartezeiten in den olympischen Souvenir-Shops ergattert hatten, ebenso glücklich wie der Kollege Fotograf seine Kameras, nachdem er in seiner ungebändigten Olympia-Euphorie schon drei Tage vor der Eröffnungsfeier in tiefstem Urbairisch frohlockt hatte: »Bin i froh, wenn der Schmarrn wieder vorbei is.« Das Heimweh setzte bei manchen früher ein, bei anderen später, aber am Schluss hatten sich beim Einpacken dann doch alle wieder auf daheim gefreut. Aber damit wieder zurück zu den schwedischen Biathleten, denn die konnten es gar nicht mehr erwarten bis zur Rückkehr in heimische Gefilde.

Statt sich wie jeden Tag das Einheitsessen in der olympischen Dorfkantine von Whistler reinzuziehen, charterten die Skijäger zusammen mit anderen schwedischen Sportlern zwei Tage vor Ende der Spiele kurzerhand einen Bus und fuhren im Eiltempo runter ins Gewerbegebiet von Richmond, einem Vorort im Süden Vancouvers. Das Ziel der Schweden? Das Bistro von IKEA! Kein Scherz. Knäckebrot bis zum Gehtnichtmehr, Köttbullar bis zum Abwinken, Mandeltarta, bis der Arzt kommt.

Das alles aßen sie freilich gleich. Das packten sie nicht ein.

53. GRUND

WEIL DER GRÖNLÄNDISCHE EISBÄRSCHÜTZER MIT SEINER FRAU GERNE 160 KILOMETER LÄUFT

Es herrschte reger Betrieb in dem kleinen Appartement. Der sechsmonatige Sohn Sondre Aputsiag lag in einer Babywippe auf dem Sofa, die dreijährige Tochter Ukaleg Astri tollte mit ihrem Opa Isaac über den Teppich, hinten an der Küchenzeile bereitete ein Au-pair-Mädchen das Abendessen zu und mitten im Raum standen Øystein und Uiloq Slettemark. Sie trugen Trainingsanzüge und präparierten ihre Skier. Auf den Trainingsanzügen stand »Team Gronland«. So ging's zu, bei einem abendlichen Besuch im Mannschaftsquartier des grönländischen Biathlon-Ehepaars, bei der WM 2005 in Hochfilzen.

Øystein Slettemark wuchs in Norwegen auf, er begann früh mit dem Langlauf, konnte sich im Nationalteam Norwegens aber nicht durchsetzen. Er studierte in Oslo, verliebte sich an der Uni in die Grönländerin Uiloq Helgessen, sie heirateten und zogen zusammen nach Nuuk an die Südwestküste Grönlands. Mit Blick Richtung Amerika. 2001, mit 33 Jahren, in einem Alter, in dem andere ihre Karriere schon hinter sich gebracht haben, begann er dann mit dem Biathlon-Training, sie hatte bereits 1994 damit angefangen. Im örtlichen Skiverein namens »Nuuk Biathlon BC«. An Waffen fürs

Biathlon zu kommen, sei das geringste Problem gewesen. »Jeder Bewohner Grönlands hat zwei Gewehre bei sich stehen«, sagte Uiloq Slettemark. Die Grönländer sind ein altes Jagdvolk.

Natürlich war die Größe des örtlichen Vereins wie auch des grönländischen Biathlon-Verbands an sich überschaubar. In einer Mannschaft wie Deutschland haben die Athleten Trainer, Betreuer, Wachser, Skitechniker, Physiotherapeuten und Pressesprecher als Helfer an ihrer Seite. In Grönland machten die Slettemarks alles selbst. Er wurde Präsident der Greenland Biathlon Federation, sie die Generalsekretärin. Er wurde Nationaltrainer bei den Männern, sie bei den Frauen. Sie trainierten sich also selbst. War ja sonst keiner da.

In den Wintern, so erzählten die beiden, führten sie dann immer ein ziemliches Nomadenleben, bei den Weltcups oder den Weltmeisterschaften zögen sie mit den Kindern, Opa Issac und dem Aupair-Mädchen von einem Ort zum nächsten, um sich dort immer in einem kleinen Appartement einzuquartieren. Aber wenigstens sei die Familie da immer zusammen.

Und im Sommer, da legt Øystein in seiner Heimat für eine Behörde die Abschussquoten für Rentiere fest, außerdem ist er Berater der PBSC. Das ist die »Polar Bear Specialist Group«, die sich um den Erhalt und den Schutz der Eisbären in der arktischen Region kümmert.

2007, da war Uiloq Slettemark auch schon 42, bekamen sie ihr drittes Kind, einen Buben namens Inuk Sander. Das hinderte sie nicht daran, ihre Karriere fortzusetzen, 2008 in Nove Mesto gelang ihr das beste WM-Ergebnis ihrer Laufbahn, im Verfolgungsrennen kam sie auf Rang 42. Besser als 2005 in Hochfilzen. Da hatte sie die Plätze 85 und 72 belegt. Ihre letzte WM bestritt sie 2012 in Ruhpolding, mit 46 Jahren, dort kam sie auf die Rängen 107 und 110.

Ihr Mann Øystein dagegen hatte sich zwischenzeitlich seinen großen Traum von Olympia erfüllen können, 2010 startete er für Dänemark bei den Winterspielen von Vancouver, er wurde 88. im Einzelrennen und 86. im Sprint. 2012 dann in Ruhpolding trat das Team Grönland dann erstmals zu dritt an, der 20-jährige Nachwuchsläufer Aqqaluartaa Olsen ging an den Start und musste prompt Lehrgeld bezahlen, er hatte auf Platz 133 sechs Minuten Rückstand auf Altmeister Øystein.

Wesentlich erfolgreicher als im Biathlon sind die Slettemarks übrigens bei ihrem Traditionsrennen in der Heimat, dem jährlichen Arctic Circle Race, an dem auch der große Bjørn Dæhlie schon einmal teilgenommen hatte. Dæhlie hatte in seiner Karriere acht olympische Goldmedaillen im Langlauf gewonnen, so etwas wie das Rennen quer durch Grönland hatte er aber noch nie erlebt. »Ich habe an Hunderten von Rennen teilgenommen«, schnaufte er »aber das hier hat seinen Ruf als das härteste bestätigt.«[59]

Familie Slettemark dagegen genoss diese Rennen immer, an drei Tagen 160 Kilometer bei Sturm und Eiseskälte entlang des Polarkreises zu laufen. Uiloq Slettemark gewann das Rennen neunmal, Ehemann Øystein viermal.

54. GRUND

WEIL DER FINNE MIT HUBSCHRAUBERN DEN WINTER WEGPUSTEN WOLLTE

Kontiolahti ist eine nette Kleinstadt. Gut 14.000 Einwohner, im Osten Finnlands, mittendrin in Nordkarelien, gelegen am Höytiäinen-See. Für alle, denen das noch nichts sagt, Kontiolahti ist 20 Kilometer entfernt von Joensuu. Zum Gemeindegebiet gehören auch die Ortsteile Herajärvi, Iiksi, Jakokoski, Kontioniemi, Kulho, Kunnasniemi, Lehmo, Mönni, Onttola, Paihola, Puntarikoski, Pyytivaara, Rantakylä-Romppala, Selkie, Varparanta und Venejoki. Die berühmtesten Söhne der Stadt sind die Brüder Mikko und Eero Hyvärinen. Die beiden gewannen Silber mit der finnischen Mannschaft im freien Turnen. 1912 bei den Olympischen Sommerspielen von Stockholm. Bekannt, bis mindestens nach Südkarelien, ist auch Vilho Väisälä. Er lebte von 1889 bis 1969 und war einst einer der führenden Meteorologen des Landes.

Womit wir auch schon beim Thema wären. Und nun zum Wetter.

In Kontiolahti ist es nämlich gerne kalt, manchmal sehr kalt. So auch 1999 bei der dortigen Biathlon-Weltmeisterschaft. In der ersten Woche herrschte dort eine solche Eiseskälte, dass an den ersten sechs Tagen kein Rennen stattfinden konnte. Das Thermometer zeigte minus 30 Grad an, einmal sogar minus 36. Bei Temperaturen von minus 20 und darunter muss aber laut Biathlon-Reglement ein Rennen abgesagt werden, aus Angst vor Erfrierungen und bleibenden Gesundheitsschäden. Der »Kontiolahti Sport Club« als offizieller Ausrichter der WM rühmt sich noch heute, dass damals weltweit mehr als 40 Millionen Menschen vor den Bildschirmen saßen, was aber wohl daran lag, dass Katastrophenszenarien immer hervorragende Einschaltquoten verzeichnen und einst sensationshungrige Zuschauer im warmen Fernsehsessel sehnsüchtig darauf warteten, dass ein Biathlet beim Stehendschießen zur Eissäule erstarrt oder im Liegendanschlag auf dem Boden festfriert.

Fünf Jahre später kam Roland Emmerichs Eiszeit-Blockbuster *The Day After Tomorrow* in die Kinos. Der Film erinnerte von den gemütlichen äußeren Bedingungen in etwa an Kontiolahti 1999.

Nur dass damals weder am Tag nach dem Morgen etwas ging noch am Tag nach dem Übermorgen. Dabei ließen die finnischen Veranstalter nichts unversucht, um die Luft auf minimal 19 Grad unter null zu erwärmen – und griffen dabei zu abstrus grotesken Maßnahmen. Zunächst beschlossen sie, in den beschaulichen Wäldern ein ordentliches Großfeuer zu entfachen, um die Temperaturen in die Höhe zu treiben, dann griffen sie zum Heißluftföhn, was aber auch nichts brachte. Schließlich, und das war das Bizarrste, setzten sie Hubschrauber ein. Mit ihren schwirrenden

Rotorblättern, so das Ziel, sollten sie die kalte Luft am Boden mit warmer Luft von oben durchwirbeln. Nach den Erfolgsaussichten jener Aktion befragt, zog der damalige DSV-Teamchef Martin Löchle einen netten Vergleich: »Das ist so, als würde man versuchen, eine Stubenfliege als Ventilator einzusetzen.«[60] Aus Mangel an Wettkampfberichten wurden damals auch Mediziner von den Journalisten um ihre Meinung gebeten. Sie sollten sagen, was so eine Kälte mit einem Biathleten anstellen würde.

Dazu erklärte der deutsche Mannschaftsarzt Jürgen Haberstroh, dass vor allem die Lunge gefährdet sei, schließlich würde der Sportler durch die extrem hohe Atemfrequenz viel kalte Luft in sich hineinschaufeln, was die empfindlichen Lungenbläschen mächtig schädigen könnte – und dass es schwer wäre, Ursache und Wirkung in einem freiwilligen Selbstversuch zu eruieren, denn, so Haberstroh: »Verständlicherweise wird man kaum Probanden finden, die sich Stück für Stück die Lunge eineisen lassen, bis man dann schaut, wie viele sterben.«[61]

Musste dann auch keiner. Eher drohte die Gefahr eines heftigen Hitzeschocks, als die Temperaturen nach einer Woche auf tropische minus fünf Grad anstiegen. Ganz von allein. Ohne Hubschrauber. Alle Wettbewerbe konnten übrigens nicht mehr ausgetragen werden, wegen der vielen Verschiebungen, und da das erste Rennen erst am siebten Tag stattfand, wurden die Einzel- und Massenstartrennen abgesagt und einen Monat später beim Weltcupfinale am Holmenkollen in Oslo nachgeholt. Insgesamt wurde die WM 1999 für das deutsche Team ein überragender Erfolg. Sechs Titel holten die DSV-Biathleten, Frank Luck, Ricco Groß und zweimal Sven Fischer triumphierten bei den Männern, Martina Zellner und die Staffel bei den Frauen.

Es hätte auch mildes Tauwetter herrschen können in Kontiolahti. Angesichts der deutschen Dominanz musste sich die Konkurrenz so oder so warm anziehen.

55. GRUND

WEIL DER KÖNIG ZU LANGSAM WAR
UND DER OLYMPIA-TRAUM TROTZDEM WEITERLEBT

Michael Rösch hatte einen großen Traum. Von den Olympischen Spielen 2014 in Sotschi. Rösch wollte unbedingt dabei sein, monatelang hatte er darauf trainiert, sich geschunden und gequält. Und dann platzte der Traum. Weil der belgische König einfach nicht unterschrieben hatte.

Und das kam so.

Dort, wo Michael Rösch aufwuchs, war Belgien ganz weit weg. Belgien lag im Westen, hinter einer Mauer und noch hinter dem Staatsfeind, der Bundesrepublik. Rösch wurde in der DDR geboren, 1983 in Pirna, die Jugend verbrachte er in Zinnwald, östliches Erzgebirge. Mit dem Biathlon fing er an, da war er zehn, als Deutschland schon wieder ein Land war. Natürlich Biathlon, er war ja erblich vorbelastet. Der Vater nämlich, das war Eberhard Rösch, Weltmeister, dreifacher. Bis er 15 war, trainierte Michael, intensiv, bis zu fünf Stunden am Tag. Dann verlor er die Lust.

15 ist ein Alter, in dem viele Talente aufhören, in dem sich manchmal entscheidet, ob aus der vielversprechenden Nachwuchshoffnung nicht doch eines Tages ein Weltstar werden könnte. Mit 15 ist man in der Pubertät, mit 15 ist Leistungssport auch einfach uncool.

So war das auch bei Michael Rösch. Später sagte er einmal, zu jener Zeit wollte er lieber mit seinen Kumpels Fußball spielen, als einsam auf Rollerskiern durch die Wälder zu ziehen. Aber nach einem halben Jahr bekam er Entzugserscheinungen, er konnte die Finger nicht vom Biathlon lassen, und dann ging alles ganz schnell. Beim Skiverband kam er bald in den C-Kader, 2001 und 2002 holte er zweimal Staffel-Gold bei der Junioren-WM, 2003 siegte er schließlich im Sprint.

Der Durchbruch im Weltcup folgte 2005, die ersten Podiumsplätze in Osrblie in der Slowakei, dann in Ruhpolding, beim zweiten Heimrennen neben Oberhof. Anfang 2006 der erste Sieg, in einem packenden Spurtduell gegen Monsieur Superstar, den Franzosen Raphaël Poirée. Das war nur ein Monat vor den Winterspielen von Turin, dort feierte Michael Rösch dann den schließlich größten Triumph seiner Karriere, mit der Staffel holte er den Olympiasieg (siehe 47. Grund). Eine Goldmedaille, die vor allem ihm zu verdanken war, seinem fehlerfreien Schießen und seiner starken Laufleistung. »Hut ab vor diesem jungen Burschen«, verneigte sich Bundestrainer Frank Ullrich damals vor dem 22-Jährigen, und es war klar, dass er damit Rösch meinte, denn die anderen drei Läufer waren schon längst nicht mehr jung. Michael Greis 29, Sven Fischer 34, Ricco Groß 35. Naheliegend, dass Rösch auf Jahre hinaus das Gesicht des deutschen Biathlons sein würde, die Vorzeigefigur. »Das wird mal ein Großer«, sagte Ricco Groß damals. Aber daraus wurde dann nichts.

Die folgenden Jahre waren durchwachsen, Rösch schleppte sich durch den Weltcup, ohne nennenswerten Erfolg. Immer seltener reichte es für ganz vorne, Rösch wurde aus dem A-Kader zurückgestuft in den zweitklassigen IBU-Cup, schließlich durfte er nur noch im Deutschland-Pokal antreten, dritte Liga. 2012 also kündigte Rösch an, der sportlichen Perspektive wegen die Nation zu wechseln und künftig für Belgien an den Start zu gehen.

Belgien. Biathlon. Belgien ist im Biathlon so erfolgreich wie die Elfenbeinküste im Eishockey oder Österreich im Fußball, also gar nicht. Groben Schätzungen zufolge gibt es etwa fünf Biathleten im Lande, von denen man aber noch nie etwas gehört hat.

Michael Rösch aber reizte das Abenteuer, darum verkündete er im Herbst 2012, gut eineinhalb Jahre vor den Spielen von Sotschi: »Es fehlen noch ein paar Dokumente und Stempel hier und da, aber dann geht's ab nach Belgien.« Nur dass das mit den Dokumenten und Stempeln noch lange dauern sollte, sehr lange sogar. Sie kamen nicht rechtzeitig zur WM 2013 in Nove Mesto, sie kamen nicht im Sommer und auch nicht im Herbst. Im Dezember 2013 endlich segnete das belgische Parlament Röschs Antrag ab, das hätte auch noch gereicht, rein zeitlich, um bei weiteren Rennen im Weltcup oder im IBU-Pokal die international geforderte Qualifikationsnorm für Sotschi zu erfüllen. Aber weil Belgien eine Monarchie ist und das Staatsoberhaupt ein König, fehlte ja noch die Zustimmung seiner Hoheit Philippe. Erst mit seiner Unterschrift und der anschließenden Veröffentlichung im Staatsblatt, so will es das Gesetz, kann sich der neue Staatsbürger seinen belgischen Pass am Konsulat abholen.

Natürlich hätte sich Philippe bei der Causa Rösch ein wenig beeilen und den Zeitraum zwischen dem Ja des Parlaments und seiner Absegnung verkürzen können. Schließlich ging es vielleicht um eine Medaillenhoffnung, man stelle sich vor, Belgien und eine Medaille bei den Winterspielen, am Ende sogar Gold, das gab es erst einmal und ist lange her, die Eiskunstläufer im Paarlauf, Micheline Lannoy und Pierre Baugniet, 1948 in St. Moritz.

Aber der König ließ sich Zeit. Erst am 27. Januar 2014 tauchte der Name von Michael Rösch im *Belgisch Staatsblad* auf, auf der Liste der Neubürger, Seite 6733. Zwischen Wanga Sophie Ipoto aus dem Kongo und Selvet Sevilen aus der Türkei. Das war dann schön, aber leider zu spät für Olympia. Die Spiele von Sotschi begannen schon eineinhalb Wochen später, die Anmeldefrist war da schon vorbei. Aus der Traum. Aber der nächste Traum kam bald. Für die Weltcupsaison 2014/2015 durfte sich Rösch über eine Wildcard vom Weltverband IBU freuen. Den größten Erfolg nach dem Nationenwechsel erzielte Rösch am 10. Dezember 2016, als er in Pokljuka Sechster im Verfolgungsrennen wurde. Im Januar 2019 gab er am Rande des Weltcups in Oberhof seinen Rücktritt bekannt. Sein letztes Einzelrennen bestritt er eine Woche später in Ruhpolding. Der würdige Rahmen für das Ende einer großen Karriere.

56. GRUND

WEIL DIE MORMONEN EINEM NORWEGER MEHR ZUJUBELTEN ALS EINST DEN US-TRUPPEN

Die Ernüchterung war groß, im Februar 2001. Noch genau ein Jahr bis zu den Olympischen Winterspielen von Salt Lake City, doch was sich den Biathleten vor Ort bei der Generalprobe in Utah bot, war ein Bild des Jammers. Monotonie, Einsamkeit, Trostlosigkeit. Ein gottverlassener Ort im Land der Mormonen. Hinter vorgehaltener Hand schimpften viele über die Tristesse, die Eintönigkeit, niemand mochte sich so recht ausmalen, wie schrecklich das werden würde, zwölf Monate später, auf der Biathlon-Anlage in Soldier Hollow im Wasatch Mountain State Park, 70 Kilometer von Salt Lake City entfernt. Ein Ort, an dem sich Bison und Antilope Gute Nacht sagen.

Viel war nicht mehr passiert seit dem 19. Jahrhundert. Damals war hier einer der Schauplätze des »Utah War«, auch »Mormon Rebellion« genannt. Eine militärische Auseinandersetzung zwischen den Mormonen, die sich in Utah angesiedelt hatten, und den Vereinigten Staaten. Die Mitglieder der Kirche Jesu Christi der Heiligen der Letzten Tage, wie die mormonische Konfessionsgruppe auch heißt, waren nämlich mächtig angefressen. Das lag an US-Präsident James Buchanan. Er fürchtete, die Mormonen wollten sich samt Utah von den USA abspalten und einen unabhängigen Staat gründen. Außerdem passte ihm die dort praktizierte Polygamie überhaupt nicht, also setzte er den selbst ernannten Obermormonen, den Propheten und selbst ernannten Präsidenten des Utah-Territoriums, kurzerhand ab und ersetzte ihn durch einen Nicht-Mormonen, einen Alfred Cumming aus Georgia.

Die Situation eskalierte. Als arglose Siedler aus Arkansas durch Utah zur Westküste, Richtung Kalifornien zogen, gab es einen

Überfall durch eine Koalition aus Mormonen und Indianern. Mordianer quasi, im wahrsten Sinne. Die Siedler wurden allesamt massakriert, bis auf 17 Kleinkinder, die später in mormonischen Familien aufwuchsen, das war 1857. Übrigens am 11. September. War auch kein schöner Nine-Eleven.

Jedenfalls kam es zum Krieg, und bevor man im Frühjahr 1858 doch eine diplomatische Lösung fand, wurden hier Soldaten der US-amerikanischen Truppen stationiert, daher also auch der Name Soldier Hollow, die Soldatenhöhle.

Nun also hatte man aber nicht deswegen, sondern mehr so generell große Bedenken, was den Ort anging. Ob das wirklich olympiatauglich sei, diese karge, wilde Ödnis, ob sich überhaupt Menschen hierher verirren würden zum Zuschauen, wo gerade ein Sport wie Biathlon den Amerikanern so fremd ist, dass man ihnen erst jedes Mal erklären muss, was das ist und wie das funktioniert.

Dann, zwischen der Generalprobe und den Winterspielen, kam der nächste 11. September, und die Sorge wuchs, vor Terroranschlägen genauso wie vor einer noch grausigeren Atmosphäre. Und dann kam alles ganz anders. Die Begeisterung war immens, Amerikaner und Fans aus aller Welt sorgten für ein großes Stimmungs-Spektakel bei den olympischen Biathlon-Wettbewerben, den Festspielen für Ole Einar Bjørndalen, der vier Goldmedaillen gewann. Gut 10.000 Zuschauer kamen zu jedem einzelnen Wettkampf, es war herzlich, mitreißend, fair, olympisch, so wie es eben sein sollte.

Die Amerikaner erwiesen sich eh als überragender Gastgeber, es gab selten Olympische Winterspiele mit einer so begeisternden und begeisterten Kulisse. Unvergessen, wie Menschen beim Rennrodel-Doppelsitzer schon am Vorabend am Eiskanal ihren Schlafsack ausbreiteten, um am nächsten Tag die besten Tribünenplätze zu ergattern. Nein, sie hatten keine Ahnung, nicht vom Rodeln und nicht vom Biathlon, aber das machte ihnen überhaupt nichts aus, ihnen ging es nur um die Gaudi, ganz oft hörte man die Zuschauer sagen: »It's just fun.« Ja, es war ein Spaß, auch das Biathlon.

Und das Allerschönste, im Gegensatz zur Zeit knapp eineinhalb Jahrhunderte davor: Jetzt machte es gar nichts mehr aus und es tat keinem mehr weh, dass hier geschossen wurde. In der Wildnis von Soldier Hollow.

57. GRUND

WEIL NIEMAND DIE HYMNEN SO SCHÖN SANG WIE FRAU TÄNGMARKS 77 KINDER

So richtig ausgelassen war die Stimmung nicht, 2008 in Östersund. Die Biathlon-WM sollte eigentlich zum phänomenalen Saison-Höhepunkt werden, stattdessen aber gab es nur ein Thema, ein böses Thema, und zwar Doping. Nicht nur, weil die finnische Wiederholungstäterin Kaisa Varis, die schon 2003 bis 2005 wegen Epo-Missbrauchs gesperrt war, wegen einer erneuten positiven Epo-Probe vom Weltverband IBU lebenslang aus dem Biathlon verbannt wurde (ein Urteil, das der Internationale Sportgerichtshof ein Jahr danach wieder aufhob); nicht nur weil der norwegische Top-Star Halvard Hanevold über die laxen Kontrollen schimpfte und erzählte, er habe bei seinem Test unbeaufsichtigt ins Röhrchen gepinkelt und hätte dabei problemlos und unbemerkt auch Fremdurin abgeben können; und nicht nur, weil nach der WM auf einem Parkplatz neben der Strecke zwei mysteriöse Beutel für intravenöse Infusionen aufgefunden worden waren; sondern vor allem auch weil vor Beginn der WM eine Liste für viel Unruhe sorgte. Auf der Liste standen nämlich zahlreiche deutsche Spitzen-Biathleten, die regelmäßig Kunden bei einer dubiosen Wiener Blutbank gewesen sein sollen.

Es gab Dementis und Richtigstellungen, die am häufigsten benützten Ausdrücke der Biathleten waren »haltlose Unterstellungen«,

»fürchterlicher Generalverdacht« und »üble Rufmordkampagnen«. Bekräftigt oder gar bewiesen wurden diese Anschuldigungen nie, und doch lag ein großer Schatten über dieser Weltmeisterschaft in Schweden. Da tat es gut, dass es neben all diesen bösen Misstönen auch schöne und liebliche Klänge gab. Und das lag an den 77 Kindern von Marie Tängmark. Denn nie hörten sich Nationalhymnen so schön an wie hier.

Marie Tängmark war die Gemahlin des evangelischen Pfarrers von Östersund, und die 77 Kinder waren natürlich nicht ihre eigenen leiblichen, sondern die aus ihrem Kinderchor. Statt von einem rauschenden Tonband durch blecherne Lautsprecher zu scheppern, ertönten die Hymnen bei den dadurch nun so stimmungsvollen Siegerehrungen live gesungen von Frau Tängmarks Schützlingen, Kindern und Jugendlichen im Alter zwischen sechs und 17 Jahren, die ein halbes Jahr insgesamt 16 Nationalhymnen einstudiert und auswendig gelernt hatten.

In einem Interview berichtete Marie Tängmark über Schwierigkeiten beim Einstudieren etwa der deutschen Hymne, über die Proben und die Fehlinterpretationen. »Ganz am Anfang haben sie das falsche verstanden. Sie haben in so einem abgehackten Rhythmus losgelegt: Ei! -nig! -keit! -und! -Recht! -und! ... Dann habe ich ihnen klar gemacht, dass es da bei den Deutschen um was ganz anderes geht. Um Glück und Geborgenheit und Wärme. Dann haben wir gesungen Aaaaaayynichkaait uund Rreeecht.«[62]

Marie Tängmark erzählte schließlich noch, dass die polnische Hymne die schwierigste sei (»Jeszcze-Polska-nie-zginela«) und dass auch die Marseillaise die jungen Sängerinnen und Sänger vor große Herausforderungen stellen würde und sie ihnen immer einimpfen würde, das Nasale zu betonen: »Wir ziehen lange Nasen und machen: annlnnns nnnfnnts. Wissen Sie, es geht nur über den Spaß.«

Die Kinder werden froh gewesen sein, dass weder Simon Fourcade noch Sandrine Bailly, weder Tomasz Sikora noch Magdalena Gwizdón ihre Goldhoffnungen realisieren konnten und ihnen das

Trällern der französischen und der polnischen Hymne erspart geblieben war. Am Ende hätte es auch gereicht, sie hätten statt der 16 nur drei Nationalhymnen einstudiert. Andere außer der russischen, der norwegischen und der deutschen brauchten sie gar nicht zu singen, diese drei Nationen teilten die WM-Titel bei den elf Rennen untereinander auf. Fünfmal holten die DSV-Biathleten Gold, je dreimal die Russen und Norweger.

Bei der allerletzten Siegerehrung stand die deutsche Frauen-Staffel ganz oben. Glagow, Henkel, Neuner, Wilhelm. Zum fünften und letzten Mal sang Frau Tängmarks Kinderchor die deutsche Hymne. Im Vergleich zur Premiere nach Andrea Henkels Sprintgold eine gute Woche zuvor war der Qualitätsunterschied unüberhörbar, eine deutliche Leistungssteigerung.

Aaaaaayynichkaait uund Rreeecht uund Frraaaayyhaait. Klang perfekt. Glücklich, geborgen und warm.

58. GRUND

WEIL EINE TSCHECHIN BEIM SINGEN DEN TON FAST SO GUT TRAF WIE AM SCHIESSSTAND DIE SCHEIBEN

Anfang 2003 veröffentlichte eine Promi-Illustrierte einmal eine Umfrage. Anlass war die damals meistdiskutierte Sendung im deutschen Fernsehen, eine ganz neue Show, die seit Herbst 2002 auf RTL ausgestrahlt wurde, *Deutschland sucht den Superstar*. Von einigen bekannten Menschen wollte das Magazin nun also wissen, was sie denn so singen würden, wenn sie dort ihr Talent vor Dieter Bohlen & Co. beweisen müssten.

Der frühere Schlagersänger und Musikproduzent Abi Ofarim etwa meinte, er würde den Stones-Klassiker *Angie* anstimmen, weil er sich von den anspruchslosen Songs der Gegenwart wohltuend abheben würde. Wolfgang Fierek, der Münchner Schauspieler und passionierte Harley-Davidson-Fahrer, nannte wenig überraschend das berühmte Steppenwolf-Stück *Born To Be Wild*. Und dass Inge Meysel ernsthaft meinte, sie würde sich für *Deutschland, Deutschland über alles* entscheiden, das entsetzte im ersten Moment, man schob es dann aber auch auf ihre vielleicht schon etwas in Mitleidenschaft gezogene geistige Verfassung im Alter von 92 Jahren.

Dann kam auch Uschi Disl an die Reihe, die bis dahin bereits sechsfache Biathlon-Weltmeisterin, doch sie machte schnell klar, *DSDS*, das wäre überhaupt nichts für sie. »O nein. Ich und live auf einer Bühne singen, das wäre eine Katastrophe. Das kann ich niemandem zumuten. Ich singe zwar gern und laut, aber nur wenn ich allein bin. Am liebsten im Auto, dann wird alles mitgesungen, was ich gern höre. Das ist allen voran Aretha Franklin. Aber wenn es mich so richtig packt, dann schmettere ich auch schon mal bei AC/DC mit. Aber für *Deutschland sucht den Superstar* reicht es auf gar keinen Fall.«[63]

Andere Biathleten zeigen sich da weniger scheu. Beispielsweise beim offiziellen Saisonabschluss-Abend Ende März 2014 in Oslo. Da wurden einige lange Reden gehalten, unter anderem natürlich von Weltverbands-Präsident Anders Besseberg, und es wurden die Weltcuptrophäen in den jeweiligen Disziplinen überreicht.

Im Mittelteil der Veranstaltung aber machten vier Biathleten deutlich, wo die Musik spielt. Die Bond Biathlon Band 2 heizte mächtig ein, allen voran Gabriela Soukalová, Silbermedaillengewinnerin von Sotschi im Massenstart und mit der tschechischen Mixed-Staffel eine der schillernden Figuren im Biathlon, in Berichten wurde sie schon das »Glamour Girl« genannt. Stimmgewaltig intonierte sie *Venus* von der holländischen Band Shocking Blue aus dem Jahr 1969, ein Lied, das durch die Neuaufnahme der drei Girlies von Bananarama in den Achtzigern noch einmal in die Charts kam.

Begleitet wurde sie dabei von weiteren Biathleten, dem US-Amerikaner Lowell Bailly und dem Franzosen Jean-Guillaume Beatrix an der Gitarre sowie der Russin Larisa Nedbaeva an der Geige. Zugegeben, im Biathlon traf Soukalová im Winter davor die Scheiben besser als an jenem Abend beim Singen die Töne, aber dennoch war zu sehen, dass die vier Osloer Stadtmusikanten jede Menge Spaß bei ihrer Darbietung hatten.

Vielleicht überlegt es sich Uschi Disl ja doch noch. Auch wenn sie ihre Karriere mittlerweile beendet hat, wäre es vielleicht ein Spaß, zu ähnlicher Gelegenheit einmal vor der versammelten Biathlon-Familie aufzutreten, als musikalischer Überraschungsgast, dazu könnte sie vielleicht bei Gabriela Soukalová nachfragen, wie das war, und wichtige Tipps einholen.

Dazu würden sich die Sommermonate eignen, wenn Soukalová gerade ein wenig Zeit hätte, allerdings könnte es dann schwierig sein, die Tschechin zu finden und aufzuspüren, wer weiß, wo sie gerade stecken würde, im Urlaub oder im Trainingslager irgendwo? Dann würde es heißen: DSDS. Disl sucht die Soukalová.

59. GRUND

WEIL ÜBERRASCHENDE TORTENPRÄSENTE DEN GEBURTSTAG IN DER FREMDE VERSÜSSEN

Spitzensportler müssen, wenn sie Erfolg haben wollen, immer sehr diszipliniert sein, das ist klar. Am besten das ganze Jahr über. Das ist auch bei den Biathleten so. Phasen, in denen sie sich mal so richtig gehen lassen können, gibt es kaum, vielleicht kurz mal nach Ende der Saison, zwei, drei Wochen am Strand abhängen, gut. Aber dann, spätestens Anfang Mai, geht es schon wieder los mit der

Vorbereitung auf die neue Wintersaison. Training, Lebenswandel oder auch die Ernährung, man muss da sehr aufpassen und darf sich keine großen Ausrutscher leisten, am wenigsten während der Wettkampfsaison selbst.

Aber das alles, was er wann tut und was wann nicht, um seine eigene Leistungsfähigkeit auf das Maximum zu bringen, das kann der Sportler ja glücklicherweise selbst regulieren, selbst beeinflussen. Manche Dinge aber gibt es, auf die hat er keinen Einfluss.

Auf seinen Geburtstag etwa.

Gerade im Wintersport gibt es viele Beispiele von Protagonisten, die es aufgrund der Umstände und des engen Wettkampfkalenders zu Zeiten ihrer aktiven Karriere nie schafften, ihren Geburtstag im trauten Familienkreis zu Hause zu feiern. Magdalena Neuner etwa, geboren am 9. Februar 1987, alljährlich mittendrin in der Saison. Ihren Geburtstag 2007 feierte sie während der WM in Antholz, dort wo sie mit 19 die ersten zwei Goldmedaillen holte und mit 20 ihre dritte.

Neuner dürfte diesbezüglich sicher das prominenteste Beispiel gewesen sein, es gibt aber auch weniger beachtete Sportler, denen seit Jahren das gleiche Schicksal zuteil wird, ihren Geburtstag immer in der Fremde begehen zu müssen. Wie etwa die beiden slowenischen Biathleten Klemen Bauer und Peter Dokl.

Bauer und Dokl sind schon seit vielen Jahren mit dabei, beide wohnen in der beschaulichen Kleinstadt Domžale nahe Ljubljana und sie sind die besten Freunde. Altersmäßig sind die beiden nicht einmal ein Jahr auseinander, genau 363 Tage. Dokl kam am 11. Januar 1985 auf die Welt, Bauer am 9. Januar 1986.

Nun ist es aber so, dass genau in jenen Januartagen immer die Weltcup-Klassiker von Oberhof oder Ruhpolding anstehen und es die beiden Kumpels schon gewohnt sind, an ihrem Festtag deswegen fern der Heimat im Thüringer Wald oder im oberbayerischen Chiemgau zu sitzen.

2013 aber, da gab es eine schöne Überraschung für die beiden. Der Weltverband IBU ließ eine große Prinzregententorte backen, mit jeder Menge Schokoglasur, mit der slowenischen Fahne aus Zuckerguss und der Aufschrift »Happy Birthday, Klemen und Peter«, und überreichte sie den verblüfften und höchst erfreuten Biathleten in ihrem Ruhpoldinger Mannschaftsquartier.

Viel blieb von der Torte nicht übrig. So viel zur Ernährung, und es verwunderte im Nachhinein nicht, dass die beiden bei der Entscheidung in den anstehenden Rennen eine noch unbedeutendere Rolle spielen sollten als sonst.

Überhaupt, das kann einfach kein Zufall sein, das muss einfach an der jährlichen Schlemmerei zum Geburtstag liegen, bei den Weltcups in Deutschland lieferte das slowenische Duo immer ganz schlechte Leistungen ab. Dokls beste Ergebnisse, also die acht Mal, bei denen er unter die besten 50 kam, waren je zweimal in Antholz und Pyeongchang, je einmal in Kontiolahti und Nove Mesto, in Chanty Mansijsk und in Trondheim. Weit weg von Oberhof und Ruhpolding.

Bauer, der 2010 als Olympia-Vierter in Vancouver im Sprint nur um gut drei Sekunden eine sensationelle Bronzemedaille verpasste, war immerhin einige Male unter den besten zehn, sein bestes Resultat in Oberhof war ein neunter Platz. 2013. Am 5. Januar. Das war aber auch noch vor seinem Geburtstag.

In Ruhpolding, und das erstaunte beim Blick in seine persönliche Bestenliste dann aber doch, da war er einmal sogar Fünfter. Im Einzelrennen 2012. Aber das war auch bei der Weltmeisterschaft. Und die war Anfang März. Bis dahin war die Torte längst verdaut.

GUTE BEZIEHUNGEN

VII

60. GRUND

WEIL BIATHLON DIE BRITISCH-BAYERISCHE FREUNDSCHAFT FÖRDERT

Die Abkürzung BBU steht für verschiedene Begriffe. BBU kann bedeuten »Battery Backup Unit«, eine Akku-Notstrom-Versorgung zur Datensicherung, es ist natürlich die Kurzform der weltberühmten »Bleiberger Bergwerksunion« in Kärnten sowie auch des »Bundesverbandes Bürgerinitiativen Umweltschutz«, dazu ist es bekanntermaßen sowohl der Internationale Airport-Code für den Bukarester Flughafen Baneasa wie auch, na klar, das Kürzel für den »Bund der Bayerischen Urologen«. Den gibt's schließlich auch.

Freilich steht BBU aber auch für etwas ganz anderes. Für die British Biathlon Union. Und da sind wir schon beim Thema.

In Sotschi erfuhr man von der Geschichte der Amanda Lightfoot, es war eine bemerkenswerte Geschichte. Zehn Jahre zuvor, als sie 16 war, hatte sie ihrem älteren Bruder gesagt, sie würde gerne zur Armee gehen. Der winkte nur ab und sagte: »Du doch nicht, Mädchen wie dich wollen die da nicht.«[64] Wollten sie aber schon, Lightfoot wurde Soldatin, man schickte sie in den Krieg in den Irak, zurück in Europa lernte sie mit 19 in den Alpen das Skifahren, und als sie 2010 die Winterspiele von Vancouver am Bildschirm verfolgte, sagte sie sich: »2014 will ich in Sotschi auch dabei sein.« Das war sie dann auch. Auch wenn Amanda Lightfoot nicht wirklich leichtfüßig unterwegs war. Das lag an dem schweren Unfall, den sie 2013 hatte.

Bei der Olympia-Generalprobe genau ein Jahr vor den Spielen war sie hier auf dem Rundkurs bei einer steilen Abfahrt auf der Strecke in einer Kurve geradeaus gefahren und mitten in die Bäume gerauscht. Dabei riss sie sich den Meniskus im linken Knie, es folgten eine Operation und eine monatelange Reha, doch sie kämpfte verbissen ums Comeback und opferte dafür auch das heilige Weihnachtsfest. Während die Familie am 25. Dezember daheim den traditionellen Christmas-Truthahn putzte, reinigte sie in Obertilliach in Osttirol ihr Gewehr und kämpfte sich bei kaltem Dauerregen über die Trainingsstrecke. Als Amanda Lightfoot im Februar 2014 wieder nach Sotschi kam, sprach sie von der großen Überwindung, jetzt wieder hier zu laufen, und dass es ihr nur darum gehe, das Rennen zu beenden, ohne einen neuerlichen Sturz. Im Sprint kam sie auf Platz 75, im Einzel auf Rang 71. Mit mehr als elf Minuten Rückstand. Ihr großes Ziel hatte sie erreicht.

Die britischen Männer hatten übrigens auch einen Starter dabei, den alten Haudegen Lee-Steve Jackson. Ein stolzer Patriot, 34, und die Hälfte seines Lebens treuer Diener der British Army. Er meinte noch, der militärische Drill in der Armee würde ihm helfen, Diszipliniertheit und Zielstrebigkeit beim Biathlon an den Tag zu legen. Würde man aus den Resultaten Rückschlüsse auf den Zustand der Armee ziehen, würde das nichts Gutes bedeuten, in seinen beiden Rennen kam Jackson auf die Ränge 67 und 42.

Eine große Bedeutung hat die BBU übrigens auch in Sachen Völkerverständigung. Zwischen Briten und Deutschen. Damit ist es nicht immer weit her, auch fast sieben Jahrzehnte nach 1945. Auf der Insel labt man sich immer noch an alten Kriegsfilmen und an herrlich grotesken Nazi-Vergleichen, der Deutsche fährt Panzer und trägt Stahlhelm, so sehen sie den alten Feind immer noch gern. Beim Fußball zum Beispiel, wo es auch bis 2014 dauerte, bis mit Felix Magath beim FC Fulham der erste deutsche Trainer in der englischen Premier League verpflichtet wurde.

Beim Biathlon waren sie da schon früher dran. 2009 engagierten die Briten den Ruhpoldinger Walter Pichler als Coach für ihr Team. Walter ist der Cousin von Wolfgang Pichler, der viele Jahre die Schweden und in Sotschi dann die Russen trainierte.

Die enge Verbundenheit zur Heimat ihres Trainers dokumentierte die BBU am 17. März 2014. Auf ihrer Homepage veröffentlichen sie als Top-News eine Spitzenmeldung: »Pichler retains Ruhpolding

Rathaus.« Es ging um die Kommunalwahl in Bayern und um die Wiederwahl des Bürgermeisters von Ruhpolding, von Claus Pichler, dem Bruder vom Wolfgang, dem Vetter vom Walter (siehe auch 25. Grund). »With 67.59% of the votes Ruhpolding's Bürgermeister Claus Pichler was re-elected yesterday for the next 6 years. Many congratulations.«[65] Fürwahr, Glückwunsch zu so einer innigen Freundschaft. BBU. Bayerisch, britisch, unzertrennbar.

61. GRUND

WEIL EIN HIPPIE AUS DER BLOCKHÜTTE ZUM VORBILD FÜR DAS MÄDL AUS WALLGAU WURDE

Es gab eine gewisse Verbindung zwischen den beiden, auch wenn die auf den ersten Blick nicht so klar zu erkennen war. Allein schon der Herkunft wegen, liegt doch eine große Distanz zwischen Wallgau und den White Mountains. Zwischen Oberbayern und New Hampshire. Zwischen zwei Menschen, die eine ganz unterschiedliche Kindheit erlebten. Sie, Magdalena Neuner, in einem traditionell katholischen Ort, in einem behüteten Umfeld, alles recht konservativ. Er, Bode Miller, in einer Blockhütte in den Wäldern, als Sohn zweier freigeistiger Hippie-Eltern. Magdalena Neuner und Bode Miller.

Zwei Menschen, die nie etwas miteinander zu tun hatten, deren einzige Parallele zu sein schien, dass sie in ihren Sportarten recht erfolgreich waren. Sie im Biathlon, er bei den Alpinen. Wie hätten sich die Wege der beiden kreuzen sollen, hätte schon etwas Besonderes passieren müssen. Eine Besonderheit gab es aber doch, die zumindest eine wenn auch einseitige Art Fernbeziehung zwischen den beiden herstellte. Er, Miller, hatte ein Buch geschrieben, das sie, Neuner, gelesen hatte. Ein Buch, das ihn zu ihrem Vorbild machte.

Erstmals davon gesprochen hatte Magdalena Neuner im Dezember 2008. Es war fast zwei Jahre her, dass sie ihren großen Durchbruch gefeiert hatte, als sie bei der WM in Antholz im Februar 2007 drei Titel gewonnen hatte. Unmittelbar danach aber hatte sie schon erkennen müssen, was es bedeutet, in einer boomenden Sportart wie dem Biathlon Erfolg zu haben und dabei auch noch gut vermarktbar zu sein. Neuner profitierte natürlich davon, finanziell und materiell, emotional setzte es ihr aber zu, ihr Körper und ihre Seele verkrafteten den Rummel um ihre Person nicht, sie reagierte auf den Wahnsinn um ihre Person empfindlicher, als es vielleicht andere an ihrer Stelle getan hätten.

Nach dem ersten aufregenden Sommer 2007 ging es 2008 ähnlich turbulent weiter, mit Interviews, Talkshows, PR-Terminen und Autogrammstunden, fast noch mehr, weil sie auch von ihrer zweiten WM in Östersund drei Goldmedaillen mit nach Hause gebracht und damit bestätigt hatte, dass ihr Debüt in Antholz kein einmaliger Ausreißer nach oben gewesen war. Neuner war endgültig Miss Superstar im Biathlon.

Nur die Gesundheit spielte da nicht mehr mit. Im Sommer 2008 befiel sie eine heftige Darminfektion, mehr als ein paar Spaziergänge waren nicht drin, ansonsten saß sie nach eigenen Angaben nur herum und schaute fern. Und dann, im November, bekam sie auch noch eine saftige Erkältung. Damals hatte sie auch Zeit für ein ausgiebiges Gespräch, zu dessen Beginn sie sagte: »Ich habe inzwischen schon das Gefühl, ich schnappe alles auf, was die Leute mit sich rumschleppen. Ich brauch ja nur zum Einkaufen gehen, schon fang ich mir was ein. Ich bin nur daheim umeinander gelegen, habe mich zu nichts aufraffen können. Und genau das war fürchterlich. Du denkst an die Kolleginnen, die schon mitten in der Vorbereitung sind, und du selber kannst nichts tun. Da wäre ich fast ausgeflippt.«[66] Darüber hinaus ging es um das kommende Trainingsprogramm, ihre neue Zusammenarbeit mit einem Schießtrainer von der Bundeswehr, den Einstieg in den Weltcup und das große Saisonziel, die WM in Pyeongchang im Februar 2009.

Bis sie dann auf einmal von Bode Miller sprach.

Von seiner Autobiografie, die sie gerade lesen, die sie so begeistern würde. »Weil ich ihn für einen sehr interessanten Typen halte, wo man sich einiges zum Vorbild nehmen kann«, sagte sie. »Ich hoffe, dass ich für mich selbst da auch einiges herausziehen kann.«

Es ging danach um die Frage, was sie denn genau damit meine, in welchen Punkten sie sich etwas abschauen könne, man scherzte, sicher nicht in Sachen Kippstangentechnik oder Carving-Schwung, was beim Biathlon vielleicht eine nicht ganz so wichtige Rolle spielen würde. Neuner meinte vielmehr die Art des öffentlichen Auftretens, den Umgang mit den Medien, die Fähigkeit, sich auch abschirmen und Anfragen ablehnen zu können, als Beispiel führte sie eine Stelle aus dem Buch an.

»Da geht es etwa darum, wie er bei den Winterspielen 2002 zweimal Silber gewonnen hat. Am Tag nach dem einen Rennen war er zu einer Talkshow in Los Angeles eingeladen, und seine Mutter hatte ihm noch davon abgeraten und gemeint: ›Mach's nicht.‹ Er ist dann aber trotzdem hingeflogen, und so schreibt er in dem Buch, wie er dann auf der Couch saß im Fernsehstudio und sich selbst fragte, was er da jetzt eigentlich macht. Für ihn war das eine wichtige Erkenntnis.« Und für sie selbst auch, sie lernte, auch einmal Nein zu sagen.

Nur als es noch um die eigenen Wurzeln ging, darum, ob sie denn auch gerne in einer Holzhütte ohne Wasser und ohne Strom aufgewachsen wäre, da sagte Neuner ganz offen: »Meine Kindheit in Wallgau war mir dann doch lieber.«

Es war dann gut 14 Monate nach dem Interview, da feierte Magdalena Neuner den größten Erfolg ihrer Karriere, bei den Winterspielen von Vancouver wurde sie Doppel-Olympiasiegerin.

Fünf Tage nach dem Gold im Verfolgungsrennen siegte Neuner auch im Massenstart, es war der 21. Februar. Abends ging sie zur Siegerehrung, sie kannte den Weg bereits, einen großen Platz im Bergdorf Whistler hatten sie zur Medals Plaza umfunktioniert. Dort wurden dann immer die Sieger und Medaillengewinner des Tages gekürt, ein großes Brimborium mit Hymnen, Fahnen und Tränen, bis alle durch waren, zog sich das manchmal eine Stunde hin. Für die Sportler, die noch warten mussten, bis sie an der Reihe waren, gab es backstage einen sogenannten Green Room, einen Aufenthaltsraum. Da kam Magdalena Neuner an jenem Tag auch mit dem Sieger der alpinen Super-Kombination ins Gespräch. Mit Bode Miller.

Es brauchte schon Gold, dass sich die Wege der beiden einmal kreuzten. Darunter ging's nicht.

62. GRUND

WEIL DER BAYERISCHE SCHANKKELLNER DIE ÖSTERREICHISCHE BIATHLON-PARTY RETTETE

Córdoba (siehe 29. Grund) lag weit weg. So gute 10.000 Kilometer entfernt, drunten in Argentinien. Eine andere Welt. Es war nichts zu spüren von Córdoba, in Vancouver 2010. Vom Geist der WM 1978, als die Ösis die DFB-Truppe aus dem Turnier warfen und sich die Alpennation in tiefstem Schmäh jahrzehntelang an diesem Spiel ergötzte und der Ortsname zum Inbegriff deutsch-österreichischer Rivalität wurde.

Manchmal fragte man sich schon: Was täten die Österreicher nur ohne uns? Dann hätten sie beispielsweise kein Feindbild zum Lästern.

Bei den Olympischen Winterspielen 2010 jedenfalls war die Stimmung zwischen beiden Nationen sehr entspannt. Dazu muss man sagen, dass die Wintersportler nicht nur Respekt und Toleranz empfinden, manchmal gibt es sogar richtig große grenzüberschreitende Freundschaften. Bester Beleg dafür war ein Telefonat vier Jahre später in Sotschi. Felix Neureuther telefonierte mit seiner Mutter Rosi Mittermaier, und als er hörte, dass sie und Papa Christian gerade mit den Eltern des Tiroler Skispringers Gregor Schlierenzauer auf dem Weg zum Mannschaftsspringen seien, sagte Filius Felix: »Sag ihnen, ich drück dem Gregor und den Österreichern ganz fest die Daumen.« Es half nur bedingt, am Ende wurde Team Austria doch nur Zweiter. Hinter Deutschland.

Tags darauf übrigens, auch das war eine schöne Szene, feierten die deutschen und die österreichischen Skispringer gemeinsam im sogenannten Österreicher-Haus von Krasnaja Poljana, dem Treffpunkt von Sportlern, Sponsoren, Medien und Edelfans, wo es allabendlich immer recht lustig und urig zur Sache ging (siehe 6. Grund). Das Publikum ließ ganz besonders das deutsche Gold-Quartett hochleben, wenn man zurückdachte an die Jahre, in denen die DSV-Springer am Berg Isel in Innsbruck immer gnadenlos ausgepfiffen und angefeindet wurden, war das eine sehr schöne Szene.

Wie zivilisiert Eingeborene der beiden Völker miteinander umgehen können, sah man 2010 in Vancouver auch nach dem Rennen der Doppelsitzer im Rennrodeln. Der Berchtesgadener Alex Resch und sein Partner Patric Leitner hatten im letzten Rennen ihrer Karriere Bronze geholt, und auch die Pressekonferenz war gerade vorbei, da fragte Resch die beiden neuen Olympiasieger, das Tiroler Brüderpaar Wolfgang und Andreas Linger: »Kommt's noch zu uns ins Kufenstüberl?«

Resch meinte damit jenen Bereich des Deutschen Hauses, der bei Winterspielen eine gewisse Exklusivität besitzt, weil im Kufenstüberl die Sportler noch am ehesten unter sich sind, ohne dauernd von einem Interview zum nächsten Sponsorenfoto geschubst zu werden. Die Lingers lehnten ab und sagten: »Danke, aber wir geh'n lieber zu uns nüber ins Österreicher-Haus.« Taten sie dann auch.

Dort floss an jenem Abend übrigens das Bier wieder. Anders als tags zuvor. Es war der Tag, als die Österreicher gerade ihren erfolgreichen Biathleten feiern wollten, Christoph Sumann, für seine Silbermedaille im Verfolgungsrennen. Es war der größte Erfolg in seiner Karriere, und dann, ausgerechnet an jenem großen Abend, streikte im Österreicher-Haus die Schankanlage. Stundenlang werkelten die Techniker, mühten sich, gaben ihr Bestes. Vergeblich. Der Abend drohte schon komplett trocken zu werden, bis sie sich doch entschieden, Hilfe von außen zu holen. Und zwar vom Kirmaier Michi.

Der Kirmaier Michi stand jeden Abend im Deutschen Haus am Zapfhahn, ein Meister seines Fachs, eine Institution in der Gilde der Schankkellner, ein Naturtalent. Natürlich rückte der Kirmaier Michi sofort an, er schaute sich die defekte Anlage an, schmunzelte ein wenig, dann folgten unter den staunenden Blicken der leicht entgeisterten Österreicher ein paar wenige gekonnte Handgriffe. Und schon lief das Bier wieder. Die Biathleten konnten dann doch noch ausgiebig feiern.

Richtig. Was täten die Österreicher nur ohne uns?

63. GRUND

WEIL EIN FRANZOSE DIE DEUTSCHEN MÄNNER NICHT FÜR EVI SACHENBACHER-STEHLE HIELT

Sotschi war fast schon Geschichte. Die zweite Woche bei den Winterspielen ging dem Ende entgegen, es machte sich wie immer kurz vor Schluss von Olympischen Spielen eine gewisse Müdigkeit unter den Reportern breit. Das wunderte auch nicht, schließlich hatte man schon Monate vor den Spielen die ersten Olympia-Geschichten gebracht, Vorberichte, Hintergrundreportagen, Exklusiv-Interviews, alles im Hinblick auf Sotschi. Dann gingen die Spiele endlich los, dann hatte man endlich die ersten Medaillengewinner, die ersten Olympiasieger. Felix Loch, Natalie Geisenberger, die Doppelrodler Wendl/Arlt. Man hatte die Skispringerin Carina Vogt, auch so eine positive Überraschung. Es gab auch weniger schöne Neuigkeiten zu vermelden, den Autounfall von Felix Neureuther, als er am Tag der geplanten Anreise von Garmisch zum Flughafen München fuhr und auf der Autobahn dank Blitzeis in die Leitplanke rauschte.

Tagelang wurde dieses Ereignis zum Schleudertrauma der Nation, aber auch da kehrte Mitte der zweiten Woche Ruhe ein, als es Entwarnung gab und Neureuther im Riesenslalom und später auch im Slalom starten konnte.

Es herrschte also auch an jenem Freitagmorgen, zwei Tage vor der Schlussfeier, im Gorki Media Center von Krasnaja Poljana eine erschöpfte Abschiedsstimmung, als plötzlich ein kollektiver Aufschrei einiger deutscher Journalisten erschallte, die zeitgleich eine Eilmeldung des Deutschen Olympischen Sportbundes per Mail geschickt bekommen hatten. Es ging um eine positive A-Probe bei einem deutschen Athleten, ohne dass dabei ein Name genannt wurde, es hieß, man wolle und müsse dafür erst die Öffnung der B-Probe abwarten.

Schon gab es erste Spekulationen, kursierten Gerüchte, Mutmaßungen, wer das am Ende sein könnte. Einige Namen machten die Runde, bis sich nach einer Anzahl von Recherchen die Hinweise verdichteten, dass es sich um jemanden von den Langläufern oder Biathleten handeln müsse. Schnell packte man zusammen, nahm die Seilbahn hoch Richtung Biathlon-Zentrum, wo man am Abend eh hinwollte, der Frauen-Staffel wegen. Und immer mehr Zweifel kamen auf, ob die Aufstellung des deutschen Quartetts nicht etwas mit dem positiven Dopingbefund zu tun haben könnte. Von DSV-Seite hieß es nur, diese Nominierung habe nichts damit zu tun, die Entscheidung für diese Läuferinnen sei schon am Donnerstagmittag gefallen. Die Aufstellung mit Franziska Preuß, mit Andrea Henkel, mit Franziska Hildebrand, mit Laura Dahlmeier. Was aber auch Rückschlüsse darauf zuließ, dass es sich bei der überführten Dopingsünderin eben doch genau um die fünfte deutsche Läuferin in Sotschi handeln würde. Um Evi Sachenbacher-Stehle, die 2002 mit der Staffel und 2010 im Teamsprint noch als Langläuferin Olympiasiegerin geworden war, die mittlerweile zum Biathlon gewechselt war.

Und so kam es dann auch, am späten Nachmittag folgte die Bestätigung: Die Evi war's. Die Evi. Ausgerechnet. Das liebe, ewig lachende Madl aus Reit im Winkl, sie, die allerdings auch schon wegen ihrer überhöhten Hämoglobinwerte einmal aufgefallen war und dafür 2006 bei den Spielen von Turin eine Schutzsperre aufgebrummt bekommen hatte.

Schnell gab es auch Informationen, wonach es sich nicht um vorsätzlich systematisches Doping gehandelt haben sollte, sondern um Fahrlässigkeit, um verunreinigte Nahrungsergänzungsmittel, in denen sich die Substanz Methylhexanamin befunden hatte. Mittelchen, die sie von einem Mentaltrainer bekommen und fahrlässigerweise nicht von einem Labor untersuchen lassen hatte. Es gab nicht wenige Trainer und Betreuer, die sich an jenem Tag fragten, wie sie als erfahrene Athletin nur so naiv und blauäugig hätte sein können. Manche wurden deutlicher, sie sprachen von Blödheit und Dummheit.

Jedenfalls warf die Causa Sachenbacher ein ganz schlechtes Licht auf die deutsche Mannschaft, die in Sotschi insgesamt auch sportlich die geforderten Vorgaben nicht hatte erfüllen können, 30 Medaillen hatten die Sportbund-Funktionäre vorgegeben, am Ende wurden es ganze 19. Und dann auch noch die gedopte Evi. Bei der traditionellen olympischen Abschlusspressekonferenz der deutschen Delegations-Chefs hatte man in der Vergangenheit schon einmal glücklichere Gesichter gesehen als am 22. Februar in Sotschi.

Jener Samstag war auch der Tag, an dem die deutsche Männer-Staffel im Biathlon zumindest noch Silber holte und für einen versöhnlichen Abschluss sorgte. Die große Geschichte jenes Tages aber erzählte Simon Schempp, der als Schlussläufer dem Russen Anton Schipulin nur knapp unterlegen war. Schempp berichtete von einer Begegnung vor dem Rennen, als das deutsche Männer-Quartett zusammensaß, immer noch herrschte bedrückte Stimmung wegen des Dopingfalls im Team und auch Sorge, dieser Fall könnte die übrigen Biathleten wieder unter Generalverdacht stellen. Da kam plötzlich Martin Fourcade auf sie zu, der französische Star-Läufer, er setzte sich zu den verwunderten deutschen Biathleten und erklärte, dass ihm und seinen Mannschaftskollegen klar sei, dass es sich bei Sachenbacher nur um einen Einzelfall handeln würde. »Ihr seid sauber, wir wissen das«, sagte Fourcade, und als er aufstand, meinte er noch: »Macht euch keine Gedanken, ihr steht in keiner Weise unter Verdacht. Wir stehen zu euch.« Möglich, dass Fourcades aufmunternde Worte für etwas mehr Leichtigkeit im deutschen Team führten. So steckte am Ende vielleicht auch ein wenig Frankreich im deutschen Silber.

64. GRUND

WEIL VATER UND SOHN ÜBER VOGELWILDE KLAMOTTEN UND HASELNUSSZWEIGE SPRACHEN

Diese schöne Geschichte entstand eigentlich aus reinem Zufall, während der Spiele von Sotschi, und sie wäre nie entstanden, hätte beim Nebenmann in der Seilbahn nicht das Handy geläutet. Eines Abends, nach getaner Arbeit und Berichterstattung über das Verfolgungsrennen der Frauen. Diese Seilbahn war das einzige Transportmittel, das das auf einem Berg gelegene Biathlon-Zentrum mit der Ortschaft Krasnaja Poljana verband, deswegen war es in der Seilbahn nach den Rennen auch immer ziemlich voll. Manchmal wartete man an der Bergstation in der Menschenmenge eine halbe Stunde, bis man endlich einsteigen konnte, und wenn die Gondel mal aus unerfindlichen Gründen nicht fuhr, dann dauerte es noch länger.

Es gab viele Tage, an denen es noch länger dauerte.

An jenem Abend jedenfalls war die Kabine mal wieder sehr voll, es waren acht Passagiere, sechs davon Russen, das hörte man an der Sprache, sie unterhielten sich recht angeregt. Der eigene Nebenmann, der siebte Fahrgast also, war still, er sagte kein Wort, man hätte nicht erraten können, woher er kam. Bis dann plötzlich sein Telefon bimmelte. Er nahm das Gespräch an, und man hörte ihn sagen: »Ja – Griasdi – I sitz grad in der Gondel – Bin glei unten – Pfiadte.«

Was er sagte, war nicht viel, aber es reichte, um zu erkennen, dass da ein Muttersprachler aus dem gleichen Sprachraum als Mitreisender unterwegs war. Schnell entwickelte sich eine Unterhaltung, er sagte, er sei der Thomas aus Ruhpolding und sei hier als Athlet für die deutsche Olympiamannschaft am Start. Aha, und wo? Im Skicross, erklärte er, jener halsbrecherischen Variante des Skifahrens, bei der immer vier Alpin-Läufer im direkten Kampf auf der Piste gegeneinander antreten. Gut, aber was hätte er denn da oben beim Biathlon gemacht, einfach so dem Rennen zugeschaut? »Nein«, sagte der Thomas, »ich hab meinen Papa b'sucht.« Den Papa? Ja, meinte er, den Fritz Fischer, den Biathlon-Trainer, weil er ja der Thomas Fischer sei. Wie herrlich.

Nach einigen Telefonaten und einigem Hin und Her verabredete man sich einige Tage später für ein gemeinsames Interview an einem ruhigen Abend im Deutschen Haus. Mit Fritz und Thomas, Vater und Sohn.

Es wurde ein wunderbarer und langer Abend. Fritz Fischer erzählte über seine ersten Olympischen Spiele 1980, wie aufgeregt er war, als er bei seinem Olympiadebüt im olympischen Dorf von Lake Placid beim Frühstück einmal neben dem großen Ingemar Stenmark sitzen durfte (siehe 30. Grund). Sohn Thomas warf dann ein, damals sei er noch lange nicht auf der Welt und vermutlich noch nicht einmal ein Gedanke gewesen. Es ging dann darum, ob er, der Thomas, denn im Alter von sechs Jahren vor dem Fernseher gesessen habe, als sein Vater als Schlussläufer der deutschen Staffel 1992 in Albertville die Goldmedaille gewann. »Kann schon sein«, meinte der Filius, »aber ich kann mich nimmer daran erinnern.« Vater Fritz schaute ihn an und sagte: »Kann mir schon denken warum. Wahrscheinlich bist davor gesessen und hast Lego gespielt.«

Immer mehr vertieften sich die beiden in die eigene Vergangenheit und kramten Erinnerungen hervor, die sie selbst schon längst vergessen hatten. Der Sohn erzählte, dass er später einmal ein Bild des Vaters von einem Wettkampf Anfang der Neunziger entdeckte, und nun sagte er: »Ihr habt ja richtig schräg ausgesehen. Vogelwilde Klamotten und Oberlippenbärte.« Sie berichteten, wie sie gemeinsam einmal ein Foto aufnahmen, an das sie auch schon viele Jahre nicht mehr gedacht hatten, zu Hause beim Kaffeetrinken. Damals hatten nämlich der Thomas und seine beiden Brüder die drei Olympiamedaillen umgehängt bekommen, die der Papa mit den Olympia-Staffeln gewonnen hatte. Bronze 1984, Silber 1988, Gold 1992.

Sie dachten zurück an die Anfänge, dass es ja die Schuld vom Vater sei, dass aus dem Buben ein so guter Alpin-Rennläufer wurde. Schließlich hatte Fritz Fischer dem Thomas schon in frühester Kindheit immer Haselnusszweige rot und blau angemalt und die als Slalomstangen in den Hang vor der Haustür gesteckt. Und sie verglichen noch ihre beiden Sportarten und meinten, dass die mentale Einstellung beim Biathlon auch keine andere sein müsse als beim Skicross. Man müsse halt einfach den Siegeswillen mitbringen.

Gegen Ende kam Fritz Fischer noch einmal auf seine eigene Zukunft zu sprechen. Er dachte an seinen Vater und seinen Großvater, die beide mit nur 53 Jahren gestorben waren, beide an Krebs. An seinen eigenen Darmtumor, dem sie ihm diagnostiziert hatten, als er gerade 50 geworden war, 2007. Und dass er jetzt die Karriere als Bundestrainer bald beenden würde, dass zumindest die Spiele in Sotschi seine letzten Olympischen Spiele seien. Das sagte er, ganz unvermittelt. Der Sohn stutzte kurz, dann meinte er: »Dann ist das ja das einzige Mal, dass wir hier miteinander bei Olympia sind.« Und der Vater erwiderte: »So schaut's aus.«

Das Gespräch machte viel Vergnügen, auch weil im Nachhinein klar war, dass Sotschi 2014 die einzige Gelegenheit geboten hatte, sich mit Vater und Sohn zu einem Doppel-Interview unter Olympiateilnehmern zu treffen. Und das war nur möglich, weil in der Seilbahn ein Telefon geläutet hatte.

65. GRUND

WEIL SICH DIE JUNIOREN DOCH SEHR SCHNELL MIT DEN FLINTENWEIBERN ANFREUNDETEN

Flintenweiber, das war anfangs der geläufige Spitzname für Frauen, die sich im Biathlon versuchten. Bei der WM 1979 in Ruhpolding meinte der Weltmeister aus der DDR, Klaus Siebert, schroff, Frauen sollten sich lieber rein dem Langlauf widmen, der Umgang mit der Waffe sei nichts für sie – übrigens genau jener Klaus Siebert, der später als Trainer die Weißrussin Darja Domratschewa zu WM-Titeln und olympischen Goldmedaillen führen sollte. Und der sowjetrussische Weltmeister Alexander Tichonow, der 2007 als umstrittener Vizepräsident des Weltverbands IBU wegen eines versuchten Mordanschlags auf einen sibirischen Bezirks-Gouverneur seiner Heimat zu drei Jahren Haft verurteilt wurde, meinte einst, die holde Weiblichkeit möge lieber in der Küche ihre Künste zeigen und im Übrigen »unser Leben schmücken«.[67]

Dabei fand die erste Emanzipation ja ausgerechnet hinter dem Eisernen Vorhang statt. Dort, in den Ländern des Warschauer Pakts, gab es paramilitärische Verbände, bei denen auch Frauen mit Gewehren auf Langlaufskiern unterwegs waren. Bis sich Frauen-Biathlon aber wirklich durchsetzen konnte, das sollte noch dauern.

Bei einem Wettkampf im Schwarzwald, einem der ersten Biathlon-Wettbewerbe für Frauen, trat Anfang der Achtzigerjahre auch eine Australierin an, die zuvor noch nie auf Skiern gestanden hatte. Nach zehn Metern lag sie kopfüber im Schnee, am nächsten Tag sah man in den Zeitungen dieses Bild, darüber stand süffisant geschrieben, dass so also Frauen-Biathlon aussehen würde. Es war nicht wirklich zu erwarten, dass daraus noch eine Erfolgsgeschichte entstehen würde.

Die erste Weltmeisterschaft der Frauen fand dann 1984 statt, und zwar in Chamonix in Frankreich zusammen mit der Junioren-WM, kurz nach den Winterspielen von Sarajewo, bei denen im Biathlon immer noch nur die Männer starten durften. So erweckte die WM in der Öffentlichkeit eher wenig Interesse, dazu gab es auch noch einige Widerstände zu überwinden. Aus den Reihen der Nachwuchs-Junioren war im Vorfeld der WM deutliches Murren zu vernehmen, und das aus einem einfachen Grund. Denn dass jetzt auch noch Frauen bei ihnen mitlaufen würden, das passte ihnen ja überhaupt nicht.

Man kennt das von früher, vor allem beim Fußball, es war immer ein Graus, wenn Mädchen daherkamen, die unbedingt mitspielen wollten, aber nur planlos auf dem Bolzplatz herumstanden und dann auch den Ball nie trafen. Wenn Mädchen mitspielten, war der Spaß vorbei.

So muss das auch bei den Junioren gewesen sein, aber schließlich entwickelte sich doch eine ganz gute Stimmung, und wie Beobachter erzählen, war das männliche Jungvolk dann letztendlich doch nicht mehr so abgeneigt, ein Hotel mit Frauen zu teilen und zwischendrin ganz zufällig vielleicht einen Blick auf diese im Massageraum zu erheischen. Es muss alles in allem recht unterhaltsam und anregend gewesen sein.

Die überragende Athletin dieser WM-Premiere war die Sowjetrussin Wenera Tschernyschowa. Sie gewann den Sprint über fünf Kilometer, das Einzelrennen über zehn Kilometer und die Staffel, damals waren das noch drei mal fünf Kilometer.

1985 trugen die Frauen ihre WM in Egg am Etzel in der Schweiz aus, 1986 im schwedischen Falun, 1987 in Lahti, Finnland. Immer zusammen mit den männlichen Junioren. Es entstand eine enge Bindung. 1988 kehrten sie für die gemeinsamen Titelkämpfe wieder nach Chamonix zurück, und auch da gab es wieder Proteste seitens der Junioren. Deswegen, weil es die letzten gemeinsamen Weltmeisterschaften sein sollten, ab 1989 starteten die Frauen bei den Männern, also richtigen Männern, bei den Erwachsenen.

Die Junioren allerdings bekamen Ersatz. Denn ab 1989 erhielten sie dann Gesellschaft von den Biathlon-Juniorinnen, die fortan nun immer zur gleichen Zeit am gleichen Ort ihre Weltmeisterinnen ermittelten. Das war für die Burschen eh mehr ihre Altersklasse.

66. GRUND

WEIL EINE SELBSTLOSE ARGENTINIERIN FÜR EINE KOLLABIERTE BIATHLETIN ZUR GEISTERLÄUFERIN WURDE

Carina Barcos hat nicht viel gewonnen in ihrer Biathlon-Karriere. Sie war mal Südamerika-Meisterin, aber international gab es nie Medaillen oder Trophäen, dafür war sie einfach, das muss man deutlich sagen, zu schlecht. Aber Carina Barcos hat es durchaus verdient, hier erwähnt zu werden. Weil sie auf der Strecke eine kollabierte Läuferin reglos im Schnee liegen sah und dann mitten im Rennen umdrehte, um Hilfe zu holen.

Carina Barcos begann mit dem Biathlon im Club de Montaña Cazadores de los Andes, woran man schon sieht, dass sie aus Südamerika kommt, genauer aus Argentinien. Bariloche, Wintersporthochburg im Westen des Landes an der Grenze zu Chile. Bariloche war schon Anfang des 20. Jahrhunderts ein beliebter Touristenort, US-Präsident Teddy Roosevelt machte hier mal Urlaub, später erlangte der Ort traurige Berühmtheit, weil viele alte Nazi-Größen und SS-Männer hier heimlich untergetaucht waren.

Im Süden von Barriloche jedenfalls entwickelte sich am Cerro Catedral ein bedeutendes Wintersportzentrum und hier begann auch Carina Barcos mit dem Langlauf und mit dem Biathlon. 2002, im Alter von 24 Jahren, feierte sie ihr Debüt im Weltcup, beim Sprint von Oberhof. Sie kam auf Platz 91.

Es war das Jahr, in dem Janet Klein ihre Karriere beendete, viele Rennen sollten sie nicht gemeinsam bestreiten, und natürlich sollten sie auch nicht viel miteinander zu tun haben, warum auch. Bis auf diese eine besondere Begegnung 2002 in Antholz.

Janet Klein wuchs weit weg von Barriloche auf, in Großbreitenbach im südlichen Thüringen, gemeinsam mit einer gewissen

Andrea Henkel, gleicher Jahrgang, beide Ende 1977 geboren. Zusammen wechselten sie 1991 ans Oberhofer Sportgymnasium, mit Henkel und Ina Hildebrandt gewann Janet Klein 1996 Staffel-Gold bei der Junioren-WM. Doch anders als Henkel konnte sich Janet Klein nie wirklich durchsetzen, die guten frühen Leistungen nie bestätigen. 1998 wurde sie in einem Weltcup-Sprint einmal Zehnte, das war das beste Ergebnis, mehr war nicht drin.

Als Janet Klein im Januar 2002 zum Weltcup nach Antholz fuhr, da war schon längst klar, dass die Olympischen Spiele in Salt Lake City ohne sie stattfinden würden. Es kam zum Einzelrennen, doch Janet Klein hatte keinen guten Tag erwischt, der Kreislauf machte nicht richtig mit, als sie mitten im Wald auf der Strecke plötzlich zusammenbrach und im Schnee liegen blieb. Dummerweise genau an einer der wenigen Stellen, die nicht von einer der vielen Kameras erfasst wurden, an einem Punkt, wo kein Trainer oder Betreuer am Rand stand, kein Zuschauer.

Aber dann kam Carina Barcos. Als sie Janet Klein im Schnee liegen sah, zögerte sie keinen Moment. Sie drehte um und machte kehrt, lief entgegen der Streckenführung und der Laufrichtung gute 100 Meter zurück, um dort einen deutschen Betreuer zu alarmieren, der von dem Zwischenfall nichts mitbekommen hatte. Schnell war ein Arzt zur Stelle, der Janet Klein vor Ort erstversorgte. Bald darauf ging es ihr dann schon wieder besser, während Carina Barcos noch unterwegs war, dann wieder in der richtigen Richtung lief und weit abgeschlagen ins Ziel kam, aber ziemlich weit hinten wäre sie ja auch so gelandet.

Vom Weltverband gab es daraufhin eine große Auszeichnung für die Argentinierin, sie erhielt den Fair-Play-Pokal der IBU.

So bekam sie dann doch noch eine internationale Trophäe.

67. GRUND

WEIL DIE SIEGERIN DIE GOLDMEDAILLE HALBIEREN WOLLTE

Es war das spannendste und dramatischste Rennen in der Geschichte aller Biathlon-Weltmeisterschaften, 2003 im russischen Chanty-Mansijsk. Beim Verfolgungsrennen der Frauen über zehn Kilometer. Ein Rennen mit einem doppelten Happy End.

Als Siegerin der Sprint-Entscheidung tags zuvor war die Französin Sylvie Becaert als Erste auf die Strecke gegangen, als beste deutsche Biathletin startete Martina Glagow erst als Zehnte, mit einem Rückstand von mehr als 57 Sekunden. Aber dann begann die Mittenwalderin eine unglaubliche Aufholjagd, zog an einer Konkurrentin nach der anderen vorbei, und obwohl sie sogar noch zwei Strafrunden drehen musste, ging es zusammen mit einer anderen Französin in den packenden Zielsprint. Mit Sandrine Bailly, die als Siebte gestartet war.

Niemand konnte mit bloßem Auge erkennen, wessen Fußspitze beim Überqueren der Ziellinie gerade vorne gewesen sein mochte. So musste erstmals in der Geschichte einer Biathlon-WM die Jury das Zielfoto als technisches Hilfsmittel zu Rate ziehen, und da glaubten die Kampfrichter, einen minimalen Vorsprung von zwei Zentimetern zugunsten von Glagow erkannt zu haben. Eine Winzigkeit sollte also über Gold und Silber entscheiden. Musste es wirklich eine Erste und eine Zweite geben? Bei zwei Zentimetern nach zehn Kilometern? Erinnerungen wurden wach an das legendäre Duell zwischen Thomas Wassberg, dem Schweden, und Juha Mieto, dem bärtigen Finnen, 1980 in Lake Placid. Damals gewann Wassberg im Langlauf nach 15 Kilometern um eine Hundertstelsekunde, mit dem Unterschied, dass die Läufer in Intervallen gestartet waren und deswegen auch nicht gemeinsam ins Ziel kamen.

Wassberg plädierte damals darauf, die Goldmedaille zu teilen, doch der Antrag wurde vom IOC abgelehnt. Der Schwede bekam Gold, Mieto Silber. Immerhin traf man danach die weise Entscheidung, die Hundertstelsekunden abzuschaffen und nur noch in Zehntelsekunden zu messen. Nur half das Mieto auch nicht mehr.

Auch hier in Sibirien zeigten sich die Juroren erst stur und blieben bei ihrer Entscheidung, Glagow die Goldmedaille zu überreichen und Bailly Silber. Doch wie einst Wassberg war auch Martina Glagow gar nicht glücklich darüber, wie die Französin später sagte, ging die Mittenwalderin zu ihr und meinte: »Ich will nicht Erste sein. Ich will, dass wir beide Gold bekommen.«[68]

Und so kam es dann auch. Weil Glagow vehement darauf beharrte, beide zu Siegerinnen zu erklären, gab die Jury nach und ließ auf einer Pressekonferenz 45 Minuten nach dem Ende des Rennens erklären, dass es zwei Goldmedaillen geben würde, für Glagow und für Bailly. Eine Premiere in der Geschichte der Biathlon-WM.

Zwei Tage später wurde Martina Glagow Sechste im Massenstartrennen. Das gab zwar keine Medaille, sicherte ihr aber vorzeitig den Gewinn des Gesamtweltcups, was vor ihr noch keiner anderen deutschen Läuferin gelungen war. Am Ende lag sie mit 729 Punkten deutlich vor Albina Achatowa mit 699 Zählern.

Das war eindeutig. Da brauchte sie nichts mehr zu teilen.

68. GRUND

WEIL EINE OSTDEUTSCH-NORDITALIENISCHE FREUNDSCHAFT DEM BÄCKER EINEN SCHWEREN POKAL BRACHTE

In der Bäckerei Seeber gibt es täglich typische Pustertaler Brotsorten und süßes Gebäck, ganz frisch natürlich. Als Spezialitäten gelten

Breatl, Schwarzbrot also, und Stuzen, das sind Brötchen aus Weichweizenmehl und Malz. Die Traditionsbäckerei in der Gemeinde Rasen-Antholz, das Geschäft hat die Adresse Mittertal 17, hatte Mitte der Siebzigerjahre aber nicht nur Semmeln und Plunder, Kuchen und Torten in der Schaufensterauslage – sondern auch die allererste Trophäe für den noch inoffiziellen Biathlon-Weltcup, ein 25 Kilogramm schweres Pokalungetüm. Und das alles wegen der engen Freundschaft zwischen einem Südtiroler und einem Ostdeutschen. Zwischen zwei Pionieren mit großem Erfindergeist, über alle ideologischen Systemgrenzen hinweg. Zwischen Paul Zingerle und Kurt Hinze.

Paul Zingerle, Jahrgang 1945, jüngstes Kind einer Großfamilie am Siebenter Hof in Antholz-Niedertal. Die Mutter war Lehrerin, sie unterrichtete an der Volksschule, der Vater bewirtschaftete den Hof, der zur Gemeinschaft der Antholzer Kuchlmaierhöfe gehörte, später wurde er noch Bürgermeister der Gemeinde. Nach der Matura, dem Abitur also, unterrichtete auch Paul Zingerle als Mittelschullehrer, aber schon bald stieg er in den Tourismus ein und baute mit seinen Brüdern das Hotel Wildgall, dazu ein kleines Feriendorf mit acht Bungalows.

Das war 1970, zu jener Zeit, in der er rein zufällig erfahren hatte, dass die italienische Biathlon-Nationalmannschaft in der Nähe von Sterzing ihr Trainingslager abhielt. Zingerle erkannte ein großes Potenzial in diesem Sport, der mit seinen Großkaliberwaffen damals noch immer eine eher militärische und deswegen nicht allzu beliebte Disziplin war. Immerhin gelang es ihm, dem damaligen Trainer Mismetti Battista auf einen Besuch ins Antholzer Tal einzuladen und ihn von den idealen Bedingungen vor Ort zu überzeugen, und tatsächlich, Signore Battista war mehr als angetan.

Schon 1971 organisierte Paul Zingerle das allererste Biathlon-Rennen im Antholzer Tal, was auch die internationalen Funktionäre und Wettkampfkommissare so sehr überzeugte, dass man gleich die Weltmeisterschaft 1975 hierher vergab.

Eine WM, bei der Zingerle auch Kurt Hinze traf. Den damaligen Trainer der DDR. Beide freundeten sich an, erkannten im jeweiligen Gegenüber einen gleichgesinnten Fortschrittsdenker und begannen, gegen alle Widerstände aus den eigenen und internationalen Reihen, gemeinsam ein stringentes Reglement zu entwickeln. Zusammen kauften sie besagten 25 Kilogramm schweren Pokal, stellten ihn beim schon erwähnten Bäcker Seeber in die Auslage und vergaben ihn 1977 anlässlich der jährlichen »Internationalen Biathlon-Woche« als Weltcup. Inoffiziell.

Die Veranstaltung war ein großer Erfolg, auch das Zuschauerinteresse überraschte, der damalige Weltverband UIPMB wurde aufmerksam und führte im Jahr darauf den ersten offiziellen Biathlon-Weltcup ein.

Die Wegbereiter Paul Zingerle und Kurt Hinze sollten sich noch oft treffen, ihre Freundschaft hielt, auch wenn beide schwere Zeiten zu überstehen hatten. Zingerle kam in den Achtzigerjahren finanziell ins Straucheln, er musste sein Hotel veräußern und gab auch die Leitung des Antholzer Biathlon-Komitees ab. Kurt Hinze wiederum holte nach dem Mauerfall und der Wiedervereinigung die Doping-Vergangenheit des DDR-Systems ein, es gab massive Anschuldigungen gegen ihn, 1991 erfolgte die Trennung zwischen ihm und dem Deutschen Skiverband.

Wenig später, im Sommer 1993, flog Paul Zingerle nach Moskau, als Mitglied des Exekutiv-Komitees des neu gegründeten Weltverbands IBU. Dort starb er ganz plötzlich an Herzversagen.

Antholz stieg im Laufe der Jahre schnell zu einem der beliebtesten Schauplätze im Biathlon auf, als insgesamt fünffacher Ausrichter einer WM ist der Standort im Pustertal neben Oberhof und Ruhpolding längst der dritte große Klassiker im Weltcup.

Auch der Weltcup selbst hat sich mit den Jahren weiterentwickelt, gab es anfangs nur eine Gesamtwertung, so wurden später, ab 1996, auch Wertungen für die einzelnen Disziplinen eingeführt, für Sprint und Verfolgung, Massenstart und Einzel, für die Staffel.

Und die Nationenwertung. Und auch das Aussehen der Trophäe hat sich gewandelt. Mittlerweile liefert eine Glas- und Kristallmanufaktur aus dem Bayerischen Wald den Pokal, aus Bleikristall mundgeblasen, mit Diamantscheiben geschliffen, Logo und Beschriftung fein eingraviert, mit den Weltcuporten in Handmalerei auf einer Weltkugel verewigt. Ein schönes Kunstwerk, 46 Zentimeter hoch. Und nur noch vier Kilo leicht.

Der Weltcup ist schon lange keine schwere Last mehr, wie einst der Pokal beim Bäcker Seeber.

69. GRUND

WEIL ERST EINE BINDUNG BRACH UND DANN EINE NEUE BINDUNG ENTSTAND

Die Eintrittskarten waren sehr begehrt. Tickets gab es für acht Euro in der Buchhandlung Lesezeichen in der Weidebrunner Gasse und in der Tourist-Information Steinbach-Hallenberg. An der Abendkasse kosteten sie zehn Euro. Die Karten waren das Geld wert.

Ein Verlag hatte zu einer Lesung aus dem Buch *Sportliche Weltklasse* geladen. Amüsante Anekdoten von 61 Sportlern von einst und jetzt, von Trainern und Betreuern, Olympiasiegern und Medaillengewinnern. Zusammengetragen von dem Berliner Autor Manfred Witter, der kurz nach der Veröffentlichung Ende 2013 gestorben war.

In dem Buch gibt es viele nette und erstaunliche Episoden. Die lustige Geschichte etwa, wie die ostdeutschen Sportler 1956 auf dem Weg zu den Sommerspielen von Melbourne über den Pazifik flogen und in Hawaii zwischenlandeten. Bei dem kurzen Aufenthalt waren sie hellauf begeistert von den frischen Früchten, die es dort gab, und schlangen darum viel Ananas in sich hinein. Zu viel allerdings, denn am Ende mussten die DDR-Mannschaftsärzte zahlreiche Sportler wegen massiver Rachenentzündungen noch vor Ort behandeln.

Eine andere Begebenheit handelte von Frank Luck und Viktor Majgurow, und die war noch nicht so lange her. 1999, beim Weltcup-Staffelrennen in Antholz. Frank Luck, Staffel-Olympiasieger 1994 und 1998, stand als Schlussläufer am Schießstand, als ihm plötzlich die Bindung brach. Damit schien das deutsche Quartett um alle Siegchancen gebracht, bis plötzlich der Russe Viktor Majgurow herbeieilte. Er hatte als einer der Ersten das Missgeschick bemerkt, er schnappte sich im Zielraum einen Ski seines Teamkollegen Sergej Roschkow und drückte ihn Luck in die Hand. Erst einmal völlig perplex, schnallte sich Luck den Leihski unter den Fuß, dann lief er weiter und sicherte der deutschen Mannschaft doch noch den Sieg.

Vom Verband der Deutschen Sportjournalisten bekam der damals 30-jährige Russe wenig später die alljährliche Fairplay-Trophäe überreicht, mehr noch, zwischen Luck und Majgurow sollte sich ab da eine enge Freundschaft entwickeln.

Die beiden trafen sich noch oft, und als Luck 2004 nach insgesamt elf Weltmeisterschaftstiteln mit 36 Jahren seine Karriere beendete, kamen zu seinem offiziellen Abschiedsrennen im Juni rund 13.000 Zuschauer an den Rennsteig von Oberhof. Einer der Ehrengäste war Viktor Majgurow.

Majgurow war bereits im Jahr davor zurückgetreten. Seinen letzter großen Titel holte er 2000, ein Jahr, nachdem er Luck mit dieser großen Sportsgeist-Geste ausgeholfen hatte. Bei der Weltmeisterschaft holte er Gold mit der russischen Staffel, die Deutschen mit Frank Luck wurden Dritter.

Eigentlich war das nur fair.

VIII

SCHÖNE TRÄUME

70. GRUND

WEIL SICH DER FERNSEHTRAUM DES MÄDCHENS MIT DER ZAHNSPANGE ERFÜLLTE

Um die Jahrtausendwende hatte sich Biathlon schon so allmählich etabliert, von einer ungeliebten Randsportart zu einem Quotenschlager entwickelt. Es war noch nicht der ganz große Boom ausgebrochen, aber der Weg dazu war geebnet, einen großen Anteil daran hatten die Erfolge bei den Winterspielen von Nagano 1998. Da hatten beide Staffeln Gold gewonnen, bei den Männern Ricco Groß, Peter Sendel, Sven Fischer und Frank Luck. Bei den Frauen Uschi Disl, Martina Zellner, Katrin Apel und Petra Behle. Von den gefeierten Stars wusste man schon viel, es gab in den Zeitschriften und auf den Bildschirmen etliche Hintergrundberichte und Homestorys. So sind unsere Stars privat, so ticken sie wirklich, das sind ihre Geheimnisse, solche Geschichten.

Das ZDF fand einmal einen anderen Dreh.

Das ZDF hatte 1997 angefangen, ein Kinder- und Jugendprogramm mit dem Namen ZDFtivi auszustrahlen. Der Sender zeigte beliebte Klassiker wie *Biene Maja*, *Bibi Blocksberg* oder Peter Lustigs *Löwenzahn*, es gab aber auch Nachrichten und Reportagen, die so gemacht waren, dass die Kinder sie eben verstanden, und die bestimmte Sachverhalte so klug und vereinfacht erklärten, dass sie auch manch Erwachsener gerne anschaute. Jedenfalls überlegte sich das ZDF im März 2000, auch einmal einen Beitrag über Biathlon zu bringen, um die Sportart zu erklären und vielleicht einige Nachwuchssportler mal vorzustellen, wie bei denen die Wettkämpfe aussehen.

Dazu entsandte man ein Kamerateam und eine Reporterin aus Mainz in den fernen Süden, nach Kaltenbrunn. Kaltenbrunn liegt ein paar Kilometer östlich von Garmisch-Partenkirchen, es gibt dort einige Häuser, vor allem aber gibt es da ein sehr ordentliches Biathlon- und Langlauf-Trainingszentrum für die Sportler der Region. Bei der Münchner Olympiabewerbung für die Winterspiele 2018 war Kaltenbrunn in der Ursprungsplanung sogar als Standort für Biathlon und Langlauf vorgesehen, so weit kam es dann bekanntermaßen aber nicht.

Damals in Kaltenbrunn begleitete das Fernsehteam ein Rennen des deutschen Schülercups, Altersklasse S13. Man sah das später alles in einem Zwei-Minuten-Beitrag, in dem die Reporterin kindgerecht erklärte: »Gute Chancen beim Biathlon hat, wer schnell langlaufen kann und gut schießen.« Dann rannte ein junges Mädchen ins Bild, sie hatte eine dicke Mütze auf dem Kopf, im Mund trug sie eine Zahnspange. Das Mädchen wurde gefragt, was denn so besonders toll sei am Biathlon, da sagte sie: »Ja, das Schießen und das Laufen macht einfach voll Spaß, ich könnte gar nicht mehr aufhören damit.« Die Reporterin wollte noch wissen, was besonders wichtig sei beim Schießen, auf was es ankomme, welche Regionen des Körpers am meisten beansprucht würden, worauf die 13-Jährige antwortete: »Eigentlich das Gehirn. Weil beim Schießen, da muss man sich schon konzentrieren.« Und dann sagte sie noch, weil es das letzte Saisonrennen war und sie in der Meisterschaft ihre Führung verteidigen wollte: »Hoffentlich schmeißt's mich nicht hin.« Tat es nicht, weshalb sie dann souverän den Schüler-Pokal holte, ein sechster Platz beim Rennen reichte, um in der Gesamtwertung vorne zu bleiben.

Der Beitrag ging zu Ende, da sagte die Reporterin noch: »Vielleicht erfüllt sich ja ihr Traum, irgendwann mal in der Nationalmannschaft zu laufen und zu siegen.« Sie siegte dort sehr oft, einige Jahre später, auch wenn sie entgegen ihrer ursprünglichen Ankündigung doch recht bald wieder damit aufhören konnte, im Alter von 25 Jahren. Die Biathletin mit der Zahnspange aus dem Kinderfernsehen war Magdalena Neuner.

71. GRUND

WEIL BECKENBAUER DAVON TRÄUMTE, AM SCHIESSSTAND WIE JOHN WAYNE ZU SCHIESSEN

Ruhpolding war einmal mehr im Ausnahmezustand. Wie immer an den Weltcup-Tagen Mitte Januar, so auch im Jahre 2009. An die 20.000 Zuschauer drängelten sich während der Rennen am späten Nachmittag auf den Tribünen, abends ging die Party in den Gasthäusern und Kneipen des Ortes weiter und im Kurpark sowieso, der Kurpark ist in Ruhpolding immer so etwas wie die Fanmeile. Wer seine Ruhe haben möchte, sollte sich während der Biathlon-Woche lieber einen anderen Platz suchen.

2009 gab es dann noch hohen Besuch in der Chiemgau-Arena, dem Biathlon-Stadion, eine Stippvisite des Kaisers. Franz Beckenbauer. Der war das erste Mal beim Biathlon und gleich schwer beeindruckt. »Das ist ja ein richtiges Spektakel hier«, staunte der Franz und plauderte dann munter drauflos.

Wintersport sei ja schon immer seine große heimliche Leidenschaft gewesen, erzählte Beckenbauer während des Rennens. Rodeln habe ihm als Bub großes Vergnügen bereitet, weil sie zu Hause einen Schlitten hatten. Damit seien sie dann immer herumgerutscht an den Hängen der Isarauen, er und seine Spezl. Und Eishockey hätten sie auch manchmal gespielt. Ohne Schlittschuhe. Vor der Haustür in Obergiesing, wenn die Zugspitzstraße vereist war, mit den Hacklsteckern vom Opa. Mit Hacklsteckern meinte Beckenbauer die Gehhilfen vom Großvater. Aber so richtig zur großen Karriere im Wintersport reichte es dann nicht. Beckenbauer wuchs nach dem Krieg auf, sein Vater war Postler, die Mama Hausfrau, man konnte nicht jedes Wochenende mit dem eigenen Auto in die Berge zum Skilaufen fahren, das hätten sie sich gar nicht leisten können, meinte Beckenbauer.

So blieb er dann doch beim Fußball hängen, und erst als seine aktive Zeit vorbei war, da konnte er dann im Alter von 38 Jahren das Skifahren lernen. Vorher war ihm das verwehrt, in der damaligen Zeit mussten sich Fußballprofis noch verpflichten, im Urlaub keine Sportart auszuüben, die ihre Gesundheit gefährden konnte.

Letztlich wurde aus Franz Beckenbauer ein ganz passabler Alpin-Skifahrer, in seiner Wahlheimat Kitzbühel hatte er die Pisten vor der Tür wie einst die vereiste Zugspitzstraße in Obergiesing. Er selbst, so sagte er, würde eh lieber das Langlaufen bevorzugen, der Gelenke wegen. Das sei schonender. Ansonsten beschränke sich das mit dem Wintersport vor allem aufs Passive vor dem Fernseher.

Kurz bevor Beckenbauer dann noch die Siegerehrung vornahm und dem deutschen Frauen-Quartett Andrea Henkel, Kati Wilhelm, Kathrin Hitzer und Magdalena Neuner zum Staffel-Sieg gratulierte, ging es noch um die eigenen Ambitionen im Biathlon. Beckenbauer sagte, das habe er noch nie ausprobiert. Und wenn er doch müsste? »Dann würd ich wahrscheinlich hingehen wie John Wayne und ganz lässig aus der Hüfte schießen«, sagte er. Eine schöne Vorstellung.

Der Franz, wie er unter seinem Cowboyhut im Western-Outfit edelmütig und heldenhaft gemäßigten Schrittes daherkommt, unter Kojotengeheul und Eulenrufen, die von den Gestaden des Rio Bravo durch die Wildnis schallen, und zu den Maultrommelklängen von Ennio Morricones Filmmusik, nachdem er zuvor vier üble Postkutschenräuber auf dem Weg von Dodge City mühelos zur Strecke gebracht hat – um sich dann unter dem Glockengeläut der Missionskirche von Santa Fe an der Biathlon-Anlage zu positionieren und wie beim finalen Duell zum Showdown mit dem Film-Bösewicht mit fünf Revolversalven die Scheiben an der Biathlon-Anlage niederzumähen.

Schon gut, war damals ja auch nur ein kurzer Gedanke. Der Franz sagte ja selbst noch, treffen würde er so oder so nicht, ganz egal, wie er die Waffe anlegen würde. »Nur aus der Hüfte schießen, das würde besser ausschauen.«

Den Exkurs zum Biathlon beendete Beckenbauer mit den Worten: »Lieber gehe ich wieder an die Torwand im *Sportstudio*, da sind die Ziele größer und auch nicht so weit weg.« Als Beckenbauer sich davongemacht hatte, dachte man an ein Zitat, das in diesem Zusammenhang ganz gut passte und das gleiche bedeutet wie: »Schuster, bleib bei deinen Leisten.« Es lautet: »Reite nie ein Pferd, das du nicht satteln kannst.« Wer das einmal sagte? Natürlich John Wayne.

72. GRUND

WEIL DIE EINSCHUSSLÖCHER IM SCHRANK NACH DER GOLDMEDAILLE VERSCHMERZBAR WAREN

Andrea Eskau hat für ihren Sport ein schönes Lieblingsmotto, einen Spruch von Mario Andretti, dem früheren Formel-1-Weltmeister. »Wenn du alles unter Kontrolle hast, dann bist du vermutlich nicht schnell genug.« Das ist ein gut gewählter Leitsatz, der auch bestens passt zu Andrea Eskau, denn dass sie immer alles unter Kontrolle hatte, das lässt sich nicht wirklich guten Gewissens behaupten. Etwa bei den Schießübungen mit ihrem Gewehr. Zu Hause in der Wohnung. Im Flur. Als sie drei Löcher in den Schrank schoss. Und einige in die Decke.

Andrea Eskau ist Behindertensportlerin aus Thüringen, sie ist querschnittsgelähmt. Seit sie 17 war, sitzt sie im Rollstuhl, damals hatte sie einen Fahrradunfall, bei dem sie sich eine schwere Wirbelverletzung zuzog. Immer schon sportlich begeistert, versuchte sie sich erst im Rollstuhlbasketball, danach entdeckte sie das Handbike, ein Dreirad, das über eine Handkurbel angetrieben wird. Dabei feierte sie große Erfolge. Bei den Sommerspielen von Peking 2008 folgte die Krönung, Gold bei den Paralympics im Straßenrennen. Eigentlich mehr aus Trainingszwecken, um den Winter zu überbrücken, setzte sie sich 2009 in den Rennschlitten nordischer Behindertensportler, und mehr aus Spaß drückten ihr die Trainer einmal auf der Biathlon-Strecke am Dachsteingletscher ein Gewehr in die Hand. Dabei schoss sie so ausgezeichnet, dass sie sofort eine Wild Card für die Paralympics in Vancouver bekam.

Dass sie fehlerlos schoss, das war dann nicht mehr der Fall, als sie wegen der Kürze der Zeit bis zu Beginn der Spiele in Kanada zu Hause einen improvisierten Schießstand aufbaute. Im Flur. »Der ist zehn Meter lang und gut geeignet, deshalb knallt's bei uns. Ich habe schon drei Löcher im Schrank – und in der Decke gibt's auch welche.«[69]

Doch das Heimtraining zahlte sich aus, in Vancouver holte Andrea Eskau gleich auf Anhieb Bronze im Biathlon über zehn Kilometer. 2012 wurde sie dann erneut Olympiasiegerin im Sommer, gewann in London das Straßenrennen im Handbike wie auch das Einzelzeitfahren, und dann, im März 2014, folgte der große Coup in Sotschi, als sie ihr erstes Gold im Winter holte, im Biathlon über sechs Kilometer.

Es folgte eine Woche mit vielen Tiefs, einmal setzte sie ein Asthmaanfall außer Gefecht, ein anderes Mal war ein Materialfehler schuld, dass es keinen Podiumsplatz gab; im Langlauf-Sprint wurde sie erst Dritte und freute sich schon über eine sicher geglaubte Medaille, doch nach einem Protest der russischen Mannschaft wurde Eskau auf den sechsten Platz zurückversetzt. Eskau hatte die viertplatzierte Russin Marta Sainullina kurz vor dem Ziel behindert.

Die verlorene Bronzemedaille nahm sie sportlich fair. »Ich hatte mich mit dem dritten Platz nicht wohlgefühlt, weil ich weiß, dass nicht alles mit rechten Dingen zugegangen ist«, gab sie zu. »Ich freue mich jetzt für Marta – sie hat es verdient.« So viel fairer Sportsgeist musste einfach noch belohnt werden. Zum Abschluss holte sie den Sieg im Langlauf über die fünf Kilometer. »Ich glaube, das war Schicksal«, sagte Eskau anschließend. »Vor dem Rennen habe ich gedacht: Wenn Gott mich liebt, dann gleicht er meine schlechten Resultate der vergangenen Woche heute aus.«[70] Hatte er dann auch getan.

Fünf Tage nach dem Ende der Spiele feierte Andrea Eskau ihren 43. Geburtstag und kündigte an, ihre Karriere mindestens bis zu den Sommerspielen 2016 fortzusetzen. Das tat sie dann auch. In Rio gewann sie Gold im Straßenrennen mit dem Handbike und Silber im Einzelzeitfahren. Und in Pyongchang 2018 zweimal Gold im Biathlon, dazu dreimal Silber und einmal Bronze. Dank ihrer Erfolge hat Andrea Eskau auch viele Sponsoren gewonnen. Einen Reifenhersteller, ein Handschuh-Unternehmen, ein Orthopädiegeschäft, einen Radiosender. Was ihr allerdings fehlt, ist ein Fachgeschäft für Spachtelmasse. Für die Löcher in der Wand. Wäre treffend gewesen.

73. GRUND

WEIL ASIATISCHER GLEICHMUT ZU EINEM GROSSEN KARRIEREENDE FÜHRTE

Ende März 2014, droben in Oslo am Holmenkollen, da lösten die drei ein Versprechen ein. Martina Beck, geborene Glagow, Kati Wilhelm, und sie, Simone Hauswald, die vor ihrer Heirat Simone Denkinger hieß.

Alle drei hatten nach der Saison 2009/2010 ihre Karriere beendet und damals gelobt, würde Andrea Henkel dereinst ihr letztes Rennen bestreiten, würden sie alle dort wieder zusammenkommen und noch einmal miteinander feiern. Taten sie dann auch. Sie machten ein Foto, da sah man sie alle vier nebeneinander. Beck, Wilhelm,

Hauswald, Henkel. Das Quartett aus einer goldenen Biathlon-Generation, vier Frauen, die jede für sich und alle zusammen so viele Erfolge gefeiert hatten. Man hätte melancholisch werden können, erst einen guten Monat zuvor waren die Winterspiele von Sotschi mit einem historischen Debakel zu Ende gegangen, hatten die deutschen Frauen dort doch keine einzige Medaille errungen.

Zu Hauswalds Zeiten war das noch anders.

Simone Hauswald, geboren als Simone Hye-Soon Denkinger in Rottweil, Tochter eines Deutschen und einer Südkoreanerin. Es gab einige Athletinnen, die sicher erfolgreicher waren, die noch mehr Titel und Medaillen hatten. Eine fröhlichere Ausstrahlung, ein schöneres Lächeln hatten wenige. Manchmal wirken Lächeln und Heiterkeit bei Spitzensportlern aufgesetzt, affektiert, verkrampft. Bei Denkinger schien das immer natürlich. Keine Biathletin wirkte in sich ruhender als sie.

Es war in Ruhpolding 2006, als Denkinger schon viele Verletzungen hinter sich gebracht hatte. Einen Wadenbeinbruch, chronische Nasennebenhöhlenprobleme, eine Entzündung des Fußrückens. Manche hatten sie schon abgeschrieben, aber sie kämpfte sich zurück, dann lieferte sie hier im Chiemgau eines ihrer denkwürdigsten Rennen. Als Schlussläuferin in der Staffel kämpfte sie in einem dramatischen Duell mit der Russin Olga Saizeva, am Ende unterlag sie um eine Schuhlänge. »Meine Füße waren einfach zu kurz«, sagte sie danach, durfte sich aber dennoch große Hoffnungen auf eine Nominierung bei den Olympischen Winterspielen einen Monat später machen, schließlich fuhr sie auch tatsächlich nach Turin mit.

Sie sprach an jenem Tag in Ruhpolding auch viel über ihr inneres Gleichgewicht und erklärte, sie habe sich viel von der koreanischen Mentalität ihrer Mutter abgeschaut. »Ich habe weniger den schwäbischen Geiz, dafür umso mehr den asiatischen Gleichmut«, sagte sie in einem Gespräch. »Asiaten sind einfach viel ruhiger, sie achten mehr auf die Einheit von Körper, Geist und Seele. Ich denke, das hilft mir, am Schießstand etwas ruhiger zu sein.«

Es half ihr auch, die Entscheidung von Trainer Uwe Müßiggang zu akzeptieren, sie bei Olympia nicht aufzustellen. Denkinger kam in Turin zu keinem einzigen Einsatz, auch in der Staffel nicht. Das Silber dort holten andere. Glagow, Henkel, Apel, Wilhelm.

Sie behielt die Balance, auf den Seychellen heiratete sie 2008 ihren langjährigen Lebensgefährten Steffen Hauswald, ein Jahr später feierte sie ihren größten Erfolg in einem Einzelrennen, sie holte WM-Silber im Sprint – bei den Titelkämpfen von Pyeongchang in Südkorea, der Heimat ihrer Mutter, angefeuert von unzähligen Verwandten. Cousins, Neffen, Nichten. Simone Hauswald hatte es sich verdient, ein Jahr später, zum Ende ihrer Laufbahn, die beste Saison überhaupt zu erleben. Bei den Winterspielen von Vancouver gewann sie zwei Medaillen, Bronze mit der Staffel und im Massenstartrennen beim Weltcup in Oslo legte sie einen famosen Hattrick hin und gewann alle drei Rennen, sie sicherte sich die kleine Kristallkugel für die Wertung im Sprint-Weltcup und holte im letzten Rennen der Karriere dann sogar noch WM-Gold, mit der Mixed-Staffel in Chanty-Mansijsk.

Dann war Schluss. Ende 2011 bekam sie Zwillinge, Filou und Noah, seitdem hält sie Vorträge und veranstaltet Biathlon-Workshops für jedermann. Ihr Lebensmotto, das auf ihrer Homepage zu finden ist, lautet: »Sport ist nicht alles im Leben, nur ein kleiner Teil davon, der uns Höhen und Tiefen unseres menschlichen Daseins spüren lässt und uns danach formt.«[71] Darüber sieht man ein Foto, Simone Hauswald hat die Hände ausgebreitet, sie schaut in den Himmel und lächelt. Glücklich, in sich ruhend, im Gleichgewicht.

Die Einheit von Körper, Geist und Seele. Sie hilft nicht nur am Schießstand. Sondern auch im Leben.

74. GRUND

WEIL DIE STRAFRUNDE ABGESCHAFFT WIRD UND DIE BIATHLETEN AUF DER STRAFBANK SCHMOREN SOLLEN

Die Internetseite biathlon-online.de ist eine recht zuverlässige Quelle. Dort stehen immer allerlei Neuigkeiten. Nachrichten aus den einzelnen Verbänden, die Mannschaftslisten für die neue Saison. Die neuesten Wettkampftermine, die letzten Ergebnisse, die aktuellen Zwischenstände in den jeweiligen Wettbewerben, Weltcup, IBU-Cup, man weiß also immer gleich Bescheid. Es ist das große Online-Portal für Fans des Biathlon-Sports, neben der offiziellen Homepage des Weltverbands IBU, biathlonworld.com.

Einmal aber, es war 2011, da vermeldete biathlon-online.de erstaunliche Neuigkeiten. Wörtlich stand dort zu lesen: »Paukenschlag kurz nach Saisonende: Wie biathlon-online.de aus IBU-Kreisen erfuhr, werden die Strafrunden schon ab der kommenden Saison der Vergangenheit angehören. Stattdessen sollen die Sportler nach Schießfehlern ihre Strafe in einer sogenannten Penalty-Box verbüßen.«

Moment mal. Eine Penalty-Box? Wie eine Strafbank beim Eishockey also? Wie absurd ist das denn? Wer hat denn so eine blöde Idee? Hä?

Aber damit war die Story ja noch nicht zu Ende, es hieß nämlich weiter: »Die bisherige Regelung war eine doppelte Bestrafung. Die Sportler haben nicht nur die Zeit verloren, sondern waren durch die gelaufenen Meter zusätzlich geschwächt‹, beschrieb ein IBU-Sprecher die Gründe für die spektakuläre Regeländerung.«

Aha, also eine Neuerung, um die Sportler zu schonen, die ja durchaus großen Strapazen ausgesetzt sind, immer viele Rennen innerhalb von wenigen Tagen bestreiten müssen? Hm. Weiter im

Text: »Geplant ist, die Penalty-Box im Bereich des Schießstandausgangs anzulegen. Pro Schießfehler sollen die Sportler dort 22 Sekunden warten, bevor sie das Rennen fortsetzen können. Dies sei die durchschnittliche Dauer einer Strafrunde, erklärte der IBU-Sprecher, allerdings behalte man sich vor, nach den ersten Weltcuprennen hier noch Anpassungen vorzunehmen. Für die Einhaltung der richtigen Wartezeit werden die Athleten selber verantwortlich sein. Wer zu kurz wartet, bekommt eine Strafzeit von 30 Sekunden aufaddiert, wer mehr als fünf Sekunden zu früh die Penalty-Box verlässt, wird disqualifiziert.«

Ja, eigentlich logisch. Im Triathlon gibt es das doch auch. Wer dort beim Radfahren unerlaubt im Windschatten des Vordermanns radelt, muss vor dem Wechsel zum abschließenden Laufen in eine solche Penalty-Box und da je nach Distanz des Rennens eine gewisse Zeit absitzen – oder abstehen.

Der Meldung zufolge hatten sie sich beim Weltverband schon ganz genaue Gedanken über eine höchst differenzierte Herangehensweise gemacht, je nach Disziplin, wie dem finalen Schlussabsatz zu entnehmen war: »Während es im Sprintrennen theoretisch möglich wäre, die Strafzeit analog zu den Strafminuten im Einzelwettkampf automatisch auf die Zeit zu addieren, scheidet diese Möglichkeit bei den Staffel-, Verfolgungs- und Massenstartrennen aus. Daher habe man sich für ein einheitliches Verfahren entschieden, welches Schießfehler bei allen Athleten in gleichem Maße bestraft. Und noch einen weiteren positiven Effekt nannte unser Gesprächspartner: ›Die Strafrunden haben viel Platz beansprucht. Diesen können die Veranstalter nun anderweitig nutzen, beispielsweise zum Aufstellen weiterer Tribünen.‹«

Spätestens hier dämmerte es, und ein Blick auf das Datum verriet dann auch, ach so, es war ja der 1. April, ja dann. Damit erklärte sich diese hanebüchene Nachricht von selbst. Penalty-Box, hahaha.

Haha?

Wobei. Die Strafrunde abschaffen? Sonderlich spektakulär ist die eh nie beim Zuschauen. Dafür den Sportler kurz durchschnaufen lassen und ihn mit neuen Kräften auf die Strecke zur Aufholjagd schicken? Und neue Tribünen aufbauen und damit an den oft längst ausverkauften Orten wie Ruhpolding noch mehr Menschen die Möglichkeit geben, live vor Ort mitzufiebern?

Warum eigentlich nicht. Gar keine blöde Idee. Her mit der Penalty-Box.

GROSSE GEFÜHLE

IX

75. GRUND

WEIL USCHI DISL IHREN GRÖSSTEN SIEG SCHON VOR DEM WM-TRIUMPH GEFEIERT HATTE

Ihr Vater Sepp busselte sie ab, ihre Brüder Thomas und Stefan nahmen sie ganz fest in den Arm. Sie alle waren überglücklich, und natürlich strahlte auch Uschi Disl, aber irgendwie schaute sie immer noch verwundert und fassungslos. Worauf sie 15 Jahre vergeblich gewartet hatte, ein Einzeltitel bei einem großen Wettkampf, war ihr nun innerhalb von nur 24 Stunden gleich zweimal geglückt. Am ersten Wochenende der Biathlon-WM in Hochfilzen 2005 triumphierte sie, als sie mit 34 Jahren die größten Erfolge ihres Lebens feierte und im Sprint sowie in der Verfolgung Doppel-Gold holte. Sechsmal war sie davor schon Weltmeisterin geworden und zweimal Olympiasiegerin, aber immer mit der Mannschaft oder mit der Staffel. Nun, 14 Jahre nach ihrer allerersten WM-Medaille, Staffel-Bronze in Lahti, also die ersten beiden Einzeltitel.

Schon nach dem ersten Titel gleich zu Beginn der WM wirkte sie völlig gelöst und meinte auf der internationalen Pressekonferenz, dass sie ihren langjährigen Traum erfüllt habe und sie jetzt den Rest der WM einfach genießen könne. Auf Englisch sagte sie: »Now can come what want.« Jetzt kann kommen, was mag.

In den Jahren davor freilich war viel Ungemach gekommen, gerade die drei Menschen aus ihrer Familie, die in Hochfilzen so nahe bei ihr waren, hatten gelitten. So hatte Papa Sepp 2001 einen Herzstillstand, weshalb er einen Defibrillator eingepflanzt bekam. Der streikte aber 2003 beim Weltcupsieg seiner Tochter in Oberhof, vor Aufregung brach der Vater zusammen und musste in die Klinik.

Lange in der Klinik lag auch Uschi Disls Bruder Stefan, im Jahr 2000. Beim Radeln war er mit einem Blutgerinnsel im Kopf vom Mountainbike gefallen. Ein Aneurysma, eine unentdeckte Arterienerweiterung im Hirn. Hätten ihn Passanten damals nicht gleich gefunden, jede Hilfe wäre für ihn zu spät gekommen. Vier Wochen lag Stefan Disl damals im Koma, seine Schwester fuhr jeden Tag vom Trainingsstützpunkt in Ruhpolding zu ihm in die Klinik nach Bad Aibling. Später erzählte sie mir einmal: »Auch als er wieder wach war, lag er noch lange auf der Intensivstation. Er hat keine Erinnerung mehr daran, das ist auch besser so. Wenn ich an das erste Bild denke, wie ich ihn nach der Operation gesehen habe, das war sehr schlimm. Das vergesse ich nie. Ich habe komplette Nachmittage mit ihm verbracht, jeden Tag, den ganzen Sommer. Das musste ich einfach machen.«

Die Ärzte gaben ihm eine Fünfzig-fünfzig-Chance, dass er überlebt, und selbst wenn er überleben würde, bliebe er für immer ein Pflegefall. Stefan Disl wachte wieder auf, und er kämpfte sich trotz einer einseitigen Lähmung zurück ins Leben, auch wenn er den Mut manchmal schon wieder verloren hatte. »Es gab Phasen, da mussten wir ihn beknien, dass er die Therapie weitermacht«, meinte Uschi Disl Jahre danach, als ihr Bruder wieder einer geregelten Arbeit nachgehen konnte, bei einer Bankfiliale im oberbayerischen Geretsried. »Da mussten wir ihm unseren Willen aufzwingen. Aber es ging, weil die ganze Familie zusammen half. Das war unser größter Sieg und viel wichtiger als alle Medaillen zusammen.«

Vergleichsweise harmlos dagegen schien noch der Unfall ihres zweiten Bruders Thomas, eines Schreiners. Er hatte sich beim Arbeiten 2002 mit der Kreissäge einen Finger abgeschnitten.

Ende 2005 wurde Uschi Disl für ihr Doppel-Gold von Hochfilzen zur Sportlerin des Jahres gewählt. Als sie bei der Ehrung in Baden-Baden auf der Bühne stand, bekam sie den Preis von einem Überraschungsgast überreicht, von ihrem Bruder Stefan.

Es war ein sehr emotionaler Moment. Und es war klar, diese Familie würde nichts mehr erschüttern können. Can come what want.

76. GRUND

WEIL FÜR MAMA USCHI
DAS GOLDSTÜCK IM KINDERWAGEN LAG

Von den Männern hatte sie gar nichts mitbekommen. Ausgerechnet vor dem Start des WM-Verfolgungsrennens musste Uschi Disl zurück zum Auto. Die Hanna hatte Hunger und verlangte nach Mutters Brust. Und so saß Disl auf dem Rücksitz ihres Wagens und stillte, während Ole Einar Bjørndalen zu seinem zweiten WM-Titel lief. Bei der WM in Antholz 2007.

Erfolge und Medaillen hatte die damals 36-Jährige in ihrer Karriere genug gesammelt. Zwei Olympiasiege, acht WM-Triumphe, sie war eine der ersten ganz großen deutschen Biathlon-Heldinnen. Später deutete Uschi Disl in ihren Kinderwagen und sagte: »Jetzt ist die Hanna mein Goldstück.«

Hanna Ursula Disl war am 15. Januar in Rosenheim auf die Welt gekommen, mit 49 Zentimetern, mit 2.790 Gramm. Und per Kaiserschnitt. Uschi Disl erzählte damals von der Wochenstation, der Heimfahrt ins Haus im Tiroler Kössen und von den viel zu kurzen Nächten, mit zwei- bis dreimaliger Stillunterbrechung. Und nun war sie wieder zurückgekehrt, war ein Jahr nach ihrem Rücktritt und nach insgesamt 16 Jahren als Aktive erstmals als Zuschauerin bei einer WM. Früher, wenn sie bei den Biathlon-Rennen in Führung lag, dann hatte sie auf der Strecke alle anderen Frauen hinter sich. Jetzt hatte sie ihr eigenes Mädchen vor sich. Im Kinderwagen.

Und das sorgte in Antholz für mächtig Aufsehen. Aus den VIP-Zelten kamen viele alte Kolleginnen zum Begrüßen herausgestürmt, später schaute auch Bjørndalen vorbei, den sie wegen seiner Serienerfolge den »Erbarmungslosen« nennen, den »Kannibalen«, der Uschi Disl da aber ganz einfühlsam um den Hals fiel und sie zart auf die Wange busselte. Und natürlich nahm sich danach auch Thomas Söderberg Zeit, der Skitechniker der norwegischen Biathlon-Mannschaft, Disls Lebensgefährte, Hannas Vater. Er nahm sein Kind in den Arm.

Am Abend des gleichen Tages fuhr Disl wieder ab. Kurz bevor Lena Neuner bei der Siegerehrung auf der Medals Plaza ihre zweite Goldmedaille umgehängt bekam. Die 19-Jährige, die in jener Zeit so oft mit Disl verglichen wurde. »Für die Lena freu ich mich narrisch«, sagte Disl noch vor der Abreise. »Natürlich habe ich der Lena die Daumen gedrückt.« Konnte sie da auch, beim Verfolgungsrennen der Frauen sah sie nämlich ganz entspannt von der Tribüne aus zu, anders als wenige Stunden zuvor bei den Männern. »Weil ich diesmal vor dem Rennen gestillt und noch die Windeln gewechselt habe«, schmunzelte sie. Das Baby war satt und sauber, und die Mutter froh und glücklich.

Glücklich sollte Uschi Disl bleiben. Sie zog sich immer mehr aus dem Biathlon-Zirkus zurück, arbeitete auch nicht mehr als TV-Expertin für die ARD, sondern wollte einfach nur noch das Leben mit der Familie genießen. 2013 übersiedelte Uschi Disl mit ihrem Mann Thomas auf einen Bauernhof nach Schweden, ein altes Gehöft in Mora, nordwestlich von Stockholm. Hanna war da sechs Jahre alt geworden, und der kleine Tobias drei. Ihr Sohn. Ihr zweites Kind. Er kam 2010 auf die Welt. Ihr zweites Goldstück.

77. GRUND

WEIL DIE VON GEBURT AN BLINDE VERENA BENTELE IMMER SCHON NACH VORNE SCHAUTE

Tief in der Nacht, nach ihrer vierten Goldmedaille bei den Paralympics 2010, sehnte sich Verena Bentele im Deutschen Haus von Whistler dann nach Ruhe. »Ausschlafen«, sagte sie nach ihren Wünschen befragt, »ein Kaffee mit Rührei und ein gemütliches Frühstück.« Das konnte sie dann bald wieder haben, nach der Rückkehr nach Deutschland, in ihrer Wohnung im Münchner Westend. Davor musste sie aber noch ihr fünftes Gold abholen bei den Paralympics, die ein TV-Moderator in Kanada bereits ehrfurchtsvoll in »Bentelympics« umgetauft hatte.

Mit insgesamt zwölf Paralympics-Titeln beendete die blinde Biathletin und Langläuferin nach Vancouver ihre Karriere, später machte sie Karriere als Unternehmensberaterin und Personaltrainerin und in der Politik. Als Stadtrat für die SPD im Münchner Rathaus, als Behindertenbeauftragte der Bundesregierung.

Damals in Vancouver, bei ihren letzten Spielen, musste sie wieder einmal erzählen, wie das denn überhaupt gehen würde, als blinder Mensch die Sportart Biathlon auszuüben. Dass es beim Blinden-Biathlon nämlich so ist, dass die Sportler von einem sehenden Begleiter, der drei Meter vorausfährt, geführt werden und von ihm Ansagen bezüglich der Richtungswechsel bekommen. Wie etwa »drei rechts« für eine 90-Grad-Kurve oder »elf links« für einen leichten Linksschwenk. Und dass sie die Waffen nicht mit sich herumtragen, sondern diese am Schießstand liegen. Und dass das Anvisieren der Scheiben akustisch erfolgt, über ein Infrarotsignal, das über Kopfhörer in einen Ton umgewandelt wird. Je höher der Ton, desto genauer zielt der Biathlet in die Mitte der 32 Millimeter großen Scheibe. Und dann schilderte Verena Bentele auch noch mal ihre eigene Geschichte. Von sich und ihrem Bruder Michael. Der kam vor ihr auf die Welt, aber dass er blind war, bemerkten die Eltern auch erst nach einem guten halben Jahr, wie hätten sie es auch früher feststellen sollen, ein Säugling kann ja schlecht sagen, dass er nichts sieht. Weil er auf optische Reize nicht reagierte, wurden die Eltern stutzig, Gewissheit bekamen sie dann beim Arzt, der meinte, es handle sich um einen genetischen Defekt und die Chance, noch ein blindes Kind zu bekommen, liege bei eins zu vier. Da war Mutter Monika Bentele bereits mit Verena schwanger. Und dann kam auch Verena blind auf die Welt.

Auf ihrem Bio-Bauernhof in Tettnang im Allgäu legten die Eltern großen Wert darauf, dass die Kinder normal aufwuchsen. »Bei uns wurde nie geklagt«, erzählte Johannes Bentele einmal am Telefon, der älteste Bruder, der einzige der drei Geschwister, der sehen kann. »Die sind ganz normal erzogen worden. Es war eh nicht zu ändern.« Oder wie Verena Bentele selbst einmal über ihr Lebensmotto sagte: »Immer nach vorne schauen.«

Michael und Verena radelten auf dem Hof herum, sie sprangen aus dem ersten Stock in einen Heuhaufen, sie standen früh auf Alpin-Skiern. Sie fanden sich gut zurecht in der Dunkelheit, es machte sie zu starken Menschen. Es führte zu einem blinden Verständnis mit der Umwelt.

Auch an Weihnachten, sagte Verena Bentele einmal bei einem gemeinsamen Gang über einen Münchner Christkindlmarkt, hätten sie und Michael immer mitgeholfen. Beim Platzerlbacken, Christbaumschmücken, Kripperlputzen.

Mit sechs kam sie auf eine Blindenschule im Schwarzwald, mit zwölf auf die Blindenrealschule in München, dort begann sie mit dem Langlaufen. So wie Bruder Michael, nur wurde der nie so erfolgreich wie die kleine Schwester. Mit 15 war sie Europameisterin, mit 16 gewann sie den ersten Titel bei den Paralympics, 1998 in Nagano. Es folgte Salt Lake City mit vier Titeln und Turin mit zwei

Olympiasiegen. Doch an ihre vierten Winterspiele glaubte sie lange nicht mehr. Nach ihrem Sturz im Januar 2009 bei den Deutschen Meisterschaften in Isny. Ein Kommunikationsproblem mit ihrem Begleiter, eine Verwechslung von rechts und links, ein Sturz den Abhang hinunter. Kreuzbandriss, Kapselrisse an zwei Fingern, die Leber war verletzt und eine Niere so stark beschädigt, dass sie komplett entfernt werden musste.

Aber so wollte sie die Karriere auch nicht beenden, also begann sie wieder mit dem Training, kam besser zurück als je zuvor, um dann aus Kanada fünf Goldmedaillen mitzunehmen. Die Huldigungen auf sie waren gewaltig. Raphael Beckmann, Generalsekretär des Deutschen Behindertensportverbandes, nannte sie »die Magdalena Neuner der Paralympics«, ein Vergleich mit der Doppel-Olympiasiegerin, den Bruder Michael nicht duldete. »Da gibt es einen großen Unterschied«, sagte er in Kanada, »die Verena ist erfolgreicher.« Neuner war lange nicht auf Augenhöhe mit Bentele.

Nach den Spielen stand die Uni an, Magister in Neuer Deutscher Literatur an der LMU. Titel ihrer Arbeit: »Die literarische Qualität von gekürzten Hörbuchfassungen«. Denn Hörbücher hörte Bentele schon damals viele. Stieg Larsson, Hermann Hesse, Milan Kundera.

Am liebsten daheim, in ihrer Altbauwohnung am Gollierplatz. Hier saß sie dann in den Wochen nach Vancouver und schrieb an ihrer Arbeit. Jeden Tag. Nach Kaffee und Rührei.

78. GRUND

ZWEIL NACH SCHICKSALSSCHLÄGEN,
VERLUSTEN UND VERLETZUNGEN EIN OLYMPIASIEG WARTETE

Und dann stand sie ganz oben. Ganz plötzlich, mit 31 Jahren. Zum ersten Mal überhaupt. Fünfmal war Florence Baverel-Robert in ihrer Karriere schon Zweite in einem Weltcuprennen gewesen, aber ein Sieg, das war ihr noch nie gelungen. Bis zu jenem Februartag 2006. Bei den Winterspielen von Turin. Als die zierliche Französin auf der Biathlon-Anlage von San Sicario ihren allerersten Triumph feierte – und dabei gleich Olympiagold holte. Später sagte Florence Baverel-Robert über diesen Moment einen bemerkenswerten Satz: »Ich hatte gedacht, dass ich diesen Titel nie bekommen würde, dass ich kein Recht dazu hatte.« Und meinte dann noch: »Es kommt vielleicht von meiner Erziehung, dass man sich nicht nach vorne stellt.«[72] Sicher hat es mit ihrer eigenen Vergangenheit zu tun, mit dem, was sie alles erleben und erleiden musste. Denn die Lebensgeschichte der Florence Baverel-Robert ist eine ganz besondere und auch eine ganz traurige.

Die kleine Florence wird in eine harte Welt hineingeboren, sie wächst in Lièvremont auf, in der ostfranzösischen Region Franche-Comté. Luxus und materieller Überfluss, das ist hier so weit weg wie die schöne schillernde Hauptstadt Paris von der kargen Provinz an der Grenze zur Schweiz. Florence ist drei Jahre alt, als ihre Mutter stirbt. Zusammen mit ihrem Vater und ihrem Bruder kümmert sie sich um den Bauernhof, es geht ums Überleben, um die Existenz. Florence leidet unter den Zuständen, sie ist ein schüchternes, zurückgezogen lebendes Mädchen, es fehlt ihr an großem Selbstbewusstsein, oft plagen sie Selbstzweifel, das setzt sich bis weit in ihre Karriere fort. »Ich weiß, dass das nicht gut ist«, sagt sie später. Und doch entwickelt sie in der Jugend eine enorme mentale Stärke, die ihr über viele Krisen und Tiefschläge hinweghilft.

Im Winter geht Florence zum Langlaufen, auf Dauer ist ihr das aber zu langweilig, also versucht sie es mal mit Biathlon, da ist sie schon 20 – und sorgt auf Anhieb für Furore, trotz der starken internen Konkurrenz im französischen Team, Anne Briand, Corinne Niogret, Weltmeisterinnen, Olympiasiegerinnen. Aber die kleine Florence, sie ist nur 1,67 Meter groß, setzt sich durch, gleich in ihrer ersten Saison kommt sie aufs Podium, 1995 beim Weltcup in Ruhpolding wird sie im Sprint und im Einzelrennen Zweite. Aber natürlich, das ist eben so in ihrem Leben, kommen auch wieder Rückschläge. 1997 plagt sie das Pfeiffersche Drüsenfieber, sie braucht einige Zeit, dann, 2000, kommt die Weltmeisterschaft in Oslo. Florence Baverel ist völlig verzweifelt, nach Platz 32 im Sprintrennen will sie im anschließenden Verfolgungslauf gar nicht mehr antreten, am Start schluchzt sie hemmungslos, dann kommt Pascal Etienne zu ihr. Pascal Etienne ist ihr Trainer, ihr Motivator, ein guter Freund. Er redet auf sie ein, bestärkt sie, gibt ihr Kraft. Dann läuft sie doch los – und holt in einer unfassbaren Aufholjagd noch Bronze. Der bis dahin größte Erfolg ihrer Laufbahn, sie ist 25 und gereift, es wäre an der Zeit, zur ganz großen Karriere durchzustarten, von einem Triumph zum nächsten zu eilen. Tut sie aber nicht. Stattdessen bricht sie sich den Fuß. Beim Fußballspielen.

2003 schließlich unterzieht sie sich einer Operation, die Durchblutung im Fuß stimmt nicht, Kompartmentsyndrom. Sie kehrt in den Weltcup zurück, die Ergebnisse aber sind durchwachsen, 2005 wird sie noch mal Dritte bei einem Rennen, aber als 2006 die Winterspiele von Turin beginnen, glaubt kaum einer an die seit 2001 verheiratete Florence Baverel-Robert. Erwartungsgemäß der Auftakt, Platz 26 im Einzelrennen über die 15 Kilometer, doch dann folgt der Sprint und das Rennen ihres Lebens, sie holt Gold, in einer der spannendsten Entscheidungen der olympischen Biathlon-Wettbewerbe. Die ersten fünf trennen am Ende nicht einmal zehn Sekunden. Florence

Baverel-Robert besiegt all die großen namhaften Favoritinnen, Anna-Carin Olofsson, die Schwedin, wird Zweite mit nur 2,4 Sekunden Rückstand, die Russin Albina Achatowa, Sandrine Bailly, ihre Landsfrau, oder auch Kati Wilhelm, sie alle gehen leer aus.

Es bleibt ihr einziger Sieg in einem großen Rennen, ein Jahr später, 2007, beendet sie die Karriere, sie wird Mutter, sie erlebt wieder traurige Stunden. Die Ehe mit Julien Robert geht in die Brüche, im April 2010 stirbt ihr Trainer Pascal Etienne nach langer schwerer Krankheit. Er wird nur 43 Jahre alt.

Florence Baverel-Robert arbeitet schließlich als TV-Expertin im französischen Fernsehen. Sie spricht viel über Biathlon und manchmal noch über jenen Tag im Februar 2006.

Als sie all die großen Konkurrentinnen hinter sich ließ. Und all ihre Schicksalsschläge.

79. GRUND

WEIL EIN WERDENDER VATER MIT STARTNUMMER 16 IN DEN KREISSSAAL EILTE

2007 war dann Schluss, am 15. September. Eine große Karriere ging zu Ende, als Sven Fischer mit 43 Weggefährten, alten Klassenkameraden, ehemaligen Mannschaftskollegen, Freunden und Betreuern in der Oberhofer Rennsteigarena sein Abschiedsrennen bestritt. Mehr als 14 Jahre nach seinem ersten von insgesamt sieben WM-Titeln, 13 Jahre nach seinem ersten von vier Olympiasiegen. Sven Fischer war eine der prägenden Figuren des deutschen Biathlon, einer der großen Namen. Sven Fischers Markenzeichen war es, ohne Handschuhe zu laufen, meistens trug er ein Stirnband, so kannte man ihn.

Fischer zeigte sich aber auch immer wieder als Gutmensch, mit starkem sozialen Engagement. Er setzte sich ein für die Kinderkrebshilfe, wurde Mitglied bei »Sportler für Organspende«, unterstützte die »Stiftung Deutsche KinderSuchthilfe«, fungierte als Sonderbotschafter der Hilfsorganisation »Verbundnetz der Wärme«. Einmal sagte Fischer: »Durch meine Eltern kenne ich seit meiner Kindheit einen querschnittsgelähmten Radrennfahrer, der nach einem Sportunfall sein Leben beispielhaft meistert. Das hat mich sehr geprägt. Bei mir wird keine Anfrage für einen sozialen Zweck ungehört verhallen.«[73] Dafür verzichtete er lieber auf finanziell lukrative PR-Auftritte: »Es gibt Sportler, die vermarkten sich dermaßen, dass man um das Begleitwort Hure nicht herumkommt. Das ist nicht meine Welt.«[74]

Als er 2007 also seine Laufbahn in der Heimat beendete, kamen rund 8.000 Fans an die Strecke, darunter auch seine Frau Doreen und die Tochter Emilia-Sophie. Die war da dreieinhalb Jahre alt. Denn auf die Welt war sie im Februar 2004 gekommen. Während der Heim-WM in Oberhof. Als der Vater in Rennmontur und mit Startnummer zur Entbindung eilte, am 8. Februar.

Es war der Tag des Verfolgungsrennens, Ricco Groß hatte sich den Titel geholt, und als Sven Fischer als Achter ins Ziel gekommen war, schaute er sofort auf sein Handy, wo er eine SMS seiner Frau fand: *Bin im Kreißsaal.* Ein Moment, in dem Fischer froh war, keine Medaille gewonnen zu haben, sonst hätte er noch das ganze Prozedere mit Blumenzeremonie und Siegerehrung über sich ergehen lassen müssen. So konnte er gleich los, immer noch im Sportanzug und mit seiner Startnummer, es war die 16, zumindest das Gewehr hatte er abgelegt, so viel Zeit musste sein. Mit dem Auto raste er die 20 Kilometer in die Klinik nach Schmalkalden, als er ankam, dauerte es noch einige Stunden, es heißt, Doreen habe zu ihrem Mann gesagt, er hätte sich ruhig Zeit lassen können, so eilig sei es nun auch nicht gewesen.

Hätte selbst mit einer Medaille noch gereicht.

Die holte er dann am 13. Februar, Gold zum WM-Abschluss mit der Staffel. Sein kleines Gold war da gerade fünf Tage alt.

Den zehnten Geburtstag von Emilia-Sophie 2014 konnte Sven Fischer übrigens nicht mitfeiern. Der Tag fiel auf den ersten Wettkampftag der Olympischen Winterspiele von Sotschi, in den Bergen des Kaukasus stand der Biathlon-Sprint der Männer an, Sven Fischer war als ZDF-Experte vor Ort. Gut, dass er nicht mehr aktiv war und dass seine Frau nicht an jenem Tag eine SMS aus dem Kreißsaal geschickt hatte. Von Sotschi nach Schmalkalden, 3.120 Kilometer, über die Ukraine, Donezk, Kiew, zu jener Zeit schon kein Vergnügen mehr, und dann noch mit polnischen Autobahnbaustellen hinter Lublin und vor Łódź. Vielleicht hätte er es dann noch rechtzeitig bis zu Emilia-Sophies Einschulung geschafft.

80. GRUND

WEIL CARL-JOHAN DEN WETTLAUF GEGEN LISA VERLOR

Eine norwegische Biathletin namens Liv, fest verbandelt mit einem anderen Biathleten aus dem Ausland? Na? Klar, Liv Grete, geborene Skjelbreid, verheiratet mit Raphaël Poirée – das große erfolgreiche Traumduo. Allerdings gab es da noch jemand, auf den diese Beschreibung zutrifft und zwar lustigerweise auf eine Cousine von Liv Grete Poirée. Auf Liv-Kjersti Eikeland.

Ende der Neunzigerjahre verliebte sie sich in den schwedischen Biathleten Carl Johan Bergman. Die beiden heirateten, dann im Sommer 2011 wurde Liv erstmals schwanger. Die beiden konnten sich ausrechnen, was das bedeutete, Geburtstermin im März. Da fand die WM in Ruhpolding statt.

Bergman hatte noch gehofft, dass sich die Geburt ein wenig verzögern würde, dass sich das Baby vielleicht doch noch etwas Zeit lässt. Wehe, wehe.

Die ersten Tage im Chiemgau verliefen auch sehr erfolgreich für den Schweden, ohne Anruf der Frau. Im Sprint holte er Bronze, in der Verfolgung Silber. Dann stand das Einzelrennen an, über 20 Kilometer, am Dienstag, den 6. März. Bergman lief nicht mit.

In aller Herrgottsfrühe nämlich stürmte er Hals über Kopf aus dem schwedischen Mannschaftsquartier, um neun Uhr hob seine Maschine vom Münchner Flughafen nach Oslo ab. In der Nacht hatte er die Nachricht erhalten, dass bei seiner Frau die Wehen eingesetzt hätten. Bergman hoffte, noch rechtzeitig zur Entbindung im Krankenhaus von Lillehammer einzutreffen. Möglicherweise dachte er an Sven Fischer (siehe 79. Grund), der acht Jahre zuvor die WM in Oberhof mit Rennanzug und Startnummer verließ, um bei der Geburt seiner Tochter dabei zu sein – wobei Fischer ein Heimspiel hatte und nur 20 Kilometer im Auto bewältigen musste, gerade einmal die Distanz eines Einzelrennens. Allein der Münchner Flughafen lag von Ruhpolding schon achtmal so weit entfernt.

Und so kam es, wie es kommen musste, Bergman kam nämlich zu spät. Als der Schwede vom Osloer Flughafen Richtung Klinik fuhr, war Tochter Lisa schon auf der Welt.

Bergman blieb noch einen Tag bei seiner Frau und dem kleinen Baby, dann flog er zurück nach Ruhpolding. Er hätte sich die Rückreise nach Oberbayern auch getrost schenken können. Drei Tage nach der Geburt erlebte die schwedische Staffel ein Debakel und kam mit drei Strafrunden nur auf Platz 16. Auch im Massenstart zum Abschluss der WM reichte es bei Bergman nicht mehr für eine Medaille, er wurde Sechster. Weltmeister Martin Fourcade, die schwedischen Landsleute Björn Ferry und Fredrik Lindström auf den Rängen zwei und drei, der unglückliche Vierte Andi Birnbacher und der Bruder des Titelträgers, Simon Fourcade, sie alle machten es wie die kleine Lisa.

Sie waren schneller als Bergman.

81. GRUND

WEIL EINE ÜBERWUNDENE KRANKHEIT
DIE GRÖSSTEN ÄNGSTE BESIEGTE

In der Stunde, als olympische Geschichte geschrieben wurde, war Tora Berger eine der Hauptdarstellerinnen. Bei den Winterspielen von Sotschi hatte sie mit der norwegischen Mixed-Staffel gerade Gold geholt, mit dabei waren noch Tiril Eckhoff, Emil Hegle Svendsen und natürlich Ole Einar Bjørndalen. Für ihn, den 40-Jährigen, war es das achte Olympiagold und die 13. Olympiamedaille überhaupt, damit löste er Bjørn Dæhlie als erfolgreichsten Wintersportler aller Zeiten ab. Dass Tora Berger selbst vergleichsweise bescheiden ihr zweites Gold holte, nach bereits acht errungenen WM-Titeln, das ging in den Feierlichkeiten um König Ole etwas unter. Und das war irgendwie typisch. Tora Berger konnte gewinnen, was sie wollte, so richtig im medialen Rampenlicht stand sie nie – was vor allem aber auch daran lag, dass ihr das Licht zu hell war. Sie blieb lieber im Schatten, im Verborgenen, im Hintergrund. Am liebsten zog sie sich mit ihrem Ehemann Trond Teveldal und den beiden Hunden Tussi und Tarzan in die Einsamkeit zurück, in eine Blockhütte in den Wäldern Norwegens. Ohne Strom, ohne fließendes Wasser, ohne Mobilfunkempfang.

Reden, das wollte sie nie wirklich gerne.

Dabei war ihre Geschichte nicht uninteressant, im Gegenteil, es war eine spannende, bewegende Geschichte. Von Höhen, Tiefen, Schicksalsschlägen.

Als jüngere Schwester des Biathleten Lars Berger begann die Langläuferin erst mit 18 mit dem Biathlon, ihre Schießquote war am Anfang verheerend schlecht. Es schien, als habe sie immer Angst vor dem Schießen gehabt. Erst im Dezember 2007 gelang ihr erstmals der Sieg bei einem Weltcuprennen, in der Verfolgung von Kontiolahti. Ab da ging es rasant aufwärts, 2010 folgte der große Triumph, mit Einzel-Gold im Olympiarennen von Vancouver. Was kaum einer wusste, weil sie es auch nie publik gemacht hatte, im Jahr davor war Hautkrebs bei ihr diagnostiziert worden. Sie ließ sich das Tumorgewebe bei einer Operation entfernen, es ging alles gut, der Krebs war noch im Frühstadium. Gesprochen hatte sie nie darüber, erst im März 2012 machte sie die damalige Erkrankung in einem Interview mit dem norwegischen Fernsehen öffentlich. Kurz nach den Weltmeisterschaften von Ruhpolding, wo sie in Einzel, Massenstart und Mixed-Staffel triumphiert hatte und mit der Staffel Bronze gewann.

Ein Jahr später, bei der WM in Nove Mesto, war sie eine noch viel herausragendere Athletin, sie gewann in jedem Rennen eine Medaille, viermal Gold, zweimal Silber, selten hatte eine Sportlerin so dominiert wie Tora Berger hier in ihrer vorletzten Saison. Dann, zum Abschluss der Karriere, in ihrer letzten Saison, holte sie bei Olympia neben dem gemischten Staffel-Gold auch noch Silber in der Verfolgung und Bronze mit der Staffel. Dann, nach dem letzten Heimrennen am Holmenkollen im März 2014, beendete sie die Karriere.

Über ihre Laufbahn und über ihr Schicksal, über die Zeit, in der sie von der Krebserkrankung erfuhr, sagte sie einmal: »Mit zwanzig glaubt man, dass das Leben ewig dauert. Dann erwacht man plötzlich und erfährt, es ist nicht so. Jetzt denke ich ein bisschen anders über das Leben als vorher. Dass Biathlon nicht das Wichtigste ist.«[75]

Wenn man sich im Nachhinein die Ergebnislisten anschaut, die Entwicklung hin zu den Erfolgen, dann ist festzustellen, dass ihre große Zeit im Biathlon erst nach der Krebsdiagnose kam. Es könnte auch sein, dass es genau daran lag. Denn wer den Krebs besiegt, hat vor nichts mehr Angst. Nicht einmal mehr am Schießstand.

82. GRUND

WEIL SICH EINE VERSTORBENE FREUNDIN IM HIMMEL ÜBER EINE SILBERMEDAILLE MITFREUTE

Die Weltmeisterschaft von Antholz 2007 war der große Durchbruch für Magdalena Neuner. Mit ihren drei Titeln in Sprint, Verfolgung und mit der Staffel hatte sie bei diesen Titelkämpfen alles andere überstrahlt, alles andere ging daneben komplett unter. Selbst eingefleischte Biathlon-Fans dürften sich schwertun, heute auf die Schnelle alle Weltmeister jener Veranstaltung aufzuzählen, obwohl das Namen waren, die man blind hätte nennen und dabei nichts hätte falsch machen können. Eigentlich alles Favoritensiege. Bjørndalen, Poirée, Greis, die russische Staffel bei den Männern. Dazu bei den Frauen Andrea Henkel und Linda Grubben, die Norwegerin, und die Schweden in der Mixed-Staffel.

Noch viel weniger fielen bei den Neuner-Festspielen im Pustertal diejenigen Biathleten auf, die auf den restlichen Medaillenrängen gelandet waren. Außer Michal Šlesingr. Nach Silber im Sprint brach der Tscheche plötzlich mitten in einem Interview unvermittelt in Tränen aus. Überwältigt von seinen Gefühlen. Nicht aus Freude. Sondern aus Trauer um eine tote Freundin.

Michal Šlesingr, Sohn von Eva und František, geboren 1983 in Ústí nad Orlicí, einem Ort in Ostböhmen mit einer historischen Altstadt. Mit zehn fing Michal mit dem Biathlon an, mit 19 war er Juniorenweltmeister, nun das Silber hier in Antholz, und das auch noch an seinem 24. Geburtstag. Es war ein wunderbares Geschenk und der größte Erfolg, den er in seiner Karriere bis 2014 erreichen sollte. Fast wäre es sogar Gold geworden, keine fünf Sekunden lag er am Ende hinter dem großen Bjørndalen. Aber dann, als ihn das tschechische Fernsehen zum Gespräch bat, da fing Šlesingr auf einmal hemmungslos zu schluchzen an. In Erinnerung an Tereza Hlavsová, eine langjährige Freundin und Mannschaftskollegin, die ein knappes Jahr zuvor gestorben war.

Tereza Hlavsová und Michal Šlesingr starteten für den gleichen Verein, OEZ Letohrad. Hlavsová, keine drei Monate älter als Magdalena Neuner, galt als das größte Biathlon-Talent ihres Landes. 2003, mit nur 16 Jahren, holte sie bei der Juniorenweltmeisterschaft im südpolnischen Kościelisko Gold im Einzelrennen. Sie träumte von den Olympischen Winterspielen 2006 in Vancouver, aber die Ergebnisse waren nicht mehr so überragend, immerhin bei der Junioren-EM 2004 in Minsk gewann sie noch zweimal Bronze, im Sprint und mit der Staffel. Ende Januar 2006 startete sie bei der Junioren-WM in Presque Isle im US-Bundesstaat Maine, sie blieb ohne Medaille.

Zu den Winterspielen von Turin fuhr sie nicht. Stattdessen flog sie wieder heim, dann, am 18. Februar, dem Tag der olympischen Verfolgungsrennen auf der Biathlon-Strecke in San Sicario, verunglückte Tereza Hlavsová bei einem Autounfall tödlich, sie wurde keine 20 Jahre alt.

Ein knappes Jahr später nun, an jenem Tag in Antholz, sagte Michal Šlesingr: »Tereza war unser Sonnenschein. Wir alle vermissen sie sehr.«[76] Seine Stimme zitterte, dann widmete er die Silbermedaille seiner verstorbenen Freundin, er sagte weiter: »Viele trachten nur nach Erfolg und persönlichem Vorteil um jeden Preis. Sie aber blieb so beeindruckend ehrlich, optimistisch und freimütig. Mit ihrer Art machten sie uns allen Mut.« Dann blickte Šlesingr nach oben und sagte: »Aber ich glaube, dass sie uns von oben zusieht. Und ich hoffe, dass wir ihr Freude machen.«

Eine Freude machte Michal Šlesingr sich selbst auch drei Tage später noch einmal, als er im Einzelrennen hinter Ole Einar Bjørndalen und Michael Greis Dritter wurde.

Seine Bronzemedaille leuchtete ganz weit hinauf, in den Himmel überm Pustertal.

NEBEN DER STRECKE

83. GRUND

WEIL LENA NEUNER SELBST ALS WURSTVERKÄUFERIN EIN QUOTENRENNER GEWORDEN WÄRE

Es war im Januar 2009, da saß Michael Scheur in seinem kleinen Büro unterhalb des Zirnbergs. Zwischen VIP-Zelt und Schießstand, im Ruhpoldinger Hauptquartier der ARD, sah sich Scheur, Aufnahmeleiter beim Bayerischen Rundfunk, am Computer die Quoten vom Vortag an. Denn da hatten 4,84 Millionen Zuschauer den Sieg der Frauen-Staffel beim Biathlon-Weltcup verfolgt. »Fast fünf Millionen an einem Werktag, an einem Nachmittag«, sagte Scheur, »das ist schon enorm.« Aber auch schon normal. Die Skijagd hatte sich längst zum Quotenrenner entwickelt.

Der Weltcup in Ruhpolding 2009 in der Hochphase der Euphorie um Magdalena Neuner war exemplarisch dafür, wie beliebt Biathlon im Laufe der Jahre geworden war, wie es sich auch zu einer einzigartigen Fernsehsportart entwickelt hatte. Kein anderer Sport zog im Winter nunmehr regelmäßig so viele Menschen vor den Bildschirm. So waren unter den zehn meistgesehenen Sportsendungen zwischen November und März wie eh und je natürlich alle Skispringen der Vierschanzentournee zu finden, das sind alljährliche Selbstläufer. Aber damals in jenem Winter befand sich sonst nur Biathlon auf der Liste. Sechsmal. Mit 4,75 bis 5,57 Millionen Zuschauern im Schnitt. Aber warum? Man fragte sich, was so faszinierend sei an Menschen, die mit Gewehren auf dem Buckel durch die Gegend laufen und zwischendrin auf fünf Scheiben schießen.

»Biathlon ist ein verdammt ehrlicher Sport«, sagte der frühere Weltklasse-Läufer Ricco Groß damals in einem langen Gespräch am Rande des Weltcups, als es um die Geheimnisse des Biathlon-Booms ging. Groß sah schon bei den Grundvoraussetzungen einen großen Vorteil gegenüber Sportarten, die eher subjektiven Kriterien unterliegen wie etwa Eiskunstlauf. »Es gibt keine B-Noten, keine Haltungsnoten, dafür eine Stoppuhr und Scheiben, die umfallen oder nicht. Das kann jeder sehen, und für jeden ist nachvollziehbar, wer warum gewinnt.« Das ist natürlich beim Alpinen Skisport nicht anders, wo die Stoppuhr rechts unten auf dem Bildschirm mit Hundertstelsekunden den Gewinner von den Verlierern trennt. Nur hält Felix Neureuther nicht während des Slaloms auf halber Strecke am Hang, legt das Gewehr an und zielt auf schwarze Kreise. »Das kommt beim Biathlon eben dazu, die Dramatik dieser Kombination aus Laufen und Schießen gibt es sonst nirgendwo sonst«, so Groß. »Wer als Erster zum Schießstand kommt, fährt vielleicht als Zehnter wieder raus aus dem Stadion. Und das alles vor den Augen der Zuschauer.« Im Stadion und am Fernseher.

Groß hat oft gewonnen, war fünfmal Olympiasieger, neunmal Weltmeister. Damals, 2009 in Ruhpolding, hatte er kein Gewehr mehr in der Hand, stattdessen ein ARD-Mikrofon. Als Experte, der den Leuten daheim am TV-Gerät Insiderkenntnisse verrät. Groß war auch schon Anfang der Neunzigerjahre hier gelaufen, damals waren pro Tag 1.500 Zuschauer auf der Tribüne, nun waren es rund 18.000. Statt der einst 40 Mitarbeiter vom Bayerischen Rundfunk waren nun 120 vor Ort und statt vier Kameras gab es 30. Für die Läufer, für die ganze Strecke, für die Scheiben. Biathlon, Boomsport, Fernsehsport. Kurz vor der Jahrtausendwende entdeckten die Programmgestalter das Potenzial der winterlichen Skijagd, seitdem bestimmen sie kräftig mit, wie es zu laufen hat. Ob das Fernsehen nun ein Nachttrennen wollte, einen Event in einem Fußballstadion oder eine gemischte Staffel, der Weltverband IBU machte immer mit. In Oberhof und Ruhpolding haben Flutlichtrennen nun schon Tradition, in der Schalke-Arena steigt seit 2002 immer kurz vor Jahresende ein spektakulärer Schaukampf, vor 50.000 Zuschauern im Stadion und Millionen am Bildschirm, und bei der WM gibt es seit 2007 eine Mixed-Staffel mit zwei Frauen und zwei Männern. Aber warum lässt sich die IBU so vom Fernsehen beeinflussen? Weil die Funktionäre erkannt haben, dass Popularität und Vermarktung des Sports nur über gute TV-Präsenz laufen. »Die IBU ist offen für neue Ideen«, sagte Ricco Groß. Anders als damals beim Skiweltverband FIS, zuständig für Alpine und Langläufer, »Bei der FIS«, so Groß, »stecken sie fest.« Deswegen scheitern Reformversuche der TV-Macher schon seit vielen Jahren meist an den uneinsichtig erscheinenden FIS-Funktionären. Die Folge waren kaum noch TV-Präsenz, unter den Top 20 der Sportsendungen des Winters waren damals keine Alpin-Übertragungen, was sich später ein wenig ändern sollte, mit den Erfolgen von Maria Riesch und Felix Neureuther. Biathlon aber blieb weiter unangefochten vorne.

Groß meinte damals auch noch launig: »Beim Biathlon würden die Leute einschalten, wenn die Magdalena Neuner während des Rennens Wiener Würschtl verkauft.« Auch weil die Sportler längst Lieblinge für die Massen waren, Helden für das Volk. Neuner, Wilhelm, Greis, die Lena, die Kati, der Michi. »Sie sind erfolgreich und absolute Sympathieträger«, so Groß. »Auch ihnen ist der Boom zu verdanken.« Dass Biathlon im Wintersport zu einer medialen Attraktion wurde. Eine, die freilich schnell ihren Reiz verlieren würde würde, wenn es eine Enthüllung über systematisches Doping wie etwa im Radsport geben würde. Doch solange alles sauber ist und sauber scheint, so lange lässt sich das gut verkaufen. Eine Affäre wie bei Evi Sachenbacher-Stehle in Sotschi, das war eher noch ein dämlicher Einzelfall, den die Sportart wohl noch halbwegs verkraften dürfte.

Selbstredend, dass sich Biathlon ansonsten seit Jahren im glänzenden Licht zeigt. Die Scheinwerfer, die Michael Scheur und seine Crew auch 2009 schon hergekarrt hatten, sind momentan die besten auf dem Markt. Die »Arrimax 18/12«, leistungsstarke 18.000-Watt-Leuchten, die schon Nachtszenen beim *Bourne Ultimatum* und bei *Mission Impossible III* ausgeleuchtet haben, die nun nach Matt Damon und Tom Cruise auch Kati Wilhelm und Lena Neuner erstrahlen ließen. Biathlon, filmreif.

84. GRUND

WEIL DIE KANADISCHEN BÄREN SCHON UM MARTINA GLAGOWS TREFFERQUOTE WUSSTEN

Für ganz oben reichte es dann nicht, zu überlegen war die Russin Jekaterina Jurjewa. Aber Silber gab es. Für Martina Glagow, im 15-Kilometer-Einzelrennen bei der Biathlon-WM 2008 in Östersund.

Martina Glagow, so hieß sie damals noch, bevor sie einige Monate später ihren Freund heiratete, den österreichischen Ex-Biathleten Günther Beck, und dessen Namen annahm. Martina Glagow jedenfalls war oft Zweite geworden, in Turin bei den Winterspielen 2006 gleich dreimal. Und jetzt wieder Silber.

Dabei wäre es falsch, die Mittenwalderin als ewige Zweite zu bezeichnen. 2003 war sie Weltmeisterin im Verfolgungsrennen (siehe 67. Grund), im gleichen Jahr holte sie den Gesamtweltcup, später folgten noch zwei WM-Titel mit der Staffel, 2007 in Antholz und nun hier in Östersund 2008. Und als sie 2010 nach den Spielen von Vancouver ihre Karriere als Biathletin beendete, hatte sie insgesamt 24 Weltcupsiege gefeiert, 15 allein, neun mit der Staffel.

Der zweite Platz im Einzelrennen von Östersund war jedenfalls wieder einmal ein Anlass, sich der damals 28-Jährigen zu nähern. Schließlich hatte sie gerade die zehnte WM-Medaille ihrer Karriere gewonnen, ein schönes Jubiläum, und sich mit dem Ergebnis auch die kleine Kristallkugel in der Einzel-Weltcupwertung gesichert – obwohl es am Anfang noch gar nicht danach ausgesehen hatte, nachdem sie gleich den allerersten Schuss danebengesetzt hatte. Bei den nächsten 19 Versuchen dagegen traf sie dann alle Scheiben. »Gerade beim letzten Stehendschießen bin ich ruhig geblieben«, sagte sie. »Ich glaube, das liegt am Alter.«[77] An der Erfahrung.

Man wollte von ihr wissen, ob sie sich denn immer noch als Vorbild fühle für Magdalena Neuner aus dem benachbarten Wallgau. Das hatte Neuner ja immer gesagt, dass sie in jungen Jahren zu ihr aufgeschaut habe und immer so werden wollte wie die große Martina – bevor sie, Neuner, dann noch viel erfolgreicher wurde als ihr Idol. »Die Lena braucht mich gar nicht mehr als Vorbild«, sagte Glagow daraufhin. »Ich möchte den Rummel, den die Lena hat, aber nicht, deswegen möchte ich auch nicht tauschen mit ihr. Die Lena geht ihren Weg auch gut alleine.«[78]

Den eigenen Weg ging auch Glagow ganz erfolgreich. Als Kind, in den Achtzigerjahren, wollte sie noch Hebamme werden und Fußballerin. Sie selbst spielte rechte Verteidigerin und sagte, sie habe den gegnerischen Stürmerinnen das Leben ganz schön schwer gemacht. Zu einer Zeit, in der sie noch für zwei Spieler aus der Bundesliga geschwärmt hatte. Für Pierre Littbarski und Thomas Häßler.

Gerade weil sie aber nie zu einem schillernd charismatischen Star der Szene wurde, hatte sie natürlich auch wesentlich weniger Sponsorentermine wahrnehmen müssen, dafür hatte sie viel mehr Zeit für ihre Hobbys. Für einen Halb-Ironman, den sie im September mit ihrem Freund Günther in Monaco absolvierte. 1,9 Kilometer schwimmen, 90 Kilometer radeln, 21 Kilometer laufen. 5:29 Stunden brauchte sie. In Östersund über 15 Kilometer dauerte es nur 1:13 Stunden, bis die halbe Eisenfrau Silber hatte. Im Biathlon geht es doch schneller als im Triathlon.

Weniger anstrengend war im Sommer davor der Urlaub in Alaska, als das Paar durch die Wildnis zog und im Zelt schlief. Zur Sicherheit hatten die beiden ein Gewehr dabei. Angegriffen von den Grizzlys wurden sie aber nicht. Die Bären wussten schon um die Trefferquote von Frau Glagow.

85. GRUND

WEIL TEDDYBÄREN PRICKELNDE EINZELABTEILINTERVIEWS AUSLÖSEN KÖNNEN

Bei Großveranstaltungen wie Olympischen Spielen oder Weltmeisterschaften wird man als Journalist von Freunden und Bekannten oft beneidet. Weil die meinen, als Reporter vor Ort erlebe man ja alles mit.

Ganz eng dran, hautnah.

Dabei ist das ja nicht immer so. Es gab schon viele Ereignisse, da machte es gar keinen Sinn, sich als Berichterstatter ins Stadion zu stellen, weil man aus dem Reporter-Bereich lustigerweise gar nichts sah. Die Biathlon-Anlage von Sotschi etwa, bei den Winterspielen 2014, die war ein totales Desaster. Von den Medienplätzen rechts von der Tribüne aus bekam man nämlich überhaupt nichts mit, der Schießstand war völlig uneinsehbar, und um einen Blick auf die Großleinwand des Stadions zu erhaschen, musste man akrobatische Verrenkungen auf sich nehmen. Aufgrund dieser Erkenntnis des ersten Tages saß man dann ab dem zweiten Wettkampftag immer 50 Meter weiter innendrin im Pressezentrum und schaute sich die Rennen am Bildschirm an, um sich nach der Entscheidung wieder ins Freie zu begeben und von den Athleten erste Stimmen einzusammeln.

Ganz generell sitzt man bei solchen Ereignissen sehr viel im Pressezentrum, und wenn man am Abend den Laptop zusammenklappt und den Arbeitsplatz verlässt, hat sich in der Regel auf dem Tisch sehr viel Papier aufgestapelt. Das liegt daran, weil den ganzen Tag neue Informationen herumgereicht werden, Startlisten, Weltcupstände, Ergebnisse oder die Zitate aus den Pressekonferenzen. Unterlagen, die prinzipiell sehr nützlich sind fürs Arbeiten.

Manchmal bekommt man aber auch Zettel gereicht, die kann man gleich wieder wegschmeißen, weil sie einen nicht interessieren oder weil man sie gar nicht erst versteht. In Hochfilzen in Tirol war das besonders übel, bei der Biathlon-WM 2005, nirgendwo sonst wurde man wie dort alle paar Minuten mit Broschüren, PR-Texten, Info-Mappen oder Einladungen von irgendwelchen Sponsoren, Verbänden und Veranstaltern zugemüllt, es war zum In-die-Altpapiertonne-Treten.

Gut im Gedächtnis ist noch der erste Sonntag, da wälzte sich ein auf drei Zentner geschätzter gewichtiger französischer Funktionär durch die Reihen und verteilte Papier, auf dem in mehreren Sprachen eine Einladung stand. In etwas rumpelndem Deutsch stand geschrieben: »Press Konferenz mit dem französischen Team, nachher Einzelabteilinterviews.«

Rätselhafter war schon die Intention eines slowenischen PR-Mannes, der auch etwas unter die Reporter brachte, mit dem Titel »Svetovno prvenstvo v biatlonu«, unmittelbar gefolgt vom Verbandsvertreter der Tschechen und seiner Broschüre »Cesky svaz biathlon«. Aha. Irgendwas mit Biathlon also.

Auch der Kollege am Nebentisch war schon sichtlich genervt, als sich seine Miene plötzlich doch noch aufhellte. Das lag weniger an dem Teddybären, der auf einmal auf seinen Tisch gelegt wurde, sondern vielmehr an der aparten jungen Dame, die durch das Pressezentrum ging und die kleinen Stofftiere unter den meist männlichen Journalisten verteilte, während sie ihnen mit einem bezirzenden Blick tief in die Augen schaute. Eine attraktive Südtirolerin, die mit kleinen Präsenten Werbung machte für die Titelkämpfe in Antholz zwei Jahre später.

Der Kollege schien zu schweben vor Glückseligkeit. Zehn Minuten danach war er auf einmal verschwunden. Die Dame aus Südtirol auch. Vielleicht führten sie ja gerade ein Einzelabteilinterview. Ganz eng dran, hautnah.

86. GRUND

WEIL DIE THERAPIE MIT MOZART UND AC/DC ZUM OLYMPIASIEG VERHALF

Ruhpolding bedeutet für die Biathleten immer großen Stress. Kein Weltcup, wo das Getöse der Fans so laut ist, wo die Sportler so viele Wünsche um Autogramme und Fotos erfüllen müssen, wo die Zuschauer so nah dran sind an ihren Idolen – und kein Weltcup, bei dem so viele Athleten vom Andrang so genervt sind wie hier.

Uschi Disl zum Beispiel war das immer sehr unangenehm, sich auf dem Weg vom Stadion Richtung Parkplatz oder Mannschaftskabine durch eine aufgeheizte Menge rumpeln zu müssen und wildfremde Menschen grapschend an sich herumzupfen zu lassen. Als deklariertes Freiwild von der Meute verfolgt zu werden – man kann verstehen, dass es für Sportler angenehmere Dinge gibt. Mit den Jahren wurde es besser, mit dem Bau des neuen Biathlon-Zentrums wurden auch die Wege von Sportlern und Zuschauern klarer getrennt, man kam sich nicht mehr so in die Quere.

Dennoch gab es im Januar 2010, kurz vor den Winterspielen von Vancouver, bei den Weltcuprennen von Ruhpolding etwas zu beobachten, das erstaunte.

Da gingen Kati Wilhelm und Magdalena Neuner bis wenige Minuten vor den Rennen etwa mit Kopfhörern über die Anlage. Richtig große Kopfhörer, echte Monsterteile. Solche, wie sie auch Fußballer tragen, wenn sie damit nach einem Spiel signalisieren, dass sie nicht mit Reportern reden wollen und stattdessen wortlos in den Mannschaftsbus einsteigen.

Bei den deutschen Biathletinnen aber lag es nicht daran, dass sie sich komplett abschotten wollten. Sondern an der ganz neuen Musiktherapie, die sie zu Beginn der Olympiasaison angefangen hatten. Ihr Ziel: Mit Mozart zu Gold, mit ABBA zum Olympiasieg. Plötzlich gab's was auf die Ohren. Hört, hört!

Seit Oktober arbeiteten die deutschen Biathlon-Frauen mit Ulrich Conrady zusammen, einem Gehirnforscher aus Ostwestfalen. Conrady erklärte mir während der Tage von Ruhpolding das Prinzip seines musikalischen Therapieprojekts. Er würde bei bestimmten Musikstücken die Schallwellen so verändern, »dass sie das autonome Nervensystem ausbalancieren«. Weil man sich darunter noch herzlich wenig vorstellen konnte, ging er ins Detail und nannte als konkretes Beispiel Mozarts *Kleine Nachtmusik*, ein Dauerbrenner bei Wilhelm, Neuner & Co. Hier veränderte Conrady die Schallwellen im Millisekundenbereich, was akustisch nicht wahrnehmbar ist, aber zur Folge hatte, dass ein Gleichgewicht zwischen Sympathikus (der Nerv, der für Leistungsbereitschaft sorgt) und Parasympathikus (Ruhenerv) hergestellt wird. Die Folge: »Höhere Konzentrationsbereitschaft, weniger Stress, mehr Leistung, schnellere Regeneration«, sagte Conrady.

Welche Musik welchen Effekt hat, welche Nerven bei welchen Schallwellen wie stimuliert werden, auch das könne man erkennen, sagte Conrady, es sei mit den Gehirnströmen messbar. Alles ganz wissenschaftlich.

Seinen Biathletinnen hatte Conrady schon eine individuelle Playlist zusammengestellt. Neben Mozart gab es Delfin-Klänge, Wal-Töne. Oder auch dieses penetrante peruanische Panflötengedudel, das man vom Bummel durch die Münchner Fußgängerzone kennt. Aber wenn's hilft.

Manchmal, so wie in Ruhpolding, war Conrady vor Ort, wenn nicht, so der Akustiktherapeut damals, würde er die Rennen im Fernsehen verfolgen und umgehend danach auf die Schwachstellen reagieren: »Zwei Stunden nach dem Rennen haben die Biathleten dann bereits eine E-Mail von mir, mit neuen Anweisungen.«

Schlechte Laufleistung? Weniger Nachtmusik! Viele Fehlschüsse? Mehr Beatles!

Aber auch das ist bei jeder Sportart anders. Conrady, der damals seine Musiktherapie darüber hinaus berufsgestressten Erwachsenen und Kindern mit Lernstörungen anbot, arbeitete auch mit der Handball-Nationalmannschaft und Österreichs Skispringern zusammen. »Bei einem Handballer, der eine Stunde Vollgas gibt«, sagte er, »müssen die Schallwellen das Nervensystem anders stimulieren als bei einem Skispringer, der zwölf Sekunden in der Luft ist, wo der Körper erst die Bedrohung des Fliegens ohne Flügel überwinden muss.« Es klang dann schon philosophisch.

Und natürlich würde auch bei den Österreichern jeder individuell auf Musik reagieren. Wolfgang Loitzl etwa lauschte dem Schweden-Pop von ABBA, Martin Koch lässt es mit AC/DC krachen. Wahrscheinlich war doch auch viel Psychologie dabei. Der deutsche Verband übrigens hatte laut Conrady die Therapie für seine Skispringer abgelehnt, nun betreute er exklusiv die Österreicher: »Jetzt kann mir der DSV auch den Buckel runterrutschen«, sagte er.

In Vancouver zumindest ließ Conradys Projekt aufhorchen. Gut beschallt holten die deutschen Biathlon-Frauen fünf Medaillen, Austrias Skispringer drei.

Ein anderes Projekt von Conrady allerdings scheiterte kläglich. Denn eine Woche vor dem Weltcup in Ruhpolding hatte er angefangen, einen ganz schweren Pflegefall zu betreuen, der eine Therapie dringend nötig hatte. Hertha BSC, den damals Tabellenletzten der Fußball-Bundesliga. Auch die Berliner setzten sich die Kopfhörer auf, nutzte aber alles nichts. Sie blieben hinten, stiegen vier Monate später, im Mai 2010, als Letzter in die 2. Liga ab und wurden obendrein auch noch mit viel Hohn und Spott bedacht. Das mochten sie dann aber bald nicht mehr hören.

87. GRUND

WEIL EINEM SPITZEN-BIATHLETEN DIE POLITISCHE ENTWICKLUNG IN DER ALTEN HEIMAT SORGE BEREITETE

Es war ein souveräner Sieg, für die Staffel Bayern I. 2004 bei den Deutschen Meisterschaften in Ruhpolding, über drei mal 7,5 Kilometer. Mehr als eine halbe Minute lag das Trio am Ende vor der Konkurrenz von Thüringen I, ein schöner Erfolg für die bayerische Mannschaft. Für Michael Greis, den Allgäuer. Für Andi Birnbacher, den Chiemgauer. Und für Ricco Groß, den Sachsen.

Deutsche Meisterschaften werden im Biathlon meist im September ausgetragen. Im Winter ist dafür keine Zeit, da hetzt der Tross von einem Weltcuport zum nächsten und gegen Ende der Saison noch alljährlich zu einer Weltmeisterschaft oder zu Olympischen Spielen. Deutsche Meisterschaften im Biathlon sind außerdem, ganz ehrlich, wenig wert. Ein Weltcupsieg, eine WM-Medaille oder ein Stockerlplatz bei Olympia, das zählt mehr als 25 nationale Meistertitel zusammen. Die Veranstaltung nutzen die Biathleten weniger zum Trophäensammeln, als vielmehr zur Überprüfung der eigenen Leistung, nach dem intensiven Sommertraining und gut zwei Monate vor dem Weltcupstart in Skandinavien. Das hinsichtlich des Sinns und Zwecks der Deutschen Meisterschaft am häufigsten benutzte Wort, das Journalisten an solchen Tagen von den Sportlern hören, ist »Standortbestimmung«. Das hören aber nicht viele Journalisten, weil auch gar nicht viele Journalisten zu den Titelkämpfen kommen, Deutsche Biathlon-Meisterschaften interessieren zu dieser Jahreszeit in den Redaktionen nicht wirklich. In den Zeitungen gibt es darüber meist nicht einmal eine Kurzmeldung, höchstens die Ergebnisse im Zahlenblock. Mehr nicht.

Im September 2004 aber gab es als Reporter durchaus einen Grund, nach Ruhpolding zu fahren. Wegen Ricco Groß. Wegen der Entwicklungen in seiner alten sächsischen Heimat.

Ricco Groß, Jahrgang 1970, wuchs im Erzgebirge auf. Geboren in Schlema, aufgewachsen in Schwarzenberg, der Heimatverein die SG Dynamo Zinnwald, zu DDR-Zeiten der Vorzeigeklub für Rodeln, Bob und Biathlon. Sechsmal war Ricco Groß in den Achtzigerjahren Jugendmeister in Deutschland-Ost, 1990 bei der Junioren-WM im finnischen Sodankylä gewann er das allerletzte Staffel-Gold für die DDR vor der Wiedervereinigung. Zweiter wurde die Sowjetunion, Dritter Deutschland. Die Bundesrepublik.

1991 aber siedelte Groß um, gleich nach dem Abitur, bald nach der Einheit. Zu unsicher war ihm die Zukunft des Sports im Osten, die Strukturen dort bröselten auseinander, viele suchten ihr Glück auf dem Gebiet der alten BRD, und auch wenn es Mauer, Stacheldraht und Todesstreifen nicht mehr gab – gefühlt war es immer noch ein Rübermachen in den Westen. Auch Ricco Groß also verließ die Heimat Richtung Oberbayern. In Ruhpolding fand er beste Trainingsbedingungen, dazu die Absicherung durch die Sportfördergruppe der Bundeswehr. Groß lebte sich schnell ein, baute ein Haus gleich neben dem Golfplatz, heiratete und bekam mit seiner Frau Katrin drei Kinder, alles Söhne. Marco, Simon und Gabriel. Gabriel kam 2004 auf die Welt, im Jahr der besagten deutschen Meisterschaft, als Groß natürlich längst als Starter des SC Ruhpolding für die Staffel seiner Wahlheimat Bayern antrat.

In jenem Spätseptember gab es aber ein Ereignis, das Ricco Groß weitaus mehr zu beschäftigen schien als die Meisterrennen. Denn nur einige Tage zuvor hatten die Menschen in Sachsen einen neuen Landtag gewählt – mit einem erschreckenden Ergebnis. Die NPD hatte dort einen triumphalen Erfolg gefeiert und war mit 9,2 Prozent ins Parlament eingezogen. Ganze 0,6 Punkte hinter der SPD, die nicht einmal auf zehn Prozent kam. Das alles machte Ricco Groß sehr nachdenklich. »Da sind einfach politisch zu viele Fehler gemacht worden«, sagte er damals im Gespräch und reflektierte damit auf die ersten 15 Jahre nach dem Mauerfall.[79] »Es wurde zu viel versprochen, es war damals doch gar nicht überschaubar, was es bedeutet, 17 Millionen Menschen einflechten zu müssen. Ich kenne viele, die sagen, besser hätte es nicht kommen können. Aber einige sind halt durch den Rost gefallen, die kommen in der Ellbogengesellschaft nicht zurecht. So etwas wie Eigenverantwortung gab es in der DDR nun einmal nicht.« Und Groß legte nach, auf die Frage, ob die Ossis zu viel jammern würden oder die Wessis zu arrogant seien: »Es ist schwer, alle unter einen Hut zu kriegen und es jammern auch im Westen viele. Aber jeder ist nun einmal seines eigenen Glückes Schmied. Mir ist auch nicht alles in den Schoß gefallen, man muss die Ärmel hochkrempeln. Außerdem hätte man sich Hartz IV in dieser Form auch sparen können. Ein Akt der Verzweiflung, nicht einmal die, die es erfunden haben, blicken durch. Der eine sagt Hü, der andere Hott. Jeder schnabelt etwas anderes herum. Und dann passieren Wahlergebnisse wie am letzten Sonntag. Das ist sehr, sehr bedenklich.«

Spitzensportler zu Politik zu befragen, kann manchmal recht zäh sein, sei es wegen chronischer Gleichgültigkeit oder teils befremdlicher Ahnungslosigkeit, oder einfach deswegen, weil sie sich nichts zu sagen trauen, aus Angst, sie könnten da irgendwo anecken. Daher war es in diesen Septembertagen wohltuend angenehm, einen mündigen Athleten zu sprechen, mit einer klaren Meinung, einem deutlichen Standpunkt.

Eineinhalb Jahre später, mit 35, holte Groß dann übrigens noch den letzten großen Titel seiner Karriere, seine vierte olympische Goldmedaille, seine vierte mit der Staffel. Mit dabei waren Sven Fischer, der Thüringer. Michael Rösch, der Sachse. Michi Greis, der Bayer. Und Ricco Groß. Der Sachsen-Bayer.

88. GRUND

WEIL GESPRÄCHE ÜBER GESCHLACHTETE SÄUE, ERLEGTE REHE UND BLÖDE HUNDSKRÜPPEL DIE UNTERHALTSAMSTEN SIND

Interviews mit Fritz Fischer können manchmal schwierig sein. Nicht weil er nichts sagen würde, es gibt ja solche Gesprächspartner, denen stellt man Fragen, und was erwidert wird, sind knappe, belanglose Antworten, plattitüdenhaften Plattheiten. Bei Fritz Fischer ist das genau anders, er sagt oft sehr viel, redet dazu sehr schnell, und je wichtiger ihm eine Sache ist, desto schneller wird er. Dazu zieht er oft schöne Vergleiche, bildet Metaphern, gleitet manchmal sogar ins Philosophische ab, mit Fritz Fischer können also durchaus tiefer gehende und äußerst komplexe Gespräche entstehen. Mitschreiben mit Stift und Block empfiehlt sich nicht, am besten immer ein Tonband mitlaufen lassen, aber selbst das muss man manchmal noch fünfmal abhören, bis man alles verstanden hat, inhaltlich wie akustisch.

Manchmal geht es bei Fritz Fischer auch rustikal zu. So wie das eine Mal, als er über geschlachtete Säue sprach, ein Training in Unterhosen, wie er sich selbst als blöden Hund beschimpfte und darüber, wie er sich freute, als ihn eine ältere Frau als Hundskrüppel beschimpfte.

Das alles war im Januar 2002, die Winterspiele von Salt Lake City standen unmittelbar bevor, in Ruhpolding war gerade noch Weltcup. Ruhpolding ist auch die Heimat von Fritz Fischer, hier wurde er groß, hier lebt er immer noch, und hier arbeitet er als Chef einer Biathlon-Talentschule. Beim Weltcup in Ruhpolding war Fritz Fischer immer schwer beschäftigt, neben seiner Arbeit als Trainer der deutschen Mannschaft war er gerade hier immer mächtig eingespannt, mit viel Organisationsarbeit und mit viel Händeschütteln, als prominenter Mann des Ortes. In einer ruhigen Minute aber nahm sich Fischer damals für einen lieben Kollegen Zeit, er sprach etwa über seinen allerersten Wettkampf in jungen Jahren und die Nervosität dabei: »Da war ich so aufgeregt, dass ich beim Gewehr statt auf Einzel- auf Feuerstoß gestellt habe. Da waren alle Schuss auf einmal draußen. Da habe ich mir gesagt: Leck mich, du blöder Hund, du bist zu blöd zum Schießen.«

War er dann aber doch nicht, Fischer wurde einer der erfolgreichsten deutschen Biathleten, 1992 holte er als deutscher Schlussläufer Staffel-Gold, wobei er damals zu kaputt war zum Feiern, eine Stirnhöhlenvereiterung hatte ihn flach gelegt. Fischer sprach an diesem Tag in Ruhpolding auch über die Ernährung, über Sportler, die sich schinden und quälen und hungern, um auf ein vermeintliches Idealgewicht zu kommen. »Ich bin ein absoluter Gegner von Diäten. Alles, was du bewusst abnimmst, holt sich der Körper irgendwo anders her. Ist eigentlich nur rausgeschmissenes Geld. Ich bin auf einem Bauernhof aufgewachsen, da hat man a Sau gestochen und die ist gegessen worden. Man muss als Sportler auf nichts verzichten, auch nicht auf die Tafel Schokolade. Verbünde dich mit deinem Körper, und er wird dir sagen, was du brauchst.« Eine Einheit aus Seele, Geist und Körper, da blitzte er wieder durch, Fischers Hang zum anthroposophisch Philosophischen. Aber nur kurz, ganz kurz, denn dann wurde es wieder wunderbar handfest.

Fischer erzählte, wie er einmal als Trainer den deutschen Nachwuchs vor einer Junioren-WM motivierte und sagte: »Wenn ihr Weltmeister werdet, dann mache ich in der Unterhose bei minus 15 Grad ein Training.« Diese einmalige Gelegenheit ließen sich die Junioren nicht entgehen. Sie holten alle Titel. Und Fischer kam in Unterhose zum nächsten Training. Auf dem Bauch trug er eine Startnummer.

Der deutsche Mannschaftsarzt machte davon ein Foto, stellte es ins Internet und schrieb darunter: »Ein Verrückter unterwegs, bitte einfangen.«[80]

Fischer berichtete auch noch von Ausflügen mit seinem Mannschaftskollegen Frank Luck, einem passionierten Jäger: »Da kam dann auf einmal so ein Reh raus und äst. Ich habe nur gesagt: ›Geh, Lucky, lass doch das Reh leben, ist doch schön so.‹ – ›Nix, des hau ich weg‹, hat er gemeint. Da kam der Jäger richtig durch. Für mich ist das nix.« Mehr Freude als die Erlebnisse auf der Pirsch machten ihm Begegnungen auf der Straße, sagte Fischer noch, wie Ende 2001, wenige Wochen vor diesem Interview, als ihn eine alte Frau nach vielen Jahren auf das Staffel-Gold von Albertville 1992 ansprach. »Du bist doch der Fischer«, habe sie gesagt. »Wegen dir is mir mei Suppn o'brennt, du Krippi, du. Des war so spannend, des Rennen, du Hundskrüppel.«

Das musste sich der Kollege übrigens beim Abtippen vom Tonband nicht fünfmal abhören. Diesen Satz verstand er beim ersten Mal ...

89. GRUND

WEIL DER ZIRNBERG IN RUHPOLDING MEHR LOCKTE ALS DER PUTIN IN MOSKAU

Anfang 2002 gab es einmal ein großes Porträt über eine Läuferin und ihren Trainer. Über Magdalena Forsberg und Wolfgang Pichler. Der Bericht stand im Magazin *Biathlon*, dem Fachorgan des Biathlon-Weltverbands IBU. Das Magazin, das ist aus Sicht des Herausgebers auch verständlich, feiert den Biathlon-Sport und das ganze Drumherum aus eigenem Interesse vielleicht unkritischer als unabhängige Medien. Themen zu Sponsoren und Marketing-Fragen wird mehr Platz eingeräumt als anderswo, klar, es sind ja auch potente Geldgeber, es sind die, die den ganzen Spaß finanzieren.

Das Heft, das heute *biathlonworld* heißt, liefert darüber hinaus aber auch interessante Hintergrund-Storys und unterhaltsame Interviews, bunte Porträts, bemerkenswerte Features. So eben auch einmal über die Forsberg und den Pichler, unter einer, und das war dann doch ein wenig gemein, erstaunlichen Überschrift: »The beauty and the coach.« Die Schöne und der Trainer.

In Anlehnung an das bekannte Musical, was der Autor des Artikels damals auch im Text vermerkte. Dort schrieb er darüber, wie sich Pichler immer ins Zeug werfe, um seine Athletin von allem Unbill zu bewahren, von allen störenden äußeren Einflüssen wie übermäßigen Interviewanfragen zu schützen, und so notierte er in dem Bericht: »Die Rollenverteilung erinnert an ›Die Schöne und das Biest‹.« Um sicherheitshalber gleich hinterherzuschieben: »Doch Biest ist Pichler keins.«[81]

Nein, das war er auch noch nie. Nicht der Pichler. Ein kantiger und manchmal grantiger Typ, ja. Aufbrausend und für manche auch polarisierend. Aber auch sehr einfühlsam, empfindsam und sensibel. Kurz, ein Unikum.

Daheim in Ruhpolding ist Pichler nur der Wolfi. Der älteste von drei Söhnen des Waldarbeiters Hans Pichler (siehe 25. Grund), politisch eine tiefrote Familie im pechschwarzen Chiemgau. In der Jugend ein halbwegs erfolgreicher Teilnehmer bei Volksläufen, später arbeitet er beim Zoll. Er beginnt, die Biathleten der Sportfördergruppe der Zollverwaltung zu trainieren, das nötige Wissen holt er sich durch ein akribisches Studium der einschlägigen Fachliteratur. Aufsehen erregt er 1991 mit seinem Schützling Jens Steinigen.

Steinigen wurde im DDR-Sport groß, nun prangert er mit seinem Trainer und Mitstreiter Pichler schonungslos die Machenschaften um das ostdeutsche Doping-System an. Steinigen gewinnt ein Jahr später in Albertville Staffel-Gold, Pichler aber wird nach diversen Attacken auf die DSV-Sportführung zur Persona non grata.

Staffel-Bronze in Albertville 1992 holen die Schweden, einer der vier Läufer ist ein gewisser Leif Andersson. Er trainiert im Sommer immer in Ruhpolding, wohnt im Haus von Wolfgang Pichler, so entsteht der Kontakt zur schwedischen Mannschaft. 1995 wird Pichler Cheftrainer, er ist Wegbereiter für die große Karriere von Magdalena Forsberg (siehe 37. Grund), später führt er auch Anna Carin Olofsson und Helena Jonsson zu Erfolgen, genau wie Björn Ferry oder Carl Johan Bergman bei den Männern. Dann, 2011, geht er als Trainer nach Russland, einfach weil ihn das Land immer schon fasziniert hat, spätestens seit der Jugendlektüre von Oskar Maria Grafs *Reise nach Sowjetrussland*.

Es wird eine große Erfahrung für ihn, es ist eine große Herausforderung, eine mächtige Aufgabe in diesem Riesenreich, mit einem sonderbaren Geflecht aus Politik, Sport und Wirtschaft, mit Ministern, Funktionären, Oligarchen. Pichler aber macht nie den Eindruck, als mache er den Job aus leidenschaftlichster Überzeugung. Eher als sehne er sich manchmal nach der Wärme und der Herzlichkeit der kleinen schwedischen Biathlon-Familie.

Am vorletzten Tag der Spiele von Sotschi holen die russischen Biathlon-Männer Staffel-Gold. Tags darauf, am Sonntag, wird kräftig gefeiert, Anfang der Woche fliegt der ganze Tross nach Moskau, zum heldenhaften Empfang im Kreml. Wolfgang Pichler, der Wolfi, er sitzt da schon längst wieder daheim in Ruhpolding, natürlich hätte er auch mitfahren dürfen, als Trainer der Biathlon-Truppe, aber er hat es nicht mehr ausgehalten. Am Telefon erzählt er in einem langen Gespräch, dass er neben seiner Lebensgefährtin auf der Bank vor seinem Haus in der Sonne sitzt. Er schwärmt von der Heimat, spricht über die Sehnsucht, die er hatte in den vergangenen Wochen in Russland. Am Schluss sagt er: »Ich schau grad rauf auf den Zirnberg, ich kann mir nix Schöneres vorstellen.« Die Freundin war ihm dann doch näher als der Putin.

90. GRUND

WEIL WE IN BAVARIA ARE BUILT NEAR THE WATER

Einen Pichler, na klar, einen Pichler haben wir noch. Von Wolfgang Pichler gibt es schließlich viele gute Geschichten wie die mit der Kuchen-Wette mit Magdalena Forsberg.

Pichler und Forsberg hatten eines Tages nämlich vereinbart, falls sie, Forsberg, im Training alle Scheiben treffen würde ohne einen einzigen Fehlschuss, dann würde er, Pichler, ihr jedes Mal zur Belohnung für den Nachmittagskaffee ein Stück Kuchen kaufen. Das sei eigentlich nicht besonders schwer, meinte er, irgendwo in der Nähe würde man schon immer ein Café finden, nur ausgerechnet in seiner Heimat, da sei das etwas mühsam: »In Ruhpolding ist das immer eine richtige Aufgabe«, sagte Pichler einmal, »weil da kommt man so blöd zum Konditor und dann findet man auch keinen Parkplatz.«

Es ist nebenbei gesagt erstaunlich, wie gut Magdalena Forsberg ihre Figur gehalten hat im Laufe ihrer Karriere. Bei den Kuchenmengen, die sie in all den Jahren verdrückt haben dürfte. Pichler muss am Rande des Ruins gestanden haben, und vielleicht war er auch ganz froh, dass Forsberg 2002 ihren Rücktritt verkündet hatte. Sonst wäre er wirklich noch arm geworden.

Wäre es so weit gekommen, hätte Pichler aus Geldnot vielleicht Tantiemen einfordern oder seine Urheberrechte einklagen müssen – als er in Schweden nämlich zum Radio-Star geworden war.

Das äußerst Angenehme an Wolfgang Pichler ist, dass er einer der leider nur noch wenigen Menschen im Spitzensport ist, die nicht versuchen, ihre Worte erst einmal abzuwägen und zu überdenken, bevor sie belanglose Floskeln und glatt geschliffene Formulierungen absondern. Nein, der Pichler sagt, was er denkt, und wenn einem das nicht passt, dann ist es ihm auch wurscht. In Schweden war das genauso, allerdings sprach Pichler kaum schwedisch, darum sprach er englisch, oder besser gesagt, es klang ein bisschen nach Englisch. Berühmt wurde sein Zitat: »Im Prinzip it looks good.« Daraufhin startete eine schwedische Radiostation eine Sendung, die den Titel *Learning English with Wolfgang* trug.

Es war so etwas wie die schwedische Variante von *Fränglisch mit Loddar* auf Bayern3, wo sie den Matthäus immer mit seinem Kauderwenglisch aufgezogen hatten: »It gives eleven meters« oder »I know me very good out in football«. Künstlich konstruierte Formulierungen in fränkischem Akzent,[82] das klang immer wieder ganz amüsant.

Wolfgang Pichler aber lieferte selbst die besten und schönsten Originalsprüche, 2009 im koreanischen Pyeongchang etwa, als die Schwedin Helena Jonsson WM-Gold in der Verfolgung holte und Pichler vor Rührung den Tränen nahe fast zusammenbrach. Der internationalen Presse diktierte er angesichts seiner Gefühlswallungen angelehnt an eine bayerische Redensart in den Block: »We in Bavaria say, I am built a little bit near the water.«

Weniger wegen seiner Englischkenntnisse als vielmehr wegen seiner Verdienste um den schwedischen Biathlon-Sport – unter seiner Führung wurde Anna Carin Olofsson 2006 die erste schwedische Biathlon-Olympiasiegerin – erhielt Pichler 2007 bei der schwedischen Sportlerwahl beispielsweise den »Sportspegelns specialpris«.

Gut möglich, dass sie, sollte einmal in einigen Jahrhunderten der beste schwedische Biathlon-Trainer aller Zeiten gekürt werden, auch dann Pichler zum Preisträger ernennen. Pichler würde sicher als Favorit in die Wahl gehen, und man könnte angesichts seiner Chancen sicher sagen, it looks good, im Prinzip.

91. GRUND

WEIL BREZNSALZ EINE WARME WELTMEISTERSCHAFT RETTETE

Die WM 2012 in Ruhpolding war eine der spektakulärsten in der Geschichte von Biathlon-Weltmeisterschaften. Nie war das mediale Interesse größer, nie waren Erwartungen an das deutsche Team so hoch wie hier, nie gab es einen solchen Hype und eine solche Aufregung um eine einzige Person wie um Magdalena Neuner, die drei Monate zuvor ihren Rücktritt zum Saisonende angekündigt hatte, und für die die Titelkämpfe in der Heimat zum letzten großen Ereignis werden sollten.

Unter den vielen Superlativen 2012 in Ruhpolding fand sich aber auch einer, der den Sportlern gar nicht so recht passte. Die WM war nämlich auch eine der wärmsten aller Zeiten. Es war Anfang März, und der Frühling war ausgebrochen im oberbayerischen Chiemgau. Die Menschen saßen in Straßencafés, sie trugen T-Shirts und Sonnenbrillen. Man dachte an die Weltcups in früheren Jahren, die immer Mitte Januar bei oft klirrender Saukälte ausgetragen wurden. Man dachte an die WM 1999 in Kontiolahti (siehe 54. Grund). In Ruhpolding hatte man 15 Grad plus und der hier beheimatete Wolfgang Pichler hatte einen mächtigen Sonnenbrand, wobei man sich angesichts seiner überschaubar guten Laune nicht sicher sein konnte, ob ihm vielleicht nicht doch die äußeren Umstände die Zornesröte ins Gesicht getrieben hatten. »Des is an der Grenze zum Irregulären«, schimpfte er, der mittlerweile hier schon als Trainer der Russen an der Strecke stand. »Für die Zuschauer ist das super, für die Sportler ein Graus.«[83]

Der Schnee schmolz dahin, und während man angesichts der immer sulziger werdenden Bedingungen unwillkürlich tagtäglich die Melodie der Eiswerbung aus dem Kino vor sich hin summte

(»Like ice in the sunshine …«), kam den Verantwortlichen doch noch die rettende Idee, allen voran Norbert Baier.

Was ihm als Wettkampfleiter eingefallen war, das schien für außenstehende Laien zunächst auch erst wie ein ganz schlechter Scherz. War aber ganz ernst gemeint. Denn Baier baute auf Breznsalz.

Angesichts der Temperaturen und des immer sulziger werdenden Schneematschs ließ Baier vor jedem Rennen bis zu 110 Kilogramm grobkörniges Breznsalz verstreuen.

Die Online-Fachseite *salz-kontor.de* definiert Breznsalz als »ein kompaktes Siedesalz oder Steinsalz, das eine Korngröße von ein bis drei Millimeter besitzt. Es wird überwiegend zum Würzen von Laugengebäck wie Laugenbrezeln, Brezeln, Laugenstangen, Laugenbrötchen, Kümmelstangen und anderen salzigen und herzhaften Backwaren oder Dauerbackwaren verwendet.«[84] Oder eben auch zum Präparieren von Biathlon-Strecken, was den Neid eines jeden Bäckermeisters hervorgerufen haben dürfte.

Denn während in Brüssel bei der EU gerade heftig darüber debattiert worden war, ob der Salzanteil auf einem Laugengebäck im Verhältnis zum Mehlgewicht künftig auf 1,2 Prozent limitiert werden müsse oder ob weiterhin in Relation zum Gesamtgewicht 1,5 Prozent Salz auf einer Brezn verteilt sein dürfen, was bei einer 90 Gramm schweren Breze immerhin einen Unterschied zwischen 1,08 und 1,35 Gramm Salz bedeutet, konnten Baier und seine Streckenarbeiter das Salz ohne von Europa regulierte Obergrenze nach Herzenslust auf die Piste streuen.

110 Kilo, Salz für rund 100.000 Brezen, und das alles nur wegen Biathlon. Aber warum eigentlich? Nun, das grobe Hagelsalz hat die Eigenschaft, dem Schnee die Feuchtigkeit zu entziehen, was schon nach einer halben Stunde Wirkung zeigt. Die Strecke wird fester, es entsteht ein Kühleffekt, bis zu fünf Stunden lang. Das Problem: Wird Salz öfters aufgetragen, wird der Schnee mehlig. Hätte die EU in Ruhpolding das Sagen gehabt, wäre vermutlich eine Verordnung

erlassen worden, wonach der Mehlanteil im Schnee mindestens 98,8 Prozent zu betragen habe.

Die Aktion jedenfalls war ein voller Erfolg, das Breznsalz wirkte Wunder, die Bedingungen waren zwar schwierig, aber absolut regulär, und die Läufer zollten am Ende den Verantwortlichen großes Lob für ihren Einsatz bei der Streckenpräparierung. Sogar der Pichler Wolfi war versöhnt, sein Gesicht war immer noch recht rot am Ende der WM, also war es doch ein Sonnenbrand.

Über die Kosten der eigenwilligen Streckenbearbeitung wurde nichts verlautbart, die Organisatoren hüllten sich in Schweigen über die Preise.

Sie waren aber sicher recht gesalzen.

92. GRUND

WEIL EIN KREUZFEUER FÜR GROSSES DRAMA SORGEN KANN

Johnny Weir konnte nicht anders, er musste einfach etwas sagen. Johnny Weir, ein früherer amerikanischer Eiskunstläufer, einer der besten seines Landes. In Göteborg 2008 holte er WM-Bronze, bekannt wurde er aber vor allem deswegen, weil er als einer von ganz wenigen internationalen Spitzensportlern den Mut aufbrachte, sich zu seiner Homosexualität zu bekennen. An Silvester 2011 heiratete er seinen langjährigen Lebensgefährten Viktor Voronov, einen US-amerikanischen Rechtsanwalt russischer Herkunft.

Gerade in der russischen Schwulenszene brachte ihm das viele Sympathien ein, dort widmete man ihm auch eine eigene Fanseite im Internet. Johnny Weir schwebt mittlerweile sogar im Weltraum,

2010 wurde ein Asteroid von der NASA auf Vorschlag seiner russischen Anhänger nach ihm benannt.

Nun aber, im Januar 2014, sah er sich plötzlich vielen Anfeindungen ausgesetzt, da er als TV-Kommentator für den amerikanischen Olympia-Sender NBC nach Sotschi fahren sollte. Ins Land der Wurzeln seines Ehemanns, ins Land seiner Fans, aber eben auch in ein Land voller Ressentiments und Diskriminierungen gegenüber Homosexuellen. Gerade die amerikanische »LGBT-Community«, kurz für Lesbian-Gay-Bisexual-Trans-Gemeinschaft, forderte ihn auf, auf die Reise zu den Olympischen Winterspielen zu verzichten, aus Protest gegen die auch vonseiten der russischen Regierung geförderte Homophobie. Doch Weir, 2010 in Vancouver als Aktiver noch Olympia-Sechster, wehrte sich: »Ich könnte die Olympischen Spiele niemals boykottieren«, sagte er, »egal, ob sie in Nordkorea stattfinden, in Uganda, im Iran oder auf dem Mars.« Oder auf seinem Asteroiden.

Und dann sprach er noch davon, dass er sich sehr schlecht fühle, so unter Beschuss zu sein. Wörtlich meinte er: »I feel in a crossfire.«[85]

Crossfire. Ein Wort, bei dem man gleich wieder an Magdalena Neuner dachte, an Uschi Disl und an Magdalena Forsberg. An ihre Missgeschicke am Schießstand.

Crossfire ist nämlich auch ein Begriff aus dem Biathlon, den es hier noch näher zu erklären gilt. Crossfire nennt man die Situation, wenn ein Biathlet zum Liegend- oder Stehendschießen kommt, dann aber dummerweise die falschen Scheiben anvisiert – und auf die fünf schwarzen Löcher der Nebenbahn zielt. Das kann tatsächlich vorkommen, die Scheiben sind pro Bahn in einer Entfernung von 50 Metern angebracht, der Korridor der Bahnen ist allerdings nur 2,75 Meter breit. Im Eifer des Gefechts passiert es hin und wieder, dass der Biathlet über Kimme und Korn zwar noch den Durchblick hat, den Überblick aber verliert und die Scheiben von nebenan für die eigenen hält.

Magdalena Neuner unterlief dieses Malheur 2012 beim Weltcup von Nove Mesto. Einen Monat zuvor hatte sie ihren Rücktritt verkündet, es schien, als wollte sie noch mal alles in ihre letzte Saison hineinpacken, alle Höhen, alle Tiefen. Als Führende im Verfolgungsrennen war sie zum ersten Stehendschießen auf Bahn eins gekommen und traf dann auch bei den ersten vier Schuss alle vier Scheiben. Bei Magdalena Neuner, die gerade im Stehendanschlag oft Probleme hatte, war das nicht selbstverständlich, es war eigentlich also eine ganz starke Leistung – aber eben nur blöd, dass es die Schießscheiben von Bahn zwei waren. Erst vor dem fünften Schuss erkannte sie die Misere, korrigierte und setzte noch auf der richtigen Bahn einen Treffer, was sie aber nicht vor vier Strafrunden bewahrte und ihr letztendlich statt des sicheren Sieges nur Platz sieben brachte. War nicht so schlimm, den Gesamtweltcup am Ende der Saison holte sie sich trotzdem noch.

Ähnlich folgenlos blieb das Crossfire einst bei einer anderen Magdalena, der Schwedin Forsberg, 2001 im slowakischen Osrblie. Sie setzte alle fünf Schuss auf die falschen Scheiben ab, merkte das aber nicht einmal, lief deswegen auch keine Strafrunden und bekam dem Reglement entsprechend im Ziel zehn Strafminuten aufgebrummt, zwei pro nicht gelaufene Runde. Dass sie dadurch Rang 95 belegte, unerheblich. Auch Forsberg sicherte sich trotz der Unbill die große Kristallkugel für den Gesamtweltcup.

Etwas folgenschwerer war da schon das Crossfire von Uschi Disl im Jahre 2000, bei der WM in Oslo, die sich um eine mögliche Bronzemedaille brachte, als sie auf die falsche Bahn geriet.

Das allergrößte Unglück aber widerfuhr einst keinem Biathleten, sondern dem amerikanischen Sportschützen Matthew Emmons. Bei den Olympischen Sommerspielen von Athen dominierte Emmons den Kleinkaliber-Dreistellungskampf und lag vor dem letzten Schießen souverän in Führung. Im finalen Versuch hätte ihm eine 7,2 von maximal zehn Ringen zur Goldmedaille gereicht, eine reine Formsache, und tatsächlich traf Emmons auch eine glatte Zehn – aber eben auf der Nebenbahn. Dafür kassierte er eine Null und fiel aus den Medaillenrängen. Danach gab es viel Mitleid, Trost und guten Zuspruch. Unter Beschuss stand er nicht.

Sein Crossfire war Kreuzfeuer genug.

93. GRUND

WEIL ZWISCHEN BILLARDSPIELERN UND WEINBAUERN EINIGE GEHEIMNISSE STECKEN

In unserer Welt, das finden viele sehr schade, gibt es immer weniger Geheimnisvolles. Alles ist entdeckt und enthüllt, nichts ist uns mehr verborgen. Die Medien, das Fernsehen, das Internet, es ist freilich schön, dass die ganze Welt näher zusammengerückt ist, aber dadurch wurde vieles auch entzaubert und der Fantasie beraubt. Sicher, es gibt noch einige Punkte, die vielleicht auf immer ein Rätsel bleiben werden. Woher die Steine von Stonehenge kamen und welche Bedeutung sie hatten. Ob in der Wüste New Mexicos 1947 wirklich ein Ufo mit Außerirdischen abstürzte. Und warum wir an der Supermarktkasse immer in der falschen Schlange stehen. Das sind einige der letzten Mysterien, an denen sich die Menschheit noch in Jahrtausenden den Kopf zerbrechen wird. Recht viel mehr an Unerklärlichem haben wir mittlerweile nicht mehr. Man kennt alle Länder, man kennt die ganze Welt, man bekommt alle Daten, alle Fakten, alles Wissenswerte geliefert, frei Haus, irgendwie ist das schade.

Auch im Biathlon ist das so. Mittlerweile ist alles transparent und öffentlich, der Athlet ist ein gläserner geworden. In einschlägigen Datenbanken kann man seine sämtlichen Resultate in internationalen und nationalen Wettbewerben abrufen, und seien sie noch so unbedeutend. Die Ergebnisse wie die Veranstaltungen. Laufleistung, Schießergebnis, Verweildauer am Schießstand, durchschnittliche

Trefferquote im Liegendanschlag im Vergleich zum Durchschnitt der Konkurrenz. Irgendwann werden sie noch Individual-Statistiken aufstellen zur Herzfrequenz bei der ersten Zwischenzeit in Relation zum Body-Mass-Index und den bisher gesammelten Weltcuppunkten geteilt durch die Anzahl der Autogrammwünsche und der Summe der Nachladepatronen bei ihren Staffel-Einsätzen, umgerechnet auf den systolischen Gesamt-Blutdruckwert der Zuschauer im Stadion. Frage: Wie alt ist der Bürgermeister?

Auch das alljährlich erscheinende Handbuch des Weltverbandes IBU entpuppt sich beim Durchblättern von Jahr zu Jahr als immer umfangreichere Fundgrube mit immer neueren Details zu den jeweiligen Sportlern, ganz egal, ob man schon jemals von ihnen gehört hat oder noch überhaupt irgendwann von ihnen hören wird.

In der Ausgabe vom Herbst 2013 etwa, rein stichprobenartig aufgeklappt, erfährt man auf Seite 342, dass der Ukrainer Artem Pryma nicht nur ein begeisterter Fußballspieler, Angler und Billardspieler ist, sondern auch, dass er 2011 beim Sprintrennen beim Weltcup in Oslo mit einem geteilten 15. Platz sein bestes Ergebnis überhaupt einfuhr. Aha.

Weiter vorne, Seite 231, liest man über den Ungarn Karoly Gombos, dass er Winzer und Landschaftsgärtner ist und 2007 in Lahti im Einzelrennen einen 88. Platz belegte. Eine Leistung, die freilich noch lange nicht das Nonplusultra in seiner Karriere war, denn bei zwei Rennen von Vancouver 2009 und einem in Sotschi 2013, jeweils die Generalproben für die Winterspiele im Jahr darauf, war er klar besser. Da landete er auf Rang 87. Während dem Leser da nur die Hoffnung bleibt, dass der Herr Gombos in Wein- und Gartenbau erfolgreicher ist als im Biathlon, stößt man beim Weiterblättern zwischen den Seiten 272 und 274 auf Ole Einar Bjørndalen, der ist auch nicht wirklich zu übersehen.

Findet man in der Regel pro Seite zwei Athleten, nimmt allein Bjørndalen zweieinhalb Seiten ein, das verwundert nicht, bis all seine 93 Weltcupsiege, seine 47 zweiten und die 25 dritten Plätze aufgelistet sind, das dauert und braucht Platz.

Mehr Platz, als das gesamte Team aus der Mongolei zusammen benötigt. Auf Seite 259 und Seite 260.

Insgesamt sieht man dort vier Menschen abgebildet, zwei Cheftrainer namens Boldbataar Dorjsuren und Byama Enkh-Amgalan, dann auf der zweiten Seite die beiden Sportler, die besten Biathleten ihres Landes. Khurelbaatar Khash-Erdene und Erdechnimeg Barkhuu. Doch die persönlichen Informationen sind dürftig. Die Geburtsdaten stehen noch dabei: 14. November 1983 und 5. Juni 1986. Sonst nichts. Leere. Weder Wohnort noch Beruf noch Hobbys. Nicht, welche Skimarke sie benutzen oder wann sie mit dem Biathlon angefangen haben, die Standardinfos, die sonst bei jedem stehen.

Auch wer ihre Trainer sind, kein Eintrag. Gut, vermutlich werden es die Herren, na, wie hießen die noch mal, einmal zurückgeblättert, die Herren Dorjsuren und Enkh-Amgalan sein, aber mehr wird man nicht mehr erfahren. Weder ihre Weltcupergebnisse noch ihre Top-Platzierungen bei Großereignissen. Nichts.

Es bleiben Fragen. Was haben sie bisher gemacht in ihrem Leben, wie kamen sie zum Biathlon? Sind sie die gefeierten Stars bei den traditionellen mongolischen Steppenmeisterschaften, bei denen man im Sprint über 750 Kilometer bei den 200 Schießeinheiten jeweils fünf Yaks zu erlegen hat und für jeden nicht getroffenen Büffel eine Strafrunde von 80 Kilometern zu absolvieren ist? Sind sie vielleicht Viehfarmer im Gobi-Gurvansaikhan-Nationalpark und pflegen dort eine Kamelherde, kümmern sich um Schneeleoparden und Kaschmirziegen? Oder sind sie Fischzüchter, spezialisiert auf den aus Russland immigrierten Baikal-Stör (lat.: Acipenser baerii baicalensis Nikolskii), der über mehr als 300 Kilometer flussabwärts wandert, um im Selenga-Strom oder dem Oberlauf des Orchon abzulaichen? Kümmern sie sich als ausgebildete Ornithologen um Zugvögel, die nur den Sommer in der Mongolei verbringen, wie etwa die Schwanengans, der Höckerschwan, die Krickente? Oder sind die beiden am Ende als Stadtkinder fest in der Metropole Ulan-Bator verwurzelt, als Fahrkartenverkäufer bei der Transmongolischen Eisenbahn oder als Imbissbudenbesitzer am Chinggis Khaan International Airport?

Und die allerwichtigste Frage, wenn man sich die finsteren Gesichter der beiden auf den verschwommen, unscharfen Fotos anschaut, lautet: Gehen sie zum Lachen in den Keller?

Schön, dass es auf dieser Welt doch noch Geheimnisse gibt und ungeklärte Fragen. Und sei es nur bei mongolischen Biathleten.

94. GRUND

WEIL BIER UND BRATWURST ÜBER DIE OLYMPIA-TRAUER HINWEGTRÖSTETEN

Die Enttäuschung war gewaltig. Dabei hatte Sarah Murphy alles gegeben. Im Internet konnte man sich Videos anschauen und lesen, wie Sarah Murphy im Dezember 2013 noch voller Hoffnung war, doch dabei zu sein, bei den Winterspielen von Sotschi. Wie sie die internationalen Qualifikationsnormen alle erfüllt hatte. Und wie ihr Traum dann jäh zerstört wurde – durch ihren eigenen nationalen Verband, das Olympische Komitee Neuseelands.

Sarah Murphy wurde in Kanada geboren, die Mutter ist Neuseeländerin, deswegen nahm sie auch beide Staatsbürgerschaften an. 2001 fing sie mit dem Biathlon an und wurde gleich auf Anhieb Vierte bei den Kanadischen Meisterschaften, später, 2007, folgte ein sechster Platz bei der Junioren-WM, 2008 war sie Kanadische Meisterin. Bei internationalen Rennen startete sie aber für Neuseeland, 2010 trat sie für bei den Winterspielen in Vancouver für den

Inselstaat im Pazifik an, Platz 82 im Einzel, zweimal, im Einzel und im Sprint. Mehr war nun einfach nicht drin.

Manchmal fragt man sich als Betrachter, warum sich solche Athleten so etwas antun, den ganzen Winter unterwegs sein, das harte Training im Sommer, ohne Aussicht, jemals von ihrem Sport auch nur ansatzweise leben zu können wie die Profis aus Norwegen, Russland, Deutschland. Es muss ein gewaltiger Idealismus sein.

In ihrem Online-Profil nennt sie sich »Sarah Sunshine«. Es braucht für Biathletinnen wie sie in der Tat viel Sonnenschein und viel Optimismus, um sich nicht unterkriegen zu lassen.

Sarah Murphy jedenfalls machte auch nach Vancouver mit dem Biathlon weiter, ihr großer Traum: die Spiele von Sotschi 2014. Sie zog nach Europa, trainierte bei den Schweizer Biathletinnen mit, und als es dann 2013 allmählich Herbst wurde und der Auftakt in die Olympiasaison anstand, da war sie sehr zuversichtlich, die Norm für die Winterspiele auch zu schaffen. Die ersten Weltcups in Östersund und Hochfilzen liefen durchwachsen, die Ränge: 88, 99, 96. Nun kam der Weltcup in Le Grand-Bornand, an der Strecke standen auch ihre Eltern, die sie sieben Monate lang nicht mehr gesehen hatte. Ihre Mutter fragte sie vor dem Rennen noch, ob sie nicht endlich mit dem Biathlon aufhören und sich zu Hause einen anständigen Job suchen wolle. Es war ein denkbar ungünstiger Zeitpunkt für so eine Frage.

Mit Rang 82 im Sprintrennen gelang es ihr, sich auch noch für die nächsten drei Weltcups zu qualifizieren, und sie hätte tatsächlich auch schon längst die – zugegeben nicht sonderlich anspruchsvollen – Qualifikationskriterien des Weltverbands IBU für Sotschi erfüllt. Da reichten eine Handvoll halbwegs ordentlicher Platzierungen im zweitklassigen IBU-Cup. Aber das NOK Neuseelands stellte auf stur und verlangte drei Top-50-Platzierungen im Weltcup. Und das war natürlich utopisch für Sarah Murphy, das Ein-Frau-Team, das immer auf sich allein gestellt war. Ohne Betreuer, ohne Physiotherapeut, ohne Skitechniker.

In Oberhof, Ruhpolding und Antholz erreichte sie die Ränge 69, 89 und 91, die weit weg von Gut und Böse waren und noch weiter weg von den Qualifikationskriterien des nationalen Verbandes. So ruinierten einige heimatliche Funktionäre den Traum Sarah Murphys von ihrer zweiten Olympiateilnahme. Neuseeland schickte 15 Athleten nach Sotschi, sie starteten in fünf Disziplinen, Medaillen gab es keine. Auf eine Sarah Murphy mehr oder weniger wäre es auch nicht angekommen.

Ende Januar, eine Woche vor Beginn der Spiele, schrieb sie auf ihrer Homepage von ihrer großen Enttäuschung, dabei meinte sie, sie hätte sich schon früher mitteilen wollen. »Aber das hätte nur verbittert und verärgert geklungen«, erklärte sie. »Es fiel mir sehr schwer, mich hinzusetzen, und all das, was in den vergangenen zwei Wochen geschehen ist, zu verarbeiten. Aber es war alles ein wenig viel.«[86]

Und doch, little Miss Sarah Sunshine fand bald ihre Freude wieder. Am 22. Februar, dem vorletzten Tag der Winterspiele, war Sotschi schon wieder ganz weit weg. Sarah Murphy startete beim 41. American Birkebeiner, kurz »Birkie«, dem größten Skimarathon der USA und Nordamerikas über 50 Kilometer. Sarah Murphy kam bei den Frauen auf Platz 17, ein respektables Ergebnis bei insgesamt 10.500 Startern. Vielleicht sollte das IOC künftig den American Birkebeiner ins olympische Programm aufnehmen. Mit einem geforderten Platz unter den ersten 50 würde Sarah Murphy sogar die Kriterien des neuseeländischen NOK erfüllen.

Nach dem Rennen sah man sie mit einem Becher Bier in der Hand und herzhaft in eine Birkie-Bratwurst beißen. Sie hatte die Sache mit Sotschi sichtlich gut verdaut.

Auch wenn sie es sich noch offen ließ, die Biathlon-Karriere freilich dürfte für Sarah Murphy beendet gewesen sein. Es war Zeit, den Wunsch der Mama zu erfüllen, endlich eine ordentliche Arbeit zu beginnen. Studiert hatte sie ja bereits, Tourismusmanagement, spezialisiert auf Abenteuerurlaube. Da kann sie viel erzählen, von ihren eigenen Abenteuern im Biathlon.

95. GRUND

WEIL KINDER DIE BESTEN INTERVIEWS FÜHREN

Hin und wieder fragt man sich ja schon, wenn man Sportübertragungen anschaut, was sich die Athleten so denken mögen, wenn sie danach, nach dem Spiel, nach dem Rennen, nach dem Matchball, erste Interviews geben müssen und dann mit sonderbaren Fragen konfrontiert werden. »Wie sehr freuen Sie sich, dass Sie hier gewonnen haben?« Was soll man darauf schon antworten? »Nein, ich freue mich gar nicht, ich finde es zum Kotzen, ich wäre lieber Vierter geworden und hätte das Spiel in der letzten Sekunde verloren?« So etwas vielleicht? Oder auch: »Geben Sie mir recht, wenn ich sage, dass das 0:5 heute kein Wunschresultat war?« Soll man da sagen: »Ich bitte Sie, da muss ich schon widersprechen, das war ein absolutes Traumergebnis, unsere Taktik ist voll aufgegangen.«

Nun soll dies nicht der geeignete Ort sein, um gegen die da vom Fernsehen hämisch Kollegenschelte zu betreiben. Das ziemt sich nicht, wäre zu billig und würde auf einen selbst und die ganze Zunft zurückfallen.

Welcher Print-Journalist frei von Fehlern ist, der werfe den ersten Kugelschreiber.

Nein, viel mehr soll hier der Nachwuchs gewürdigt werden, junge Reporter, die hin und wieder die Gelegenheit bekommen, mit den ganz großen Stars der Szene zu plaudern. Das war 2011 in Ruhpolding so, im Spätsommer. Im September gibt es in Ruhpolding immer einen Biathlon-Medientag, dort trifft man als Berichterstatter nach einem halben Jahr dann erstmals wieder altbekannte und vielleicht auch ein paar neue Gesichter. Trainer, Betreuer, Physios, Mediziner, Techniker, Funktionäre und natürlich auch die Sportler selbst.

Sie alle sprechen dann den lieben langen Tag über die vergangenen Monate im Sommer, das Training, die Vorbereitung, die Ziele für die neue Saison. Es kommen dann immer viele Fragen, eine Frage, die jedes Jahr kommt, ist, ob nicht jemand mal das Fenster aufmachen kann, weil die Luft so stickig ist.

2011 also, ganz am Ende, gab es aber ganz ungewohnte Fragen. Zwei Kinder hatten bei einem Preisausschreiben eine Begegnung mit ihrem großen Idol gewonnen, ein Treffen mit Magdalena Neuner. Neuner, die keine drei Monate später ihren Rücktritt bekannt geben sollte und im Hinterkopf vielleicht schon in diese Richtung gedacht hatte, wirkte sehr entspannt. Das war nicht immer so im Umgang mit Journalisten, es konnte schon vorkommen, dass sie manchmal etwas gereizt reagierte, an diesem Tag aber war sie äußerst locker, und als sie sich den beiden Grundschülern, einem Bub und einem Mädchen, gegenüber sah, da erst recht.

Die beiden fragten sie nach ihren Hobbys, nach ihrer Schulzeit, nach ihren Lieblingsfächern, nach ihren Noten. Was sie früher so als Kind gespielt habe, welche Musik sie hören würde, was für Bücher sie lesen würde, was sie in Wallgau am liebsten mache, wenn sie mal einen Tag frei habe.

Danach sagte Magdalena Neuner: »Endlich mal jemand, der g'scheite Fragen stellt. Da könnten sich die Journalisten ein bisserl was abschauen.«

Schon gut eineinhalb Jahre zuvor war Kati Wilhelm in einer ähnlichen Situation gewesen, kurz vor den Winterspielen von Vancouver. Für den *Spiegel* stellte sie sich den Fragen zweier zwölfjähriger Kinderreporter namens Kilian und Karlotta. Es war ein schönes Interview. Fragen, die aus der Sicht des Erwachsenen etwas unbedarft und naiv erscheinen mochten – die aber alle ihre Berechtigung hatten, und die zwar keine weltbewegenden, aber doch unterhaltsame Antworten hervorriefen.

Man erfuhr, dass Kati Wilhelm weder Techno noch Rap möge, sie ihr Abitur mit 1,3 abgeschlossen habe, dass sie ein Talent für

Fächer wie Mathe und andere Naturwissenschaften habe, dass ihr bei Fehlern am Schießstand oft das Wort mit »Sch…« durch den Kopf gehen würde und dass sie auf der Kirmes früher an der Schießbude immer versagt habe und keiner darauf hätte wetten wollen, dass aus ihr einmal eine Biathletin werden würde.[87] In diesem Gespräch fanden sich mehr wissenswerte persönliche Informationen als in vielen großen, umfangreichen Porträts, die über Kati Wilhelm in großen Zeitungen und Magazinen schon oft geschrieben wurden.

Gut gemacht, Kilian, Karlotta. Auf bald, Kollegen.

96. GRUND

WEIL DER BÜCHSENMACHER SCHON VIELE BABYS PRODUZIERTE

Im Fernsehen, wenn mal wieder vom Biathlon-Boom die Rede war, von der Popularität, aber auch von der Dramatik des Sports, dann hörte man manchmal, dass »Biathlon die Formel 1 des Winters« sei. Als Beobachter vor dem Bildschirm fragte man sich dann, was bitte schön ein Autorennen mit der Skijagd zu tun habe. Ist Magdalena Neuner vielleicht mit einem 800-PS-Mercedes über den Rennsteig von Oberhof geheizt? Steigt Martin Fourcade am Schießstand aus seinem Renault-Boliden aus oder bleibt er gleich im Cockpit sitzen und feuert Raketensalven aus der Seitenverkleidung ab wie einst James Bond in seinem vom schrulligen Düsentrieb-Ingenieur Q umgebauten Aston Martin? Oder muss Ole Einar Bjørndalen dreimal pro Rennen in die Boxengasse, um sich neue Ski aufziehen zu lassen? Und überhaupt, wo sind beim Biathlon die Boxenluder?

Der Vergleich zur Formel 1 also schien eher zu hinken.

Zumindest eine Gemeinsamkeit gibt es aber doch. Die Bedeutung des Materials. Im Falle Biathlon, des Gewehrs.

Wie bei den Auto-Konstrukteuren gibt es auch da Spezialisten, die man gerne als Superhirne bezeichnen kann. In der Formel 1 nannte man Ross Brawn so, den Tüftler und Denker bei Michael Schumachers Ferrari. Der Ross Brawn des Biathlons ist demnach Sandro Brislinger.

Sandro Brislinger ist Büchsenmacher, er arbeitet seit 1995 am Biathlon-Stützpunkt in Oberhof, er ist der Vater des jahrelangen deutschen Erfolgs, man kann auch sagen, der Vater vieler Babys. Denn »Baby«, so nennen einige Biathleten ihre Gewehre. Manche, wie Ole Einar Bjørndalen, nehmen ihre Waffen nachts hin und wieder sogar mit ins Bett. Es muss schon eine ganz eigene Beziehung sein, zwischen Biathlet und Gewehr.

Sandro Brislinger macht in Holz. Besonderes Holz. Türkisches Walnussholz. Das ist solider als anderes Holz. Vor allem macht es der türkischen Walnuss nichts aus, wenn die Temperaturen schwanken. Von plus zehn bis minus 20 Grad, das Material bleibt stabil. Natürlich ist das Material wertvoll, manche Rohlinge, aus denen er die Gewehre formen würde, sagte er einmal, würden mehrere Tausend Euro kosten. Aber Brislinger hat gute Kontakte zu den Händlern, daher zahlt er nur so um die 200 Euro. Meistens fährt er zu einem Holzlieferanten in der Rhön, schaut sich dort stundenlang um auf der Suche nach dem richtigen Material, nach der richtigen Faserung.

Meist hat das Holz noch eine Restfeuchtigkeit von etwas unter acht Prozent. »Früher hat man das in 15 bis 20 Jahren Lagerzeit rausbekommen«, sagte Brislinger in einem Porträt vor den Winterspielen von Sotschi, »heute hat man dafür Klimakammern«[88]

Aus dem acht Kilo schweren Holzklotz fräst, schleift und klopft Brislinger, bis der Schaft nur noch 900 Gramm wiegt. Als Maßanfertigung natürlich, je nach Größe, Armlänge, Schulterbreite. Sogar die Form der Wangenknochen ist wichtig.

80 bis 100 Stunden, das hat Brislinger einmal hochgerechnet, würde er in den Bau eines einzigen Gewehrs stecken. Dazu gehören die Modellierung des Holzes, der Einbau von Abzug und Lauf, Probeschüsse, die Nachjustierung mit dem Athleten. Man schaut, ob die Einstellung stimmt, ob es gut in der Hand liegt und auf der Schulter, fast noch wichtiger aber ist, ob der Biathlet sich wohlfühlt mit der Waffe. Brislinger nennt das den Aufbau der »persönlichen Ebene zum Schaft«.

Unter den Biathleten gäbe es natürlich solche und solche. Sportler, die sich das Gewehr abholen und sich nach einigen Probeschüssen darauf verlassen, dass schon alles stimmen wird. Und dann andere, die selbst noch einmal am Gewehr Hand anlegen und zusammen mit Brislinger den letzten Millimeter abschleifen, der der Waffe den entscheidenden Vorteil bringt.

In der Formel 1 galt Michael Schumacher immer als so ein Wahnsinniger, der nächtelang mit den Mechanikern und Konstrukteuren in der Werkstatt stand. Im Biathlon war das Michael Greis. Kurz vor den großen Wettkämpfen fuhr er manchmal spontan mittags in Ruhpolding los, um ab dem späten Nachmittag bei Sandro Brislinger in Oberhof am Gewehr herumzufeilen, doch noch eine Winzigkeit wegzufräsen.

Würde er den ganz normalen Tarif eines Büchsenmachers verlangen, meinte Brislinger, dann hätte er schon längst Konkurs anmelden müssen. So um die 70 Euro pro Stunde, hochgerechnet auf 90, 100 Stunden, da sei man längst bei 6.000 bis 7.000 Euro. Das würde keiner zahlen, deswegen gebe es auch keine Berufskollegen auf dem freien Markt, die sich auf Biathlon-Gewehre spezialisiert hätten. Brislinger, der als Berufssoldat von der Bundeswehr bezahlt wird, hat das Monopol. »Egal wie gut ich bin«, witzelte er einmal, »die Biathleten kommen so oder so zu mir.«[89] Brislinger aber ist gut.

Das weiß sogar die Konkurrenz aus dem Ausland.

Hin und wieder würde er auch kleineren Nationen helfen, kein Thema, wenn sie bei ihm anfragen würden. Einmal aber, da kam er in Nöte, als eines Tages kein anderer als Raphaël Poirée bei ihm nachfragte, ob er ihm ein Gewehr bauen könne. Poirée war damals der große Konkurrent der deutschen Mannschaft, einer der überragenden Biathleten seiner Zeit. Brislinger wollte nicht ablehnen. Er meinte nur, das würde dann zwei Jahre dauern. Poirée hatte die Botschaft verstanden und fragte nie mehr nach. Beim Superhirn aus Oberhof.

Die ruhigste Zeit hat Brislinger während der Großveranstaltungen selbst, dann ist die Arbeit getan, dann kann er zu Hause am Fernseher die Rennen in aller Ruhe verfolgen. Dann sind die Biathleten auf sich allein gestellt. Mit sich und ihren Babys.

UND SONST …

97. GRUND

WEIL DIE DEUTSCHEN SPORTLER PLÖTZLICH ALS BELGIER STARTETEN

In Herzogenaurach waren sie farbenblind. Zumindest vor den Winterspielen 2006. Bei der Produktion der deutschen Mützen. War ein netter Aufreger bei den Biathlon-Wettkämpfen in Turin. Als die Deutschen plötzlich als Belgier durch die Landschaft liefen.

Alles begann schon lange davor. Wie immer bei Olympischen Spielen war eine große Debatte darüber entbrannt, ob und inwieweit die Sportartikelhersteller ihre Markenlogos auf der Bekleidung der Athleten zeigen dürften. Das betraf vor allem den Ausrüster Adidas, der bereits im Frühjahr 2005 vom IOC angewiesen worden war, das Firmenemblem wie die Mitbewerber Nike und Puma in einer Größe von nur noch maximal 20 Quadratzentimetern auf den Anzügen zu platzieren. Das betraf auch die berühmten drei Streifen, die ein unverwechselbares und für jedermann wiedererkennbares Markenzeichen geworden waren, die aber unter Berufung auf »Designelemente« bis dahin immer wieder erlaubt waren. Und genau dagegen hatte die Konkurrenz nun eben mit Erfolg protestiert.

Doch bis zu den Winterspielen von Turin im Februar 2006 war ja noch genug Zeit, um in der Firmenzentrale in Herzogenaurach ein Schlupfloch zu entdecken, um die drei Streifen größer als die vorgeschriebenen 20 Quadratzentimeter auf den Rennanzügen zu platzieren. Die Idee: Bei allen von Adidas gesponserten Ländern druckte man die Landesfarben parallel zueinander auf die Anzüge.

Dumm nur, dass sie da bei den deutschen Sportlern etwas durcheinanderbrachten, und so waren 30 deutsche Langläufer, nordische Kombinierer und eben auch Biathleten in den ersten Tagen der Spiele mit den falschen Farben unterwegs. Besser gesagt, mit den richtigen Farben, nur in der falschen Reihenfolge. Statt Schwarz-

Rot-Gold trug man Schwarz-Gold-Rot, was aussah wie Schwarz-Gelb-Rot und damit an Belgien erinnerte. Aufgefallen war dies aber weniger den Athleten als den Fotografen, als sie Martina Glagow nach ihrer Bronzemedaille über 15 Kilometer, dem ersten Frauenrennen von Turin, genauer vor die Linse nahmen. Ein peinlicher Fauxpas für den Milliarden-Konzern. Und auch für Martina Glagow lief alles nicht ganz so glücklich.

Erst musste sie sich Kritik gefallen lassen, weil sie auf der anschließenden Pressekonferenz so spröde und humorlos gewirkt habe, und dann, drei Tage später, bekam sie auch noch eine Medaille, die sie gar nicht wollte. Die zweitplatzierte Olga Pylewa war nämlich positiv auf das Stimulanzmittel Carphedon getestet worden, sie wurde disqualifiziert, darum wurde Glagow nachträglich Silber überreicht. Gegen ihren Willen, so sagte sie: »Mir wär's lieber, wenn alles so bleiben würde, wie es ist«, meinte Glagow mit leiser Stimme und verwies auf die noch ausstehende Anhörung. Denn für die kleine Frau aus Mittenwald stand fest: »Auf diese Art will ich keine Silbermedaille gewinnen. Ich mag meine Bronzemedaille nicht hergeben.«[90] Musste sie dann aber doch. Kurz darauf bekam sie Silber überreicht. Ein Funktionär legte sie ihr auf den Frühstückstisch. Neben das Marmeladenbrot. Es gab schon feierlichere Medaillenvergaben.

Glagows Bronzemedaille erhielt dafür die ursprünglich viertplatzierte Russin Albina Achatowa. Genau jene Achatowa, die gut zwei Jahre später selbst des EPO-Dopings überführt werden sollte.

Für Glagow jedenfalls gingen die Spiele dann recht versöhnlich weiter, im Verfolgungsrennen gewann sie ebenfalls Silber wie noch mit der Staffel, diese Medaillen gewann sie übrigens dann schon mit der neuen Mütze, in der richtigen Farbkombination.

Der Ausrüster hatte schnell reagiert und nur zwei Tage nach der Entdeckung des Malheurs neue Kopfbedeckungen an die jeweiligen Athleten verteilt.

Das Missgeschick nahm Adidas übrigens ganz auf seine Kappe. Intern gab's sicher ein wenig auf die Mütze.

98. GRUND

WEIL DIE BIATHLETEN DEN UMSTRITTENEN OLYMPIASIEGER AM LEBEN LIESSEN

Die Biathlon-Wettbewerbe von Salt Lake City waren vorbei, allmählich neigten sich die Olympischen Winterspiele von 2002 ihrem Ende entgegen. Am 20. Februar, einem Mittwoch, vier Tage vor der Schlussfeier, fand mit dem Staffelrennen der Männer die letzte Entscheidung auf der Biathlon-Anlage von Soldier Hollow statt. Dabei holte Norwegen Gold, das deutsche Quartett um Ricco Groß, Peter Sendel, Sven Fischer und Frank Luck durfte sich über Silber freuen. Sie hätten also alle Zeit der Welt gehabt, sich noch mit anderen Dingen zu beschäftigen, aber letztendlich war es doch besser, dass sie dem Ruf von Fabio Carta am Abend des gleichen Tages nicht folgten. Sonst hätten die Spiele schlimm geendet und blutig.

Fabio Carta war ein Shorttracker aus Turin. Für alle diejenigen, die sich erst später zugeschaltet haben: Shorttrack ist eine Art Eisschnelllauf, nur flitzen die Athleten auf einer viel kleineren Fläche übers Eis, dazu laufen sie immer zu viert gegeneinander, eine recht spektakuläre Sportart also, bei der es gerne auch rumpelt und scheppert und sich die Kontrahenten gegenseitig von der Bahn kegeln. 2002 sorgte Shorttrack für eine der kuriosesten Anekdoten in der Geschichte Olympischer Spiele, als der Australier Steven Bradbury als völlig unterlegener Außenseiter nur deswegen Olympiasieger wurde, weil sich sowohl im Halbfinale wie auch im Endlauf über 1.000 Meter seine drei Widersacher allesamt in der letzten Kurve aus dem Feld schubsten.

Ein großes Chaos gab es dann auch bei der Entscheidung über 1.500 Meter. Der amerikanische Superstar Apolo Anton Ohno kam nur als Zweiter ins Ziel, bekam dann aber am Grünen Tisch nachträglich den Olympiasieg zugesprochen, weil der vermeintliche Sieger, der Südkoreaner Dong-Sung Kim, von der Jury disqualifiziert worden war. Wegen einer angeblichen Behinderung, Kim soll Ohno angeblich geschnitten haben.

Dong hatte schon gefeiert, sich eine koreanische Fahne geschnappt und hatte auf der Ehrenrunde dem Publikum euphorisch zugewunken – bis über Lautsprecher die ernüchternde Durchsage kam, vom Schiedsgericht eher teilnahmslos und leidenschaftslos verkündet, mehr so nach dem Motto: Pech gehabt, zu früh gefreut.

Da half auch der Protest der südkoreanischen Delegation nichts mehr und auch nicht die 16.000 Protest-Mails, die auf der Webseite des amerikanischen NOK eingegangen waren, schließlich schaltete sich das FBI ein, weil es sogar Morddrohungen gegen Apolo Anton Ohno gab. Die deutlichste davon kam eben von Fabio Carta, der Vierter geworden war, dem seinerseits eine Disqualifikation von Ohno noch eine Medaille gebracht hätte, und so sprach er voller Grimm und Zorn: »Man sollte mit dem Gewehr auf Ohno zielen.«[91]

Dazu kam es zum Glück nicht. Die Biathleten ließen die Waffen ruhen, sie erhörten den Wunsch von Fabio Carta nicht. In gewisser Weise machten sie es damit wie vorher Ohno mit Kim. Sie schnitten ihn.

99. GRUND

WEIL BIATHLON BEI OLYMPIA FRÜHER NOCH EIN GROSSES FUSSBALLFEST WAR

Ziemlich genau zwölf Jahre nach den Spielen von Salt Lake City war das alles ganz leicht, die Sache mit der Bundesliga. 2014, bei Olympia in Sotschi, am vorletzten Wettkampftag, dem letzten Rennen der Biathleten. Die Staffel-Entscheidung der Männer stand an, Start um 18.30 Uhr russischer Zeit, dank der Zeitverschiebung von drei Stunden 15.30 Uhr in der Heimat. Und was ist da immer, samstags um halb vier in Deutschland? Na klar, der Anpfiff zur Bundesliga. So begab es sich also, dass man am Rande des Biathlon-Stadions und im Pressezentrum der Olympiaanlage dank einer funktionstüchtigen und weitreichenden WLAN-Verbindung mit Smartphone und Ohrstöpsel bequem und rauschfrei die Hörfunk-Berichterstattung aus den Stadien der Bundesliga verfolgte. So konnte man hier also ein gutes Dutzend deutsche Biathlon-Reporter aus der Heimat beobachten, die manchmal die Augen zusammenkniffen wegen einer vergebenen Großchance oder einen Jubeljuchzer ausstießen ob eines erzielten Treffers ihrer jeweiligen Lieblingsmannschaft.

Da man selbst ja auch dem Spielgeschehen lauschte, sorgte dieser Abend für erkenntnisreiche Aufschlüsse, welcher Kollege welchen Verein unterstützt. Ansonsten aber war jeder für sich, es war irgendwie eine recht unkommunikative Angelegenheit. Man dachte an andere Gelegenheiten, bei denen man Fußball im Kreise einer größeren Gesellschaft miterlebte, wo man gemeinsam mitfieberte und mitleidet. Man dachte eben auch an die Winterspiele von Salt Lake City 2002, zwölf Jahre zuvor. An eine Zeit, in der die Internet-Technologie gefühlt noch im finstersten Mittelalter steckte. Aber damals gab es wenigstens noch ein Miteinander.

Damals gab es auch Fußball, am mittleren Wochenende der Spiele, am Samstag, zehn nach neun Uhr morgens Ortszeit. Utah liegt in der Zeitzone Mountain Standard Time, also war es in Deutschland schon zehn nach fünf am Nachmittag. Ricco Groß kämpfte im Verfolgungsrennen der Männer um eine Medaille und konnte am Ende nach einem beherzten Kampf den Angriff des Österreichers Ludwig Gredler abwehren, Groß gewann Bronze, auch weil Gredler zweimal danebengeschossen hatte. Irgendwie schien das aber kaum einen Reporter großartig zu beschäftigen. Schuld daran war der eine Kollege, der weder Roaming-Kosten noch Mühen gescheut hatte, mit seinem Handy zu Hause bei seiner Frau anzurufen und sich das dortige Festnetztelefon neben das Radio legen zu lassen, um live die Schlusskonferenz der Bundesliga verfolgen zu können.

Immer wieder gab er aktuelle Zwischenstände durch, wurde er von den Reportern bestürmt, wie es denn auf den Plätzen stehen würde. Die Kollegen aus dem Westen fieberten beim Revierderby zwischen Dortmund und Schalke mit, nach Toren von Oude Kamphuis und Ewerthon stand es dort 1:1, dabei blieb es auch. Die Bayern führten bereits sicher 2:0 in Freiburg, nach Treffern von Lizarazu und Elber, da war die Luft raus, große Aufregung gab es noch im Stadion am Millerntor, dort lag Leverkusen nach einem Treffer von Ballack 2:1 vorne, bevor Meggle in der letzten Minute per Handelfmeter noch zum 2:2-Ausgleich für St. Pauli traf.

Aber was machte der eigene Verein? Die Mannschaft, der man in Schüler- und Studentenzeiten in ergebener Nibelungentreue auch durch schwere Zeiten gefolgt war, bei Heimspielen mit einer Dauerkarte in der Westkurve des Grünwalder Stadions, und wo man manchmal auch historische Auswärtsspiele besuchte wie den ersten internationalen Auftritt nach fast 30 Jahren, 1997 im UEFA-Cup gegen Jazz Pori, im entsetzlich trostlosen finnischen Tampere. Und das als Fan, nicht als Sportreporter. Was also machte der TSV 1860? Nun, die Löwen lagen aussichtslos zurück, 0:3 gegen die Berliner Hertha. Zweimal Preetz, einmal Beinlich. Peinlich, peinlich.

Letztendlich war es dann doch nicht so tragisch. Es war ja schließlich dort an der Biathlon-Anlage von Soldier Hollow vor allem ein lustiges Gemeinschaftserlebnis, das unvergessen blieb und im Vergleich zur heutigen Livestream-Selbstverständlichkeit ein wenig an die Bilder erinnerte, wie sich 1954 die Menschen auf den Straßen versammelten, um im Schaufenster eines Elektroladens in einem Fernseher das WM-Finale aus Bern zu verfolgen. Und außerdem waren die Sechzger ja weiterhin trotz der Pleite im gesicherten Mittelfeld, da drohte keine Gefahr nach unten.

Damals jedenfalls noch nicht zu ahnen war, dass gut zwei Jahre später ein Heimspiel des TSV 1860 gegen Hertha BSC weitaus fatalere Folgen haben sollte. Es war im Mai 2004, am vorletzten Spieltag, die Löwen waren in akuter Abstiegsnot, es stand 1:1, in der 89. Minute bekamen die Löwen einen Elfmeter. Francis Kioyo, der gerade erst eingewechselt worden war, nahm sich den Ball und setzte die Kugel vorbei.

Am letzten Spieltag verlor Sechzig in Gladbach und stieg ab.

Um es positiv zu sehen, könnte man aus der Distanz sagen, Kioyo hat es zumindest besser gemacht als der Österreicher Ludwig Gredler beim Verfolgungsrennen von Salt Lake City. Kioyo schoss wenigstens nur einmal daneben.

100. GRUND

WEIL EINE JUNGE WELTMEISTERIN FÜR ZWEI REPORTER IHREN VATER SUCHTE

2007, die WM in Antholz, die erste Sternstunde von Magdalena Neuner. Die erste von drei Goldmedaillen, gleich am ersten Wettkampftag im Sprint, ein furioser Auftakt für die damals 19-jährige Wallgauerin.

Zusammen mit einem befreundeten Reporter-Kollegen ging ich abends zur Siegerehrung auf den Marktplatz von Antholz, das Ziel war, dort irgendwo in der Menge auch ihren Vater aufzustöbern, man hatte gehört, dass er für das allererste WM-Rennen seiner Tochter extra aus der Heimat angereist war. Solche Randgeschichten bieten sich immer an bei neuen, jungen Sporthelden. Was sagen die Eltern, wie haben sie mitgefiebert, wie war das in der Kindheit, war das Talent schon früh erkennbar und hätten sie vielleicht nicht auch gleich noch Jugendbilder aus dem Fotoalbum dabei? So geht das dann in etwa immer.

So hätte das hier auch gehen sollen, nur wussten wir zum einen nicht, wie der Vater überhaupt ausschaut, außerdem war es auch recht voll am Dorfplatz. Dann begann die Zeremonie, Magdalena Neuner bekam einen Blumenstrauß und ihre Medaille, der Vater aber war nirgendwo zu entdecken. Als Neuner von der Bühne kam, gingen wir nach vorne an die Absperrung und fragten sie, ob sie denn wisse, wo ihr Vater sei. Wusste sie aber nicht. »Ja, also, der Papa der ist schon da, aber ich habe keine Ahnung wo«, sagte sie, und als wir schon geneigt waren, resigniert beizudrehen, meinte sie zum allgemeinen Erstaunen: »Denkt euch nix, den finden wir schon.« Sie zückte ihr Handy, versuchte, ihn anzurufen, erreichte aber nur die Mailbox.

Dann entdeckte Lena Neuner Monika Perwein, die Mutter ihres damaligen Freundes Franz Perwein, eines österreichischen Biathleten aus Leogang, mit dem sie damals seit rund einem Jahr liiert war. Aber die wusste auch nicht, wo der Vater steckte. Und dann geschah etwas, womit niemand gerechnet hatte.

Nur weil sie zwei Münchner Journalisten nach ihrem Vater gefragt hatten, schob Magdalena Neuner die Absperrung beiseite und begann auf eigene Faust nach ihm zu suchen. Einfach so. Inmitten dieser dichten Menschenmassen, inmitten der rund 5.000 Zuschauer.

Die Menschen standen eng beisammen, und als sie Neuner sahen, kamen sie noch enger. Sie wurden zudringlich, es wurde ungut, und es kam der Moment, wo mir selbst angesichts der Folgen unangenehm wurde, Neuner nach ihrem Vater gefragt zu haben. Auch Neuner hatte die Situation unterschätzt, manche Fans rissen und zerrten an ihr, die Stimmung kippte. Neuner nahm Reißaus, flüchtete zu einem Auto des Deutschen Skiverbands, das einige Meter weiter geparkt stand, setzte sich auf den Rücksitz. Doch selbst da hatte sie keine Ruhe, ein mächtig angetrunkener Mann riss die Tür auf und fing an, Neuner zu belästigen. Gemeinsam zerrten wir

Reporter den Mann aus dem Wagen, kurz darauf standen die Journalisten vor dem Auto, während Neuner innen drin weiter ihrem Vater hinterhertelefonierte – und ihn schließlich auch erreichte.

Wenige Minuten später und viele Meter weiter kam es dann abseits des Rummels zur Begegnung, eine knappe Viertelstunde lang, eine gefühlte Ewigkeit, ein wundervoll angenehmes Gespräch, in dem Vater Paul erzählte, dass sie zu sechst im VW-Bus von Wallgau nach Antholz gezuckelt waren, Vater, Bruder, Onkel, Tante, Oma, Cousine. Und dass Lena schon als Mädchen immer klare Ansagen machte und in ihren Entscheidungen nie zauderte, auch beim Einkaufen nicht. »Wenn die zum Beispiel in ein Geschäft gegangen ist, dann hat sie gesagt: ›Ich will diese Mütze und keine andere.‹ Lange umgeschaut hat sie sich nicht.«

Auch über seine persönlichen Bedenken über das, was da noch auf seine Tochter einprasseln werde, sprach Paul Neuner schon damals, als er meinte: »Schauen Sie sich doch den Trubel hier an. Manchmal frage ich mich schon: Muss das sein? Ist das nicht alles zu schnell gegangen?« Man plauderte noch über die Bedeutung der Heimat, des gefestigten Elternhauses, über die Erdung und die Bodenständigkeit der Familie, die verhindern würde, dass der Lena der Erfolg zu sehr zu Kopf steigt. Dann ging Paul Neuner, die Lena war inzwischen wieder an ihrem Zufluchtsort im Mannschaftshotel angekommen. Es war ein unvergessener Abend.

Später musste ich sie zum Glück nie wieder nach ihrem Vater fragen. Jetzt wusste ich ja, wie er aussieht.

101. GRUND

WEIL BIATHLETEN AUFGERÄUMTER SIND ALS ANDERE SPORTLER

Peter Bayer hat viel erlebt, die späteren Höhen des Biathlons, vor allem aber auch die anfänglichen Tiefen. Peter Bayer war früher Langläufer, daheim in Bad Reichenhall, und als er zur Bundeswehr ging, begann er mit dem Biathlon. Als Athlet wurde er weniger berühmt, dafür als Funktionär. Ab 1972 war er mehr als 20 Jahre lang im Deutschen Skiverband Biathlonreferent, so hieß das damals. 1993 dann, als sich Biathlon aus der Union Internationale de Pentathlon Moderne et Biathlon UIPMB, dem internationalen Verband für Modernen Fünfkampf und Biathlon, löste und mit der IBU einen eigenen Weltverband gründete, wurde Bayer deren erster Generalsekretär, 2004 wurde er Exekutivdirektor, seit 2008 ist er im Ruhestand. Mehr oder weniger zumindest, denn ganz losgelassen hat ihn die Faszination des Sports nicht.

Bayer weiß noch, wie er angefeindet wurde, in den Sechziger-, Siebzigerjahren. »Da war eine große Antipathie, eine riesige Abneigung gegen Biathlon«, sagt er. »Als wir Jugendliche an den Sport heranführen wollten, hat man uns beschimpft, viele haben gesagt: ›Kaum, dass die Kinder laufen können, drückt man ihnen schon einen Schießprügel in die Hand.‹« Biathlon galt eben als reiner Militaristensport, man wähnte die Wettkampfgilde als eingeschworene Horde von g'spinnerten Waffennarren. Überzeugungsarbeit fiel schwer. Auch der Deutsche Skiverband wollte Biathlon am Anfang gar nicht erst haben, es dauerte, bis man akzeptiert war.

Bayer sagt, was ihn selbst so von Beginn an fasziniert habe, das sei diese »Mischung aus zwei völlig konträren Sportarten« gewesen. »Die totale Verausgabung beim Laufen, dann die plötzliche Konzentration am Schießstand. Das hat mich mitgerissen.« Und später, sagt er, habe er auch in seiner Aufgabe als Betreuer und Funktionär begriffen, dass der Sport eine gute Schule fürs Leben sei.

Immer wieder habe er seinen Sportlern die Risiken im Umgang mit dem Gewehr erklärt, dass es eben kein normales Sportgerät sei, was sie da bei sich haben, sondern eine gefährliche Waffe. Auch in den folgenden Jahren und Jahrzehnten, als die Disziplin immer populärer wurde und die Öffentlichkeit Biathlon immer mehr als spannende Sportart bewunderte und nicht mehr als paramilitärische Schießübung verachtete, als man dann auch von Großkaliber auf Kleinkaliber umstellte, auch da bemühte sich Bayer um Sensibilisierung für das Gewehr, um einen bewussten und höchst vorsichtigen Umgang. Und das führte bei vielen Athleten auch zu einer ganz eigenen Lebensführung, einer ganz aufgeräumten.

Ganz oft, sagt Bayer, wenn er in die Zimmer der Sportler geschaut habe, habe er festgestellt, dass alles verhältnismäßig ordentlich und akkurat aufgeräumt war. Aus einem einfachen Grund. Wer das Gewehr mit aufs Zimmer nimmt, die Waffe putzt und säubert und vorsichtig kontrolliert, der würde ein ganz anderes Bewusstsein entwickeln und auch die restlichen Gegenstände im Zimmer säuberlich ordnen.

Fußballer können ihre Schuhe in die Ecke schmeißen, Tennisprofis ihren Schläger. Niemand aber muss so sehr auf sein Sportgerät aufpassen wie die Biathleten.

Man muss eben verdammt aufpassen, mit dem Schießprügel.

102. GRUND

WEIL DIE »RIATHLETEN« AUCH OHNE DEN »RUNDESINNENMINISTER« MEDAILLEN »HUBERTEN«

Stimmungsvoll gingen die Winterspiele von Salt Lake City zu Ende. Im Rice-Eccles-Stadium der University of Utah erlosch das olympische Feuer, dazu gab es noch ein buntes Unterhaltungsprogramm, fetzigen Hardrock mit den Urgesteinen von Kiss zum Beispiel. Der Frontmann von Kiss heißt Gene Simmons, er ist bekannt dafür, seine extrem lange Zunge bei jeder sich bietenden Gelegenheit auszufahren. Ob man das appetitlich findet oder nicht, das ist Geschmackssache. Jedenfalls hätte es sich für Mr Simmons an jenem Abend im Februar 2002 durchaus angeboten, mit seiner Zunge auch zu schnalzen, und zwar angesichts der Erfolgsbilanz der deutschen Olympiamannschaft. Zwölfmal Gold hatte das Team Germany in den 16 Tagen davor abgeräumt, 36 Medaillen insgesamt, mehr Edelmetall als jede andere Nation.

Viele Medaillen sind für Deutschland immer sehr wichtig. Für die Sportförderung der kommenden Jahre, für die Gelder, die vom Innenministerium, der obersten Sportbehörde des Landes, in den Gesamtsport und in die einzelnen Verbände der jeweilgen Disziplinen fließen. Deswegen lässt sich natürlich auch immer der gerade amtierende Bundesinnenminister bei Olympischen Spielen blicken, meist gleich am Anfang. Er schaut sich dann einige Entscheidungen an und lässt zu einer Pressekonferenz bitten, auf der er über seine Eindrücke von spektakulären und stimmungsvollen Wettkämpfen spricht und von seiner Hoffnung, die Spiele mögen weiterhin friedlich verlaufen.

2002 war der Bundesinnenminister Otto Schily. Er flog gleich zu Beginn der Spiele nach Salt Lake City ein und sagte nach einigen

Tagen auf einer Pressekonferenz im Deutschen Haus, die Wettkämpfe seien spektakulär und stimmungsvoll, und zudem wünsche er sich einen friedlichen Verlauf der weiteren Spiele. Das war wenig überraschend. Aber auch dieser eher trockene Auftritt sollte noch einen hohen Unterhaltungswert bekommen, wie so manch andere Pressekonferenz an gleicher Stelle.

Klaus Angermann beispielsweise, der bekannte Sportreporter aus Funk und Fernsehen, der Mann mit den blumig pathetischen Formulierungen bei so vielen Radrennreportagen, jener Klaus Angermann war damals als Sprecher des deutschen NOK verpflichtet worden. Er leitete die täglichen Pressekonferenzen, und als er einmal bei einer Gesprächsrunde mit Anni Friesinger die Kollegen bat, nur sportliche, aber keine privaten Fragen zu stellen, sagte er: »Aber ich binde natürlich keinem von Ihnen einen Maulwurf um.« Das war auch lustig.

Dass aber auch Otto Schily ein nettes Verbal-Bonmot ablieferte, das kam so. Ein Journalist aus der Runde fragte, ob er feste Erwartungen und Vorstellungen habe von der Zahl der Olympiasiege und der Podiumsplätze. Darauf antwortete Schily, es war auch genau so zu hören: »Wir dürfen nicht in Medaillenhurerei verfallen.« Medaillenhurerei. Und so etwas aus dem Munde des Ministers.

Dieses authentische Zitat lief so dann auch als Agenturmeldung über den Ticker – bis die Pressestabsstelle der Bundesbehörde fieberhaft zurückruderte und behauptete, man habe den Minister falsch vernommen und wiedergegeben, in Wahrheit habe er gesagt: »Medaillenhuberei.« Daraufhin verschickte die Deutsche Presse-Agentur folgende Eilmeldung an die Redaktionen: »In den dpa-Olympia-Beiträgen ›Schily bei den Winterspielen‹ und ›Zitate‹ ist Bundesinnenminister Otto Schily nach Angaben seines Ministeriums falsch zitiert. Danach hat Schily in Salt Lake City nicht von ›Medaillenhurerei‹, sondern von ›Medaillenhuberei‹ gesprochen. Sie erhalten in Kürze berichtigte Neufassungen der Beiträge.« Andere Kollegen ließen sich keinen Maulwurf umbinden und blieben bei ihrer Version.

Otto Schily schaute sich übrigens viele Wettkämpfe an und erwies sich als Glücksbringer. In seinem Beisein holte Claudia Pechstein Gold über 3.000 Meter im Eisschnelllauf, Sven Hannawald Silber im Skispringen. Hurerei, Huberei, Einerlei.

Zu einem persönlichen Treffen mit dem US-Präsidenten George W. Bush kam es übrigens nicht. Wäre auch etwas peinlich gewesen, wenn Schily da bei der Begrüßung B und R verwechselt hätte. Nice to see you, Mr Rush.

Beim »Riathlon« schaute er aber nicht vorbei. Die Biathleten brauchten ihn auch gar nicht als Talisman, sie räumten auch ohne ihn gewaltig ab. Mit neun Medaillen, davon drei in Gold, stellten allein die deutschen Skijäger genau ein Viertel aller zwölf Olympiasieger und aller 36 Treppchenplätze.

Otto Schily flog schon bald wieder in die Heimat. Kaum zu Hause, fuhr er zum Politischen Aschermittwoch der SPD in Vilshofen. Dort sagte Schily, ausgerechnet Schily also, über die rhetorischen Fähigkeiten des damaligen Unions-Kanzlerkandidaten Edmund Stoiber: »Er ist ein einziger Versprecher.«[92] Stoiber trat zeitgleich ein paar Kilometer donauabwärts bei seiner CSU in Passau auf. Mit ihm auch sein Staatskanzleichef. Erwin Huber. Der hieß nun aber wirklich so.

103. GRUND

WEIL AUF DEN HÖLLENTOUREN DER OLYMPIASIEG GANZ WEIT WEG WAR

Die Seychellen, die Malediven, Mauritius. Das sind so die beliebtesten Ziele für die Wintersportler, wenn sie nach einer langen und zehrenden Saison irgendwann zwischen März und Mai für zwei, drei Wochen Urlaub haben, bevor das Sommertraining für die neue Saison beginnt. Am Strand liegen, nichts tun, endlich die warme Sonne genießen, kalt und ungemütlich war es ja den ganzen Winter lang. Kräfte tanken für die nächsten Herausforderungen. So machen das auch viele Biathleten.

Michael Greis machte das nie. Faulenzen unter Palmen, das war dem Greis ein Graus, immer schon. Im März 2006 etwa, nach der großartigsten Saison seiner Karriere mit den drei olympischen Goldmedaillen von Turin, hätte man erwarten können, dass es ihn zur Belohnung in ein mondänes Fünfsternehotel mit allem Schnickschnack ziehen würde, irgendwo weit im Süden in der Wärme. Michael Greis aber packte seine Tourenski und stieg über den harschigen Frühlingsschnee der Allgäuer Berge auf die Gipfel rund um seine Heimat Nesselwang. Dann stieg er in den Flieger, zusammen mit seiner damaligen Freundin Katja, und flog nach Vietnam. Zwei Wochen lang. Sie hatten einen Rucksack und reisten quer durchs Land. Mit dem Bus und zu Fuß. »Es war ein Traum«, sagte er mir nach seiner Rückkehr in einem langen Gespräch, »niemand hat dich gekannt. Da war ich einfach ganz weit weg vom Olympiasieger.«

Im Jahr darauf wollte er ganz weit weg vom Weltmeister sein. Anfang 2007 hatte er nämlich WM-Gold gewonnen, im Massenstartrennen von Antholz, aber ganz so erfolgreich war die Flucht in die Anonymität diesmal nicht, beim gemeinsamen Urlaub mit der Katja, im Himalaja. Eine große Reisegruppe aus Franken hatte auf einer Trekking-Tour den Biathlon-Star erkannt, das gab dann ein großes Hallo mit Autogrammwünschen und Erinnerungsfotos, Michael Greis ist ein wohlerzogener junger Mann, er genoss eine gute Kinderstube und hat Manieren, deswegen machte er da geduldig mit.

Davon berichtete er später nach seiner Rückkehr, genau wie von den Bedingungen und den Strapazen des Abenteuers. »Es war eine Höllentour. Gerade die ersten zwei Wochen in Nepal. Die Lodges, die Unterkünfte, das war alles extrem spartanisch. Wellblechhütten, ohne Heizung, nur mit Schlafsack. Am Abend hast du da saumäßig gefroren, und teilweise hast du alle fünf Tage mal eine Dusche bekommen. Das war richtig heftig.«

Danach zogen sie weiter zum Everest, Greis meinte, er habe sich nie sonderlich darum gerissen, den größten Berg der Welt zu sehen. »Aber als ich dann da stand, habe ich mir gedacht: Oh leck, ist der fett hoch.« Greis war fasziniert von den Einheimischen, die Tagesmärsche in Kauf nehmen, um Lebensmittel in ihre kleinen Bergdörfer zu bringen, oder auch Ziegel, Holzbretter, Material zum Hausbau. Und er war angewidert vom Massentourismus am Everest, von der, wie er überspitzt sagte, »amerikanischen Lady, die sich für 40.000 Dollar von ihrem Sherpa zum Gipfel tragen lässt«.

Greis und seine Katja flüchteten nach Tibet, dort ging es nicht so zu, sie trafen buddhistische Mönche, eine Handvoll Yakhirten und eine Kultur im Wandel, durch die chinesische Besatzungsmacht. Befremdet berichtete er, wie ein chinesischer Reiseführer immer von der »Befreiung Tibets« durch Peking erzählte. Was er mitbrachte, waren widersprüchliche Erfahrungen, Erinnerungen, die mehr hängen bleiben sollten als an einen Sundowner an der maledivischen Strandbar.

Das Neue, das Unbekannte in der Ferne reizte Greis auch weiterhin. Auch nach seiner Laufbahn, die er im Dezember 2012 beendet hatte. Greis war zeit seiner Karriere Mitglied der Sportfördergruppe der Bundeswehr, im Sommer 2013 flog er nach Afghanistan. Weil es ihn interessierte. Er besuchte das Truppenlager in Masar-i-Scharif, er fuhr durchs Land, sammelte Eindrücke, bildete sich eine Meinung. »Ich war früher immer eher kritisch, ob der Einsatz in Afghanistan was bringt«, sagte er mir später. »Jetzt sehe ich, dass zwei Millionen Mädchen in die Schule gehen, dort das Lesen lernen und damit bald autark in der Lage sind, sich selbst ein Bild zu machen und nicht das zu glauben, was ihnen erzählt wird.«

Sich selbst ein Bild machen von der Welt wird Michael Greis sicher auch weiterhin. Ganz weit weg vom Olympiasieger.

104. GRUND

WEIL DEM ERFOLGREICHEN FUNKTIONÄR IMMER EINE WITZSEITE FREI GEHALTEN WURDE

Disl, Wilhelm, Neuner. Groß, Greis, Fischer. Klingende Namen, Superstars der Szene. Namen, die jedem etwas sagen, der sich im Biathlon auch nur halbwegs auskennt. Sportler, die aber vielleicht nie so berühmt geworden wären, gäbe es nicht auch das Team hinter dem Team. Die Techniker, die Betreuer, die Mechaniker, die Wissenschaftler, die Mediziner, die Physiotherapeuten, die Trainer, die Pressesprecher, kurz, die Mannschaft, die hinter den Kulissen agiert, die man nicht so oft sieht außer mal im Fernsehen bei einem Weltcup oder einer Weltmeisterschaft, wenn noch ein wenig Sendezeit übrig ist, weil ein Rennen ausgefallen ist und die Sender sonst nicht mehr wissen, was sie bringen sollen. Dann heißt es, im Archiv auf die Schnelle noch solche abseitigen Hintergrundbeiträge zu finden, über die, die man dann gerne die »Säulen des Erfolgs« nennt.

Würde man je nach Wichtigkeit der Personen die Säulen auch noch nach Umfang klassifizieren, dann wäre Norbert Baier eine der dicksten Säulen überhaupt. Norbert Baier, ein Franke, der in Mittenwald groß wurde, war selbst einmal Langläufer und Biathlet, Ende der Sechziger und Anfang der Siebziger einer der besten in Westdeutschland. Weil Westdeutschland damals in Langlauf und Biathlon aber im internationalen Vergleich eher schlecht dastand, hieß das nicht viel, weltweit fiel Baier nicht sonderlich auf, war mehr so Mittelmaß. Bei den Gebirgsjägern in Mittenwald begann er nach seiner aktiven Karriere sofort mit der Trainerlaufbahn, 1978 in Hochfilzen feierte er mit der Männer-Staffel des DSV die erste Medaille, und zwar Bronze, ebenso wie zwei Jahre später in Lake Placid bei Olympia, hinter den übermächtigen Sowjets und den Ostdeutschen.

Mit den Ostdeutschen hatte Baier dann zehn Jahre später zu tun, nach der Wende und der Wiedervereinigung. Baier, mittlerweile Cheftrainer, übernahm einen der früheren Spitzentrainer der DDR, den Oberhofer Kurt Hinze. Allerdings sorgte das für großen Wirbel, es wurden massive Vorwürfe laut, vor allem vom früheren Biathleten Jens Steinigen, Hinze habe das Doping-System im DDR-Sport massiv gefördert. Unruhige Zeiten, es kam zu Prozessen, schließlich zu Hinzes Rücktritt, der Graben zwischen Ost und West drohte unüberwindbar zu werden – doch dank der unaufgeregten, sachlichen und doch auch effizient kompromisslosen Art des Cheftrainers verlief die Zusammenführung besser und schneller als erwartet, Sinnbild für die neue Harmonie war 1992 das Olympiagold der Männer-Staffel mit einem gesamtdeutschen Team aus Ost und West. Baier war der Brückenbauer.

Später wurde Norbert Baier Technischer Leiter, eine Art Gesamtsportchef im Biathlon, in der Hierarchie noch über dem Bundestrainer. Dank der zahlreichen Erfolge der deutschen Biathleten wurde er zum »erfolgreichsten Technischen Leiter in der 100-jährigen Geschichte des Deutschen Skiverbands«[93] ernannt.

Zum besten Witzeerzähler wurde er nicht. Rein subjektiv gesehen. Auch wenn sein Humor weit über die Grenzen des Landes hinaus beliebt und berühmt war – oder auch berüchtigt und gefürchtet, Ansichtssache. Das hauseigene Fachmagazin des Weltverbands IBU jedenfalls fand Baiers Späße überaus komisch und räumte eine Zeit lang dafür immer die letzte Seite seines Verbandsmagazins frei. Und weil Norbert Baiers Spitzname »Jackson« lautete, lief das Ganze dann immer unter der Rubrik »Jacksons Joke Box.« Also nicht Jukebox wie so ein alter Musikautomat, bei dem man sich in der Kneipe Lieder raussuchen konnte, sondern Joke Box. Witzkasten.

Die Witze gingen dann so, eine Leseprobe: »Zwei Männer unterhalten sich, wie dumm ihre Frauen seien. Der eine meinte: ›Meine ist so dumm, dass sie immer ohne Führerschein Auto fährt.‹ Der andere darauf: ›Das ist doch gar nichts, meine ist letzte Woche nach Kreta in den Urlaub gefahren und hat 100 Kondome mitgenommen – und ich bin doch gar nicht dabei!!!‹«[94] Oder noch einer: »In Österreich darf man ab dem 1.1.2002 Motorrad nur noch mit Pudelmütze fahren. Sie haben an der Europabrücke einen Crashtest durchgeführt. Dabei haben sie einen Motorradhelm und eine Pudelmütze von der Europabrücke geworfen, und der Helm ist kaputtgegangen.«

Sie meinen, es reicht noch nicht? Gut, wenn Sie unbedingt wollen. Also: »Sepp feiert seine Goldene Hochzeit und sein bester Freund wollte gerne wissen, was denn die schönste Zeit seines langen Zusammenlebens mit seiner Ehefrau gewesen wäre. Darauf der Sepp: ›Wenn ich so nachdenke, ich meine, die fünf Jahr' russische Kriegsgefangenschaft.‹« Dieser Witz erschien in einem Heft 2002, der Witz muss also auch damals schon ein wenig älter gewesen sein.

Kurz darauf veränderte das Heft sein Erscheinungsbild, man spricht bei solchen Neuerungen immer von einem Relaunch. Diesem Relaunch zum Opfer fiel dabei auch Jacksons Joke Box. Das war aber verschmerzbar.

Baier blieb noch lange Mitglied in der technischen Kommission der IBU, 2010 schließlich trat er ab und beendete seine Laufbahn als Wettkampfleiter bei der WM 2012 in Ruhpolding.

Eine Humor-Seite im Biathlon-Heft sollte es aber nie mehr wieder geben. Ganz im Ernst, ohne Witz.

105. GRUND

WEIL JOHANN MÜHLEGG NIE AUF DIE IDEE GEKOMMEN IST, BIATHLET ZU WERDEN

Biathlon erlebte große Momente, 2002 in Salt Lake City. Die Goldmedaillen von Kati Wilhelm, Andrea Henkel und der deutschen Frauen-Staffel. Und natürlich die vier Olympiasiege des überragenden Ole Einar Bjørndalen. Das Allerbeste für den Biathlon-Sport in diesen Tagen aber war, dass sich der Langläufer Johann Mühlegg in seiner Karriere kein Gewehr auf den Rücken geschnallt hatte und nie wie etwa Magdalena Forsberg oder Kati Wilhelm auf die Idee gekommen war, als Langläufer zum Biathlon zu wechseln. Denn der Imageschaden wäre verheerend gewesen für den Biathlon-Sport, nach dem kolossalen Dopingskandal um den unheimlichen Typen aus Grainau.

Es war der 9. Februar 2002. Im feinen schwarzen Anzug stand Luis Algar im Zielraum von Soldier Hollow und blinzelte in die Sonne, die sein streng nach hinten gegeltes Haar noch mehr erglänzen ließ. Erhobenen Hauptes blickte der stolze Iberer um sich und verriet bereitwillig: »Ja, ich war es, der Juanito nach Spanien geholt hat.« Und während der geschniegelte Expräsident des spanischen Skiverbandes sich selbst feierte, gab Juanito alias Johann Mühlegg den Medien seiner Wahlheimat erste Siegerinterviews.

Gleich am ersten Tag gab es im Langlauf über 30 Kilometer einen Olympiasieg durch einen Deutschen, der damit das erste Gold für Spanien holte. Johann Mühlegg sprach nicht wirklich flüssig Spanisch, als er die ersten Kommentare abgab. »Muy duro«, sehr hart, meinte Mühlegg über die hügelige Strecke und lachte dann selbst ausgiebig über seinen witzigen Vergleich: »Come Alcatraz!« Wie im Zuchthaus. Ja, er kriegte sich gar nicht mehr ein vor Lachen. Er hatte große Augen und einen wirren Blick. Dabei hatte er sich die rot-gelb-rote Fahne Spaniens um die Hüften gewickelt.

Dass es nicht die Fahne in Schwarz-Rot-Gold war, hatte schon seine Berechtigung, es hatte einst gute Gründe gegeben, warum man Mühlegg aus der deutschen Mannschaft geworfen hatte. Mühlegg, einst als Juniorenweltmeister das größte deutsche Talent im nordischen Wintersport, hatte irgendwann gegen Mitte der Neunzigerjahre davon zu faseln angefangen, dass es im deutschen Team, hui buh, einen Hexer gebe, der sein Wasser besprechen würde. Besprechen, ja, besprechen. Das würde dazu führen, dass ihm immer übel wäre und er sich übergeben müsse.

Dann vertraute er sich einer portugiesischen Putzfrau an, die ihm etwas davon erzählte, dass der »inkarnierte Geist des Ewigen Vaters« in ihr sei. Wer's glaubt, wird selig und später Olympiasieger, zumindest für ein paar Tage.

Der Deutsche Skiverband hatte den Hokuspokus jedenfalls satt und schickte Mühlegg daraufhin zum Teufel. Mühlegg heuerte in der Wintersport-Diaspora Spanien an. Dort lief er von Erfolg zu Erfolg, bei der WM in Lahti holte er 2001 den Titel über die 50 Kilometer. Nun in Salt Lake City gewann er erst die 30 Kilometer und sorgte danach bei der Pressekonferenz für eine denkwürdig bizarre Veranstaltung, als er erst »Mister President Tschorsch Dabblju Busch« für die großartigen Spiele von Salt Lake City dankte und dann vor versammelter Weltpresse den Wahlkampf für die Bundestagswahl einige Monate später eröffnete. Schließlich sei er seit einem Jahr CSU-Mitglied in seiner Heimatgemeinde Grainau am Fuß der Zugspitze: »Deswegen ist mein Favorit für die Kanzlerschaft natürlich Edmund Stoiber.« Man sah danach manche internationale Kollegen im Auditorium ratlos fragend durch die Gegend schauen.

Und Mühlegg sorgte in den Tagen darauf noch mehr für Erstaunen. Der Wahl-Spanier triumphierte in der 20-Kilometer-Verfolgung genauso wie am Schlusstag auch über die 50 Kilometer. Dreifacher Olympiasieger, sogar Juan Carlos, der spanische König, rief bei Mühlegg an und gratulierte. Kurz darauf hätte er ihn vermutlich am liebsten nach Alcatraz geschickt oder ein paar alte Inquisitoren aus dem Spätmittelalter ausgegraben und sie auf Mühlegg angesetzt.

Denn Mühlegg, der Mann mit dem maskenhaft anmutenden Gesicht, konnte sich die drei Triumphe wieder abschminken, hatten sie ihn doch bei einer Dopingprobe positiv auf das Erythropoietin-Derivat Darbepoetin getestet. Damit waren die Medaillen wieder futsch, da half nicht mal mehr der inkarnierte Geist der portugiesischen Putzfrau. Und dass Mühleggs Wunschkandidat im Herbst bei der Bundestagswahl dann doch so knapp verloren hatte? Woran das lag? Natürlich, ganz klar, völlig unerklärlich, warum da bisher noch keiner drauf kam. Es muss so gewesen sein, ein böser Zauber, ganz sicher, vielleicht sogar eine Frau, eine Hexe?

Vermutlich sogar Angela Merkel selbst. Es war ganz sicher ihr Plan, Stoiber 2002 den Vortritt zu lassen und verlieren zu sehen, um selbst bei der darauffolgenden, nächsten Wahl erfolgreich die Kanzlerschaft zu feiern. Sie war's, beim sagenumwobenen Wolfratshauser Frühstück. Als sie Stoibers Wasser besprach.

106. GRUND

WEIL MAN BEIM EXSCHWIEGERVATER IMMER NOCH IN BJØRNDALENS BETT SCHLAFEN KANN

Es war eine Traumhochzeit, am 27. Mai 2006 in Toblach in Südtirol, und mit das einzige Mal, dass in Zeitungen und Magazinen der sonst so ruhige und geradlinige Ole Einar Bjørndalen auch außerhalb des Sportteils Erwähnung fand, im Vermischten, im Bunten, in der Klatschspalte.

Die Vermählung mit seiner langjährigen Lebensgefährtin Nathalie Santer war jedenfalls ein großes Ereignis. Nicht nur für die Medien, sondern für den ganzen Ort im Hochpustertal und am allermeisten für Herbert Santer, Nathalies Vater.

Herbert Santer ist ein einflussreicher Mann in Toblach, Hotelier von einem der führenden Feriendomizile im gesamten Hochpustertal, ein Mann aus einfachen Verhältnissen, der sich von seiner Jugend an selbst alles hart erarbeitete und aufbaute. Seine Eltern Pepi Santer und Paula Schwingshackl hatten früher eine kleine Pension, die »Villa Santer«, die Sohn Herbert dann 1970 übernahm. Mit seiner belgischen Ehefrau Godelieve baute er mit den Jahren die kleine Herberge zu einer großen und komfortablen Unterkunft aus. Heute nennt er sein Hotel »Wellness Lodge in the Dolomites«.

Das Hotel Santer wurde zu einer der besten Adressen, Michael Schumacher stieg hier schon ab, Ferrari-Boss Luca di Montezemolo kommt regelmäßig auf Familienurlaub, und einer der treuesten Stammgäste war bis zu seinem Tod 2010 der einstige Ministerpräsident und Staatspräsident Italiens, Francesco Cossiga.

Cossiga gefiel es bei Herbert Santer so gut, dass er manchmal sogar seine ganze Regierungsmannschaft aus Rom mitbrachte, wenn er in Ruhe eine Kabinettssitzung abhalten wollte.

Herbert Santer und seine Frau bekamen vier Kinder. Sohn Jürgen, der als Chefkoch des Hotels in der Küche steht, sowie drei Töchter. 1972 Nathalie, 1977 Saskia, 1981 Stephanie. Alle drei kamen in die italienische Nationalmannschaft, die beiden ältesten wurden Biathletinnen, die jüngste blieb beim Langlauf. So lernte Nathalie dann auch Bjørndalen kennen, sie kamen sich näher und zogen dann zusammen, in Obertilliach in Osttirol, nur wenige Kilometer von Toblach, jenseits der Grenze zu Österreich.

Als sie dann heirateten, war der alte Santer mächtig stolz auf seinen Schwiegersohn. Wer beim Hotel-Haupteingang hereinkam, ging erst einmal an einer Wand mit Bildern, Postern und Zeitungsausschnitten vorbei, fast schon museal anmutende Erinnerungsstücke an seine Nathalie und seinen Ole. Als Santer dann 2008 einen neuen Gebäudetrakt an sein Hotel anbaute, mit einem riesigen Wellnessbereich, mit acht Zimmern und sechs Suiten, da beschloss er, jede dieser sechs Suiten von einem Familienmitglied individuell nach den eigenen Vorlieben und Vorstellungen einrichten zu lassen. Die Suite von Herbert und Godelieve Santer, ausgestattet mit Hirschgeweihen und Trophäen an der Wand, erhielt den Namen »Jagd-Romantik«, Sohn Jürgen bevorzugte in der »Suite Bauernkammer« dagegen ein eher bodenständig rustikales Interieur. Stephanie ließ sich für ihre »Bagua«-Suite von Feng Shui inspirieren, von Harmonie und Energie, Saskia widmete sich in ihrer »Biwak«-Suite dem Thema Bergwelt. Nathalie nannte ihre Suite schlicht und einfach »Biathlon«, mit einem weißen Balken und fünf Löchern an der Wand über dem Bett, wie am Schießstand.

Die sechste Suite aber, die gehörte dem Ole. Deswegen hieß das 73 Quadratmeter große Appartement auch »Bjørndalen«. Natürlich ein eher schlichtes Interieur, keine großen Schnörkel, ohne Schnickschnack. Dafür mit echtem Holz aus Bjørndalens norwegischer Heimat.

Allerdings, erzählte Herbert Santer einmal, sei das mit dem Holz eher schwierig gewesen, beim Import. Denn da Norwegen nicht zur EU gehören würde, habe es bei der Lkw-Kontrolle an der italienischen Grenze große Schwierigkeiten gegeben. Die Grenzbeamten verweigerten der Zimmereinrichtung aus Skandinavien die Einreise, einige Tage habe der Container am Brenner gestanden.

Dann griff Santer zum Telefon und rief in Rom an. Bei seinem Spezl Francesco Cossiga. Am nächsten Tag war das Holz in Toblach.

2012 gaben Nathalie Santer und Ole Einar Bjørndalen ihre Trennung bekannt. Man habe sich auseinandergelebt, hieß es in einer Erklärung, weitere Kommentare wollten die beiden dazu nicht abgeben.

Herbert Santer hat die Suite natürlich so gelassen, wie sie ist. Sie heißt jetzt aber Suite »Norwegian«.

107. GRUND

WEIL DDR-MEISTER ERICH KRIEGLER ALS KILLER DES KGB DIE WELT IN ATEM HIELT

1981 war nicht wirklich ein bedeutsames Jahr für den Biathlon-Sport. Olympische Spiele gab es keine, was es gab, war die Weltmeisterschaft in Lahti, die zumindest für einen Sportler zum großen Triumph wurde, für Frank Ullrich. Nach Gold im Sprint und Silber im Einzel holte er auch mit der Staffel den WM-Titel, mit Matthias Jung, Matthias Jacob und Eberhard Rösch. Neben dem Quartett aus Ostdeutschland gab es aber noch einen weiteren DDR-Biathleten, der in diesem Jahr für Aufsehen sorgen und die Welt weit mehr in Atem halten sollte. Erich Kriegler.

Erich Kriegler war groß und blond, er hatte blaue Augen und einen stechenden Blick. Für einen Deutschen war er schon fast etwas klischeehaft. Sonderlich gesprächig wirkte er nie, schweigsam, in sich verschlossen, unnahbar. Es war die Zeit des Kalten Krieges, darum erfuhr man wenig über seine Herkunft, seinen Hintergrund, seine Familie. Bibi Dahl, eine Eiskunstläuferin der damaligen Zeit, sagte über ihn: »Er raucht nicht, er isst nur gesundes Zeug und spricht nicht einmal Mädchen an.« Es klang nach einem sehr humorlosen Typen.

Was man wusste, er war nationaler Meister seines Landes, der beste Biathlet der DDR. Aber, das erfuhr man dann recht bald, er führte ein Doppelleben. Als Killer vom sowjetischen Geheimdienst KGB. Das lag irgendwie auch nahe, als einer der besten Biathleten überhaupt war davon auszugehen, dass er lebende Ziele, die wesentlich größer sind als die schwarzen Scheiben am Schießstand, auch gut treffen müsste.

Einen spektakulären Einsatz hatte er während eines Biathlon-Rennens in Cortina d'Ampezzo, als Erich Kriegler sich plötzlich zu einer wilden und höchst rasanten Verfolgungsjagd anschickte, auf Skiern und auf einer Yamaha XJ500, bevor ihm sein vermeintliches Opfer doch noch im letzten Moment entwischte. Eine herbe Schlappe für Kriegler.

Später nahm es ein jähes Ende mit Erich Kriegler. In einer alten griechischen Klosterfestung hoch in den Bergen, weit weg von jeglicher Zivilisation, kam es zu einer folgenschweren Auseinandersetzung mit jenem Mann, den er in den italienischen Bergen einst verfolgte. In einem erbitterten Zweikampf mit seinem Widersacher wurde Kriegler aus dem Fenster geworfen, der blonde Kriegler-Killer stürzte in den Tod. Der Name des Kontrahenten: Bond. James Bond.

So kam Biathlon also auch einmal auf die Leinwand, 1981, im zwölften James-Bond-Streifen mit dem Titel *In tödlicher Mission* und Roger Moore als Null-Null-Sieben.

Der Schauspieler, der Erich Kriegler damals verkörperte, war übrigens der Engländer John Wyman. Durch seine Rolle im Bond-Blockbuster erhoffte er sich eine Initialzündung für seine bis dahin eher mau verlaufende Karriere. Doch daraus wurde nichts. Außer in einigen durchschnittlichen TV-Serien war John Wyman ab da an kaum mehr zu sehen.

Der Schuss ging wohl nach hinten los. Erich Kriegler war dennoch großes Kino.

108. GRUND

WEIL BIATHLON EISKUNSTLAUF-HÖCHSTNOTEN BEKOMMT

Biathlon ist ein simpler Sport. Leicht zu begreifen, verständlich für jedermann. Laufen, schießen, peng, peng. Trifft der Schuss ins Schwarze, gut, trifft er nicht, dann nicht gut. Unten läuft immer die Zeit mit, sofort beim Zieleinlauf erscheint die aktuelle Platzierung im Klassement, zwischendrin immer wieder mal der aktuelle Zwischenstand. Ist auch mit ein Grund, warum der Sport so attraktiv ist, alles ist messbar und nachvollziehbar.

Bei anderen Sportarten ist das nicht so. Wir denken an die neumodischen Trendsportarten, Slopestyle oder Halfpipe, das sah beispielsweise bei den olympischen Wettbewerben im Rosa Khutor Extreme Park von Sotschi zwar ganz nett aus, wer aber nicht verstand, um was es geht, der sah nur ein paar affencoole Typen auf ihren Snowboards oder Skiern durch die Gegend hüpfen, konnte aber nicht wirklich darüber urteilen, ob die Wertung der Jury danach nun wirklich in Ordnung war oder nicht.

Beim Skispringen geht das noch, man sieht zumindest die Weite und kann bald schon halbwegs die Wertungen der Kampfrichter einschätzen, je nachdem ob die Landung recht versemmelt wurde oder doch ein eleganter Telemark zustande kam. Richtig schwierig dagegen ist die Sache beim Eiskunstlauf, da gibt es deswegen auch oft richtig Stunk.

2002 war das so, bei den Winterspielen von Salt Lake City, ein Riesen-Eklat war das. Im Paarlauf wurde das russische Duo Elena Bereschnaja und Anton Sicharulidse zunächst zu den Siegern gekürt, vor den Kanadiern Jamie Sale und David Pelletier – eine höchst umstrittene Entscheidung, die korrigiert wurde, als die französische Preisrichterin Marie-Reine Le Gougne in einer schriftlichen Erklärung eingestand, dass sie massiv unter Druck von außen gestanden habe. Das russische Paar blieb Olympiasieger, nachträglich bekamen aber auch die Kanadier noch Gold überreicht.

Damals gab es übrigens noch die guten alten Noten nach dem klassischen Wertungssystem, mit dem man groß geworden war. Mit der 6,0 als Höchstnote, die es dann, 2002, auch sogar fürs Biathlon gab. Durch Christian Neureuther.

Neureuther, einst Deutschlands bester Alpinfahrer, Ehemann von Rosi Mittermaier und Vater von Felix Neureuther, war damals 2002 Zeitungskolumnist, jeden Tag kommentierte er in einem Zweispalter differenziert und durchaus auch kritisch nicht nur die aktuellen Ergebnisse, sondern auch die Geschehnisse abseits des Sports, das Drumherum. Zum Abschluss der Spiele zog er Bilanz, dabei bewertete er einzelne Kategorien und vergab Noten – eben wie im Eiskunstlauf.

In gestürzter Reihenfolge las sich das Olympia-Zeugnis dann wie folgt: Minus 0,1 Punkte gab es für die Kampfrichter, die sich nicht nur im Eiskunstlauf, sondern auch im Shorttrack durch fragwürdige Disqualifikations-Entscheidungen eher unbeliebt gemacht hatten. Auch nicht richtig prickelnd war das Fazit für die Preise, da vergab Neureuther eine 0,0: »Eine Orange für zwei Euro, ein Muffin für fünf. Unverschämt.« Immerhin in den Plusbereich, wenn auch noch nicht wirklich ganz weit nach oben, ging es dann bei der Wertung für das hiesige Bier (»Schmeckt nicht und ist verwässert, die Note entspricht dem Promillegehalt nach fünf Halben Dünnbier, also 0,1«), etwas besser stand da noch das deutsche Alpin-Team da, wo es durch Martina Ertl immerhin noch Bronze in der Kombination gab, bei den Männern aber das zu erwartende Debakel. Neureuthers Fazit: »Herren 0,0 plus Damen 4,2 macht Gesamtnote 2,1.«[95]

So ging es weiter, über den Zustand der Wettkampfstätten (3,7), die lästigen, aber natürlich nach dem 11. September 2001 notwendigen und effizienten Sicherheitsvorkehrungen (5,4), die tolle Arbeit der freiwilligen Helfer, der Volunteers (5,8), bis hin zur deutschen Mannschaft (ohne Ski Alpin), für die es eine 6,0 gab.

Genau das gleiche Ergebnis wie für die Zuschauer beim Biathlon. Neureuther zeigte sich begeistert von der Atmosphäre, deswegen vergab er auch hier die 6,0.

Mit Biathlon kam Alpin-Experte Neureuther zwölf Jahre später wieder in Kontakt. Beim Star-Biathlon der ARD, eine Veranstaltung, über die manche große Biathleten schon vor Jahren in einem Vieraugengespräch schimpften, weil das ein hochnotpeinlicher Event sei, der aber der Vermarktung und der Popularität des Biathlons doch ganz guttun würde.

Weil jedenfalls beim Star-Biathlon 2014 der Münchner Tatort-Kommissar Miroslav Nemec wegen einer Verletzung nach einem Sturz seinen Dienst kurzfristig quittieren musste, sprang als Ersatz kurzfristig eben Christian Neureuther ein. Er machte eine gute Figur und hätte solide Haltungsnoten erhalten. Nicht ganz 6,0, aber irgendwo zwischen Alpin-Damen und Volunteers. Stärker als das Dünnbier allemal.

109. GRUND

WEIL SICH DIE KATI UND DER KENIANER IN DEN STRAFRUNDEN VERZÄHLTEN

In den Nullerjahren, also in der ersten Dekade des 21. Jahrhunderts, gab es wenige Biathletinnen, die erfolgreicher waren als Kati Wilhelm. Zwischen 2001 und 2009 wurde sie fünfmal Weltmeisterin, dazu holte sie viermal Silber und viermal Bronze, und bei den Olympischen Spielen 2002 und 2006 gewann sie insgesamt je drei Gold- und Silbermedaillen, bevor sie 2010 nach Staffel-Bronze in

Vancouver ihre Karriere beendete. Von Salt Lake City bis Turin, von Pokljuka bis Pyeongchang, Kati Wilhelm hatte an vielen Orten große Erfolge zu feiern.

Es gab aber auch einen Ort, den sie nicht gut in Erinnerung haben sollte. Chanty-Mansijsk in Sibirien. Ein Ort, an dem sie eine Strafrunde mehr lief, als sie eigentlich musste.

März 2003. Kurz vor Beginn der WM feiert Wilhelm beim Weltcup in Östersund noch ihren dritten Saisonsieg, natürlich fährt sie als eine der aussichtsreichsten Sieganwärterinnen auf einen WM-Titel nach Sibirien, gerade im Sprint über 7,5 Kilometer gilt sie sogar als die haushohe Favoritin, die Titelverteidigerin, die Olympiasiegerin. Aber dann dauert es keine zehn Minuten und das Rennen ist gelaufen. Die ersten vier Schuss, im Liegendanschlag, sie alle gehen daneben. Etwas, was ihr noch nie passiert ist. Erst der fünfte sitzt. Dahin alle Medaillenchancen. Auch beim Stehendschießen läuft es gar nicht gut, zwei Fahrkarten, so nennt man das, wenn ein Schuss danebengeht. Am Ende landet sie unter ferner liefen und schießen. Auf Platz 37.

Dann kommt das Verfolgungsrennen, und wieder erlebt Kati Wilhelm ein völliges Debakel. In den vier Schießeinlagen leistet sie sich acht Fehler, und weil sie den Überblick verliert, dreht sie am Ende sogar neun Strafrunden, eine zu viel. Als sie dann später im Ziel ist, verrät sie den Grund. Weil sie das spannende Duell um den WM-Titel auf der Großleinwand verfolgt habe, den Zweikampf zwischen Martina Glagow und Sandrine Bailly (siehe 67. Grund), die, wie bereits zu lesen war, schließlich zeitgleich ins Ziel gekommen waren und beide die Goldmedaille erhielten.

Bei so viel Spannung konnte man schon einmal das Zählen vergessen. Entscheidend war das eh nicht mehr. Kati Wilhelm kam auf Platz 38.

Eine weitaus bessere Platzierung bei einem Biathlon-Rennen verpasste durch ein ähnliches Malheur übrigens Enok Lagat. Ein Kenianer.

Enok Lagat, Titus Rotich und Eliyah Kiptoo, ein Trio aus dem B-Kader der kenianischen Leichtathletik-Nationalmannschaft. Die drei hatten lange Zeit davon geträumt, ihr Land bei den Winterspielen von Sotschi als Biathleten vertreten zu dürfen. Betreut wurden sie dabei von ihrem deutschen Trainer Klaus Bergmann, im August 2010 feierten sie ihren Einstand, beim IBU-Sommer-Cross-Cup im slowakischen Brezno-Osrblie. Es war ein warmer Tag, die äußeren Bedingungen lagen ihnen, und vor allem mussten sie keine Ski unter ihre Füße schnallen, nein, sie durften laufen. Und wie sie das taten.

Freilich, das mit dem Schießen, das klappte noch gar nicht. Kurz vor dem Rennen hatten sie sich vom slowakischen Verband noch Gewehre geliehen und auf die Schnelle noch eine erste Einweisung und, auch ganz wichtig, eine Sicherheitsschulung bekommen. Lagat traf zwei von zehn Scheiben, Rotich eine, Kiptoo keine einzige. Kiptoo musste zehn Strafrunden laufen, insgesamt 700 Meter bei einer Laufstrecke von vier Kilometern. Er lag nur eine gute Minute hinter dem Sieger, dem WM-Dritten des Vorjahres im Sommerbiathlon, Miroslav Matiaško, der fehlerfrei geblieben war.

Auch Lagat wäre mit Sicherheit unter die ersten drei gekommen, wenn er nach seinen jeweils vier Fehlschüssen das eine Mal aus Versehen vor lauter Eifer nicht sechs Strafrunden gelaufen wäre. Es blieb egal, trotz großer Mühen und viel Aufwand scheiterte das kenianische Biathlon-Projekt recht bald, die Winterspiele 2014 blieben ein unerfüllter Traum.

Aber falls es für das Trio ein Trost sein sollte, ihre Leidensgenossin, die Strafrundenverzählerin Kati Wilhelm, die war in Sotschi auch nicht mehr dabei.

XII ZU GUTER LETZT

110. GRUND

WEIL SIE JETZT NOCH DAS WICHTIGSTE IN KURZFORM ERFAHREN

Alle hundertneune. Nach 109 Gründen müssten Sie sich allmählich auskennen im Biathlon, oder? Was Sie aber sonst noch alles so wissen müssen zur schönsten Sportart der Welt, gibt es hier nun in Kurzform, in unserem kleinen A bis Z.

A Australien: Ja, in Down Under gibt es auch Biathleten. Sie fallen nicht weiter auf, weil sie nicht erfolgreich sind. Dafür trägt ihr sportlicher Stützpunkt den schönsten Namen aller Biathlon-Standorte weltweit, er klingt wie ein Pauschaltarif für Hochprozentiges: Whisky Flat.

B Blau laufen: Könnte bedeuten, dass Biathleten nach einer Whisky Flat (siehe A) im Delirium über die Strecke torkeln, tut es aber nicht. Heißt vielmehr, dass der Körper übersäuert, der Sportler am Ende seiner Kräfte ist. Hört man oft im Biathlon. Legendär war 2003 bei der Nordischen WM in Val di Fiemme der Einbruch des schwedischen Langläufers und späteren Biathleten Jörgen Brink. Als Schlussläufer der Staffel hatte er wenige Meter vor dem Ziel 20 Sekunden Vorsprung – und kam nicht mehr vom Fleck. Norweger und Deutsche zogen an ihm vorbei.

C Chile: 2012 suchte der Biathlon-Verband des südamerikanischen Landes einen Trainer für ein einmonatiges Trainingslager in Südtirol – per Stellenanzeige. Wer vielleicht aber auch so Interesse hat und sich mal prophylaktisch als chilenischer Coach bewerben möchte, Zuschriften mit Qualifikationen und Gehaltsvorstellungen sind an den Präsidenten der Federación Chilena de Biathlón zu schicken, Señor Norman Gonzalez Parada. Adresse: Ramón Cruz 1176, Nuñoa Ofic. #507, Santiago, Chile. Oder per Mail an biathlon.chile@gmail.com

D Dichterkunst: Der Schriftsteller und Autor Gert Zielke formulierte mal ein schönes Gedicht mit dem Titel *Biathlon*. Es geht so: »Der Biathlet / zum Schießstand geht / dort trifft er meist daneben / so ist das Leben eben.« Auch das musste mal gesagt sein.

E Einreise: Wurde einer 23-jährigen tschechischen Biathletin auf dem Weg zur WM in Ruhpolding 1996 von bayerischen Grenzbeamten am Übergang Reit im Winkl verweigert. Sie hatte das Fahrzeug erst kurz zuvor von ihrem Vater als Geschenk bekommen. Dumm nur, dass der Papa den Wagen von einer tschechischen Autoschieberbande erstanden hatte und das Auto als gestohlen gemeldet war. Schweren Herzens musste sich die Sportlerin wieder davon trennen. Das Gute daran: Von Reit im Winkl bis Ruhpolding sind es zu Fuß nur einige Kilometer.

F Feier: Bei der Junioren-WM 1993 in Ruhpolding begoss ein gewisser Ole Einar Bjørndalen seine drei WM-Titel allen Ernstes mit Milch. Der Silbermedaillengewinner im Sprint, Tomasz Sikora, lud ihn dann zu einer richtigen Party ins Quartier der Polen ein. Bjørndalen sagte später einmal: »Da schenkten sie Wasser ein. Aber das Wasser war sehr stark.«

G Greiner-Petter-Memm. Vorname Simone. Fünffache Weltmeisterin mit Mannschaft und Staffel, Olympiasilber 1994 in Lillehammer, auch mit der Staffel. Legendärster Dreifachname im Spitzensport, den bekam sie, als geborene Greiner-Petter, nach der Heirat mit dem Kombinierer Silvio Memm. Wenigstens hatte der nur einen Namen. Man stelle sich vor, sie hätte einen Mann namens Müller-Lüdenscheid geehelicht. Oder Mayer-Vorfelder. Oder Schäfer-Gümbel.

H Haßlberger, Martin: Mehr als 20 Jahre Pressechef bei den Biathlon-Rennen von Ruhpolding. Sorgte immer für eine perfekte Organisation, einen reibungslosen Ablauf, schnelle Informationen, und noch viel wichtiger, für die besten Butterbrezn und Wurstsemmeln im Weltcup-Zirkus.

I IKR: Im Regelwerk des Weltverbands IBU die Abkürzung für »Internationale Kampfrichter«. Die IKR haben vier wichtige Aufgabenbereiche, es gibt die IKR Strecke, die IKR Schießstand, die IKR Start/Ziel und die IKR Materialkontrolle. Dort müssen sie schauen, dass alles mit rechten Dingen zugeht, logisch. Die Altersobergrenze für einen IKR ist 65. Mindestalter bei der Prüfung: 22 Jahre. Voraussetzung für die Prüfung ist der Besitz einer gültigen nationalen Kampfrichterlizenz, und im Kapitel 4 unter Punkt 2.1.2.3, Absatz a) steht: »Der Kandidat muss den Skilanglauf soweit beherrschen, dass er der Wettkampfstrecke bei Bedarf folgen kann.«[96] Die Prüfung besteht aus 25 Fragen, zulässige Zeit: 120 Minuten. Die Prüfung gilt als bestanden, wenn die Quote der richtigen Antworten 80 Prozent beträgt. Umgerechnet vier von fünf Schuss beim Biathlon.

J Juniorenweltmeisterschaften: Gibt es seit 1967. Erfolgreichste Teilnehmerin, Stand Frühjahr 2014: Magdalena Neuner mit sieben Titeln. Bei den Männern Maxim Zwetkow, fünf Goldmedaillen.

K Kalender: Ein gewagtes Projekt der kanadischen Biathletinnen vor den Olympischen Heimspielen von Vancouver 2010. Weil ihr nationaler Verband finanziell chronisch klamm war, machten sich die Sportlerinnen für ästhetische Schwarz-Weiß-Bilder nackig, um durch den Verkauf des Kalenders Geld für ihre Vorbereitung zu sammeln, um sich beispielsweise einen Physiotherapeuten oder einen Skitechniker leisten zu können. Die Biathletinnen benützten sozusagen die Waffen der Frau. Nützte letztlich nicht viel, Erfolge bei den Spielen blieben aus, das Gesamtergebnis konnte sich nicht wirklich sehen lassen. Der Kalender dagegen schon.

L Ladehemmung: Ist blöd, passiert aber manchmal. Bei der WM 2009 in Pyeongchang zum Beispiel. Beim Staffelrennen der Männer hatte Michael Rösch als Startläufer die DSV-Staffel in Führung gebracht und an Christoph Stephan übergeben, dem dann aber beim Stehendschießen die Waffe den Dienst versagte. Es dauerte, bis er eine Hülse aus dem vereisten Patronenschacht schütteln konnte, erst dann funktionierte das Gewehr wieder. Stephan traf alle Scheiben, verlor aber reichlich Zeit. Später grummelte er: »Da hab ich Kacke gemacht beim Stehendschießen. Ich bin fast blöd geworden, wollte am liebsten das Gewehr wegwerfen. So was ist mir im Wettkampf noch nie passiert und nun ausgerechnet heute.«[97] Ruhig Blut. Am Ende gab's ja noch Bronze. Gar nicht Kacke.

M Maskottchen: Unvermeidlich bei Großveranstaltungen. Meist seltsam degenerierte Figuren am Rande der Grenzdebilität. Unvergessen, 2006, Fußball-WM, Goleo, der Hosenlose. Oder Athena und Phoibos, 2004 bei Olympia in Griechenland, die entstellt schwachsinnig Irren mit den aufgeschwollenen Füßen. Hauptsache peinlich. Beim Biathlon geht das noch halbwegs. 2012 in Ruhpolding, Beppo, der Biathlonfuchs, na ja, war noch in Ordnung, harmlos und schmerzfrei. Und 2005, Hochfilzen, Burli, das Eichhörnchen, auch nicht so schlimm. Ein richtiges Politikum aber wurde das Maskottchen 2007 bei der WM in Antholz. Das hieß nämlich »Bumsi«. Ernsthaft. Bumsi war ein Bär und bald ein Problembär. »Jedem, der ein Minimum an Hausverstand besitzt, wird bei diesem Namen die sexuelle Anspielung einfallen. Solche Zweideutigkeiten und Schlüpfrigkeiten sind mir zuwider«, schimpfte damals die Südtiroler Landespräsidentin für Chancengleichheit, Julia Unterberger.[98] In einer Radioumfrage plädierte die Mehrheit der Hörer für eine Umbenennung in Bummi, Brummi oder Brummsi. Auch gab es, nachdem der Veranstalter das »Bum« ja nur auf das Schießgeräusch bezogen sehen wollte, Erwägungen einer Namensänderung in Pengsi, Treffsi oder Knallsi. Knall sie? Irgendwie hatten die alle einen Schussi.

N Nummern: Die Startnummern der Läufer müssen folgende Größen haben: auf Vorder- wie Rückseite des Trikots mindestens zehn Zentimeter hoch und zwei Zentimeter breit. Seitliche Nummern auf dem Startnummerntrikot: Höhe mindestens sechs Zentimeter, Breite Minimum 1,2. Die Unterkante der Zahlen auf den Seiten muss 8,5 Zentimeter von der Unterkante des Startnummerntrikots entfernt sein. Vorschriften bei den Nummern auf den Beinen der Rennanzüge: zwölf Zentimeter Höhe, zwei Zentimeter Breite. Kurz, ein rechter Zahlensalat.

O Ohlin: Früherer schwedischer Biathlet, Heimatverein: Arjeplogs Skytteförening. Mitglied der siegreichen Staffel bei der ersten WM 1958 in Saalfelden, zusammen mit Adolf Wiklund, Olle Gunneriusson und Sven Nilsson. Ohlins Vorname: Sture. Muss ein rechter Dickkopf gewesen ein.

P Parasiten: Kryptosporidien-Parasiten verunreinigten 2010 das Trinkwasser der mittelschwedischen Stadt Östersund, ausgerechnet unmittelbar vor dem Weltcupauftakt der Biathleten. Die Behörden riefen die Menschen auf, das Wasser vor der Benutzung abzukochen. 2.500 Bürger erkrankten, 20 von ihnen mussten stationär behandelt werden. Die Hauptbeschwerden: Magen- und Darmerkrankungen, Fieber, Schwindel, Bauchkrämpfe und Gewichtsverlust. Die Rennen selbst wurden zu einem kompletten skandinavischen Triumph, bei den Männern siegten die Norweger Ole Einar Bjørndalen und Emil Hegle Svendsen, bei den Frauen die Schwedin Anna Carin Zidek und die Finnin Kaisa Mäkäräinen. Sie ließen nichts anbrennen. Sie waren wie das Trinkwasser. Zu abgekocht.

Q Quizfrage: Was meinen Sie, wen würden die Deutschen am liebsten bei sich im Auto sitzen haben, wenn sie im Stau stehen? Na? Dieter Bohlen? Roberto Blanco? Heribert Faßbender? Falsch! Eine repräsentative Forsa-Umfrage ergab 2012, dass fast 30 Prozent die Gesellschaft von Magdalena Neuner am meisten schätzen würden, weit abgeschlagen kamen dahinter Sandra Maischberger (19 Prozent) und Kanzlerin Merkel (18 Prozent). Mit der Klum konnten sich das nur acht Prozent vorstellen. Lieber mit Angie als mit Heidi. Als männliche Mitfahrer wünschte sich die Mehrheit Formel-1-Champ Sebastian Vettel vor zwei Bundes-Joachims. Dem Präsidenten Gauck und dem Trainer Löw.

R Radbiathlon: Gibt es auch. Im Sommer. Die Biathleten stehen dabei nicht auf Skiern, sie sitzen auf Mountainbikes. Distanzen bei den Männern neun, bei den Frauen sechs Kilometer. Dazwischen je zwei Schießeinlagen, eine liegend, eine stehend, wie im Winter. Die Radler tragen das Gewehr nicht auf dem Rücken, es steht in einem Gewehrständer am Schießstand. Erst wenn der Sportler sein Rad ordnungsgemäß im Radständer abgestellt hat, darf er die Waffe an sich nehmen. Pro Fehlschuss radelt er eine Strafrunde. Übrigens hoch offiziell anerkannt vom Weltverband IBU als Sonderform des Biathlons. Ehrlich. Wer das nicht glaubt, hat ein Rad ab.

S Seniorenstift: Unterkunft für die Journalisten während der WM in Ruhpolding 2012. Die Medienvertreter residierten in den hochmodernen Zimmern des Neubau-Trakts eines Altersheims. Einzigartig: Die voll automatisierten Pflegebetten mit elektrischer Höhenverstellung und Aufstehhilfe. So bequem hat man noch in keinem Journalistenhotel geschlafen. Da sahen die anderen Quartiere richtig alt aus dagegen.

T Temperatur: Biathlonwettkämpfe dürfen laut Reglement nicht gestartet werden, wenn die am kältesten Teil der Anlage 1,5 Meter über dem Boden gemessene Lufttemperatur unter minus 20 Grad Celsius beträgt. Ist es kälter als minus 15 Grad, müssen vor dem Start und während des Wettkampfs Windkälte und Luftfeuchtigkeit berücksichtigt werden. Im Fall eines hohen Windchill-Faktors muss in Absprache mit dem Medizinischen Delegierten der IBU oder dem Wettkampfarzt entschieden werden, ob das Rennen gestartet wird. Bei einer Temperatur von minus 15 Grad genügt eine Windgeschwindigkeit von 10 km/h, um die Temperatur auf gefühlte minus 21,2 Grad zu senken. Nicht wirklich etwas zum Chillen.

U Umweg: Einen solchen nahm Ole Einar Bjørndalen bei der WM 2009 in Pyeongchang. Er schlug beim Massenstartrennen wie viele andere Läufer wegen schlechter Markierung den falschen Weg ein, korrigierte sich kurz darauf, verlor dadurch rund zwei Sekunden an Zeit, wurde danach erst disqualifiziert. Nach Protesten und Gegenprotesten ging es hin und her, dann wurde Bjørndalen doch zum Sieger erklärt. Zwei Sekunden, um die drei Stunden gestritten wurde.

V Verschlusssystem: Folgende Gewehrverschlusssysteme sind bei der Biathlon-Waffe zugelassen: Drehverriegelung, Winchester- oder Kniehebelverschluss, Exzentersystem und Klemmverriegelung. Soso. Der Abstand zwischen Laufachse und Unterkante des Vorderschafts, einschließlich Magazin und Abzugsbügel, darf 120 Millimeter nicht überschreiten. Das Visiersystem darf mit keiner Optik versehen werden und darf keinerlei vergrößernde Wirkung aufweisen. Optische Linsen im Auge, da schau her, sind auch verboten. Der Kaliber des Laufs muss 5,6 Millimeter betragen, das Patronengewicht darf 2,75 Gramm nicht überschreiten. Und, ach ja, die Mündungsgeschwindigkeit darf, mit einem sogenannten Radarchronograf gemessen, nicht schneller als 360 Meter pro Sekunde sein. Reicht ja auch.

W Wodka: Siehe F wie Feier.

X Xaver: Orkantief, wütete Anfang Dezember 2013. Die Veranstalter des Weltcups in Hochfilzen fürchteten bereits, aufgrund der Auswirkungen die Auftaktrennen verschieben oder gar absagen zu müssen. Am Ende zeigte sich Xaver gnädig und ließ Tirol im Süden unverschont und wütete stattdessen über Mittel- und Nordeuropa. Hui. Die Sprintrennen am ersten Tag gewannen die Schweizerin Selina Gasparin und der Norweger Lars Berger. Sie stürmten auf und davon.

Y Yu: Vorname Shumei. Erfolgreichste Biathletin Chinas. 2000 holte sie im Einzel über 15 Kilometer WM-Silber in Oslo, ein Jahr später gewann sie an gleicher Stelle ihr einziges Weltcuprennen. Nach den Winterspielen 2002 beendete sie die Karriere. Aus den Prognosen, China sei eine aufstrebende Supermacht im Biathlon, wurde nichts. Die nachfolgenden Athleten blieben Durchschnitt. Aus dem Reich des Mittelmaßes.

Z Zahn: Den verlor Miriam Gössner 2012 beim Einzelrennen von Östersund. Mitten auf der Strecke. Ein künstliches Zahnprovisorium, das ihr bei einer komplizierten Kiefer-OP wenige Monate zuvor implantiert worden war, aber nicht wirklich gut hielt. Nach dem Rennen machte sich Gössner noch einmal auf die Suche, fand das Stück aber nicht mehr. Im übertragenen Sinn hinterließ der Zahn in Gössners Mund das Gleiche wie Magdalena Neuner durch ihren Rücktritt im deutschen Biathlon. Eine große Lücke.

111. GRUND

WEIL SICH FAMILIE BJÖRNDALEN DIE SACHE MIT CHINA HOFFENTLICH GUT ÜBERLEGT HAT

Zu guter Letzt noch einmal zu Björndalen. Wem sonst. Ehre, wem Ehre gebührt. Im Frühjahr 2018 hatte Björndalen seine Karriere beendet, erzwungenermaßen. »Freude und Motivation sind noch immer ungebrochen«, sagte Björndalen damals auf einer extra dafür einberufenen Pressekonferenz. »Ich hätte gerne noch ein paar Jahre weitergemacht.«[99] Wäre aus gesundheitlicher Sicht allerdings nicht sinnvoll gewesen. Mehrmals aufgetretene Herzrhythmusstörungen hatten ihn ziemlich beeinträchtigt – und auch beunruhigt.

So zog sich der achtfache Olympiasieger mit seiner weißrussischen Frau, der vierfachen Goldmedaillengewinnern Daria Domratschewa als erfolgreichstes Ehepaar der Sportgeschichte zurück. Mit zwölf Goldmedaillen und einer Tochter, der 2016 geborenen Xenia. Bauten sich ein Haus in Minsk, besuchten die Fußball-WM in Russland, kauften sich einen weißen Sportwagen. Sie entwarf dazu ihre eigene Sportkollektion und machte ein Hochglanz-Fotoshooting. Klang nach Jet-Set.

»Die Tage sind immer voll«, sagte Björndalen, bevor sie bei der Schalker Biathlon-Challenge Ende 2018 ein Kurz-Comeback feierten: »Wir sehen das Leben jetzt von einer neuen Seite. Vorher ging es nur um den großen Sport, jetzt erleben wir viele neue Facetten und interessante Dinge.«[100]

Ganz interessante Dinge hörte man dann auch im Spätsommer 2019 – als bekannt wurde, dass das Ehepaar Björndalen und Domratschewa Cheftainer werden. In China. Um sie für die Winterspiele 2022 in Peking fit zu machen. Nun ist es immer schon so gewesen, dass Gastgeber Olympischer Spiele in Sportarten, in denen sie weder Ahnung haben noch gute Sportler, ausländische Fachkräfte engagieren. International erfolgreiche Sportler von früher, damit die eigenen Athleten gerade bei den immer so prestigeträchtigen Olympischen Heimspielen nicht als harmlose Exoten, sondern als heiße Medaillenanwärter an den Start gehen.

So wie bei den Koreanern, die 2017 Bob-Olympiasieger Andre Lange verpflichteten – prompt holte der Gastgeber der Spiele von Pyeongchang Sensations-Silber im Viererbob, ex aequo mit dem Quartett um Nico Walther. Im Bob saßen Won Yun-jong, Jun Jung-lin, Seo Young-woo, Kim Dong-hyun. Die Besetzung des südkoreanischen Silberbobs, mehr so eine Millionenfrage bei Günther Jauch.

Schorsch Hackl hatte, das nur am Rande, auch mal ein Angebot. Von den Russen. Vor Sotschi 2014. Der Hacklschorsch hätte nur zusagen müssen, er hätte wohl ausgesorgt gehabt, das finanzielle Angebot war gewaltig. Aber der Hacklschorsch wollte nicht, weil dann hätte er ja weg müssen aus seiner Berchtesgadener Heimat, deswegen sagte er ab. Es war genau die richtige Entscheidung. Der Doping-Skandal um den Doppel-Olympiasieger Alexander Subkow, dem das IOC 2017 dann beide Goldmedaillen im Zweier und Vierer aberkannte, hätte wohl auch Hackls Ansehen beschädigt, selbst wenn er nicht im entferntesten Schuld daran gehabt hätte.

Und nun also Björndalen und Domratschewa bei den Chinesen, die sich weder von nicht unproblematischen Doping-Vergangenheit im dortigen Spitzensport noch von den Umständen in Sachen Meinungsfreiheit und Menschenrechten beeindrucken ließen. »Ich weiß nicht, was er sich dabei gedacht hat«, sagte auch der deutsche Cheftrainer Mark Kirchner, »aber irgendetwas wird er sich dabei gedacht haben. Wahrscheinlich kann er immer noch nicht genug vom Biathlon kriegen.«[101]

Freilich wartete im Reich der Mitte jede Menge Arbeit auf das Paar, das schon zu aktiven Zeiten gemeinsam im Weltcup umherreiste. Bei den Männern fand sich in der Saison 2018/2019 kein Athlet im Weltucp-Gesamtranking. Jinle Tang wurde im zweitklassigen IBU-Cup auf Rang 126 geführt. Bei den Frauen war Yan Zhang die Nummer 78 der Weltrangliste.

»Wir konzentrieren uns darauf, ein hochprofessionelles Team aufzubauen«, erläuterte der 45-jährige Björndalen sein Projekt. »Natürlich nutzen wir gerne die Chance und helfen unserem Lieblingssport, sich weltweit zu entwickeln, in Ländern, in denen Biathlon und alle Wintersportarten ein enormes Potenzial haben.«[102]

Björndalen schrieb bei Instagram zu einem gemeinsamen Foto von einem »jungen Team mit hohen Ambitionen und der Perspektive zu wachsen« und ergänzte: »Wir sind voller Motivation, allen unsere besten Tipps zu geben.«

Ole und seine Daria werden schon wissen, was sie tun, neben all dem Idealismus spielte sicher vor allem auch das Geld eine Rolle, dass das Ehepaar fürstlich entlohnt wird für sein Engagement, dürfte selbstverständlich sein. Bleibt nur zu hoffen, dass alle sauber bleiben. Sonst hätten sie es besser gemacht wie einst der Hacklschorsch.

BONUSGRÜNDE

XIII

112. GRUND

WEIL DIE ERFOLGSGESCHICHTE DER JUNGEN FRANZI BEIM ALTEN FRITZ BEGANN

Albaching war im Ausnahmezustand, diese kleine Gemeinde am Südrand des Großhaager Forstes, im äußersten Norden des Landkreises Rosenheim, weit weg von den Bergen. Ehrenspaliere hatten sich aufgestellt und Böllerschützen, und ein großes Feuerwerk wurde auch gezündet. War mächtig was los, Ende Januar 2012, in diesem kleinen Ort mit gerade einmal 1.700 Einwohnern.

Die Parade galt der jungen Frau, die im offenen Mercedes hinter der Blasmusik und unter dem Jubel der Einwohner am Straßenrand zur Alpichahalle gefahren wurde – der 17-jährigen Franziska Preuß, die kurz zuvor drei Goldmedaillen und einmal Silber gewonnen hatte und eine der überragenden Sportlerinnen war: Bei den Olympischen Jugendwinterspielen in Innsbruck.

Die Olympischen Jugendwinterspielen waren auch wieder so eine Erfindung des IOC, man kann geteilter Meinung darüber sein, ob sie mehr den ideellen Interessen der olympischen Bewegung zur Förderung der die teilnahmeberechtigten 14- bis 18-jährigen Athleten dienen sollen – oder den materiellen Interessen der IOC-Funktionäre. Jedenfalls hatte die junge Franziska Preuß in der Tiroler Landeshauptstadt ordentlich abgeräumt – und das obwohl sie noch keine zwei Jahre im Biathlon unterwegs war.

Ursprünglich war die kleine Franzi ja Leichtathletin, eine gute Mittelstreckenläuferin, 800 Meter ihre Paradestrecke. Doch als sie in den frühen und schwierigen Jahren als Teenager allmählich die Lust daran verlor, sinnierten die Eltern (Vater Georg war 1987 WM-Zweiter mit dem Team im Berglauf) über eine andere Sportart, die ihrer Tochter vielleicht mehr Spaß machen könnte – und kamen auf das Biathlon-Camp von Fritz Fischer, dem Staffel-Olympiasieger von 1992, in Ruhpolding. So nahm die kleine Franzi dort also teil, im Winter 2010, gerade als sich Magdalena Neuner anschickte, in Vancouver nicht nur ihre beiden Olympia-Medaillen zu holen, sondern auch mit der großen Enttäuschung über die Nicht-Nominierung in der Staffel an den Wendepunkt, an den Anfang vom Ende ihrer Karriere zu kommen.

Was die 15-jährige Franzi in Ruhpolding jedenfalls hinlegte, begeisterte den Fischer Fritz. Er erkannte ihr Talent, lud sie sofort zum Stützpunkttraining an Pfingsten an gleicher Stelle ein. Damit begann die Erfolgsgeschichte, damit begannen erst einmal aber vor allem die Strapazen. Drei- bis viermal die Woche musste Mama Elisabeth ihre Tochter ins 80 Kilometer entfernte Ruhpolding zum Training chauffieren, und ganz nebenbei stand parallel ja noch die Schule an. 2011 gewann sie gleich im ersten Winter als Biathletin den Deutschland-Pokal, 2012 triumphierte sie in Innsbruck – das Abitur übrigens absolvierte sie unterdessen ganz locker mit 2,5. Im Olympia-Winter 2013/2014 rückte sie ins Weltcup-Team auf, erreichte mit einem sechsten Platz im Sprint von Annecy und einem vierten Platz beim Verfolgungs-Heimrennen von Ruhpolding ganz locker die Norm für Sotschi.

»Zur Entwicklung gehört, auch mit Niederlagen umzugehen«, hatte Nachwuchs-Trainer Tobi Reiter nach dem kometenhaften Aufstieg 2012 gesagt. Die Niederlagen kamen dann auch, gerade in Sotschi. In Sprint und Verfolgung kam sie auf die Plätze 41 und 40, im Einzelrennen hatte sie nach drei Runden fünf Schießfehler, die Trainer warfen das Handtuch und nahmen die völlig demoralisierte Franziska aus dem Rennen. Zu allem Überfluss folgte für Franziska und das auch sonst erfolglose Frauen-Team der Riesen-Eklat um Evi Sachenbacher, bei der Spuren von Methylhexanamin entdeckt worden, einer im Biathlon nicht wirklich leistungssteigernden, aber eben doch verbotenen Substanz, die sie nach ihren Angaben aus Unachtsamkeit über ein Nahrungsergänzungsmittel eingenommen hatte. Das Staffelrennen wurde so erwartungsgemäß zum Fiasko, Franziska Preuß stürzte als Startläuferin in den Schnee, musste ihre Waffe reinigen und stand unter Tränen am Schießstand. Am Ende belegte sie mit Andrea Henkel, Franziska Hildebrand und Laura Dahlmeier nur den elften Platz. Doch den Frust von Sotschi hatte sie schnell überwunden, bald fand sie zurück in die Erfolgsspur. 2015, nur ein Jahr nach dem Olympia-Debakel, wurde sie in Kontiolahti Weltmeisterin mit der Staffel.

Immer wieder fuhr sie in den folgenden Wintern in die vorderen Ränge, stand auch hin und wieder auf dem Podest. Doch dann wurde auch Olympia 2018 ein bitteres Drama. Nach Platz vier im Einzel war die Hoffnung groß, dass sie als Startläuferin der Staffel für eine gute Ausgangsposition sorgen würde. Doch dann ging alles schief. Gleich im ersten Liegendschießen traf sie zwar alle fünf Scheiben. Doch weil sie wegen der schlechten Sicht im Schneetreiben einen Schuss daneben wähnte, lud sie eine Patrone nach, bevor sie ihre Fehleinschätzung erkannte. Völlig aus dem Konzept setzte sie im Stehendanschlag vier Schuss daneben, das war es dann auch schon mit der Medaille, das Quartett landete auf Rang 8. Momente, in denen sie auch ans Aufhören dachte, ans Karriereende. Doch sie machte weiter, auch dank der Motivation durch ihren Freund: Simon Schempp. Belohnt wurde sie für all die Quälerei mit ihrem ersten Weltcupsieg – am 20. Januar 2019, als sie sich mit der Norwegerin Ingrid Landmark Tandrevold ein dramatisches Duell lieferte und am Ende mit einer Skilänge Vorsprung als Erste das Ziel erreichte, und das unter dem Jubel von rund 15.000 Zuschauern: Es war das Massenstartrennen von Ruhpolding. »Es ist ein geiles Gefühl, in meinem Wohnzimmer mit einem perfekten Rennen oben zu stehen«,[1] sagte sie später. Dort, wo alles begann, beim Fischer Fritz.

Der Sieg sollte sie motivieren zum Weitermachen, um das Trauma von Sotschi und Pyeonchang zu überwinden bei Olympia eines Tages doch noch den großen Triumph zu feiern. Motivieren für eine Goldmedaille. Und für eine Triumphparade durch Albaching.

113. GRUND

WEIL OMAS GULASCH EINFACH AM BESTEN SCHMECKT

Beide mögen Schokolade. Für beide ist Omas Gulasch das Lieblingsessen. Und für beide waren Kati Wilhelm und Martina Beck die großen Vorbilder. Die zwei Zwillingsschwestern Franziska und Stefanie Hildebrand verbindet viel in ihrem Leben, so war es auch in der Kindheit und Jugend, als beide von der großen Karriere als Biathletin in der Weltspitze träumten. Der Traum sollte sich aber nur für Franziska erfüllen.

Über die Gemeinsamkeiten der beiden talentieren Nachwuchs-Schwestern schrieb schon die Mitteldeutsche Zeitung 2003. »Die Zwillingsschwestern Hildebrand sehen sich nicht nur äußerlich sehr ähnlich aus«, stand da zu lesen. »Ihre Stimmen klingen gleich hell und fröhlich. Selbst mancher Gedanke scheint den beiden zur selben Zeit zu kommen: Oft genug passiert es, dass Franziska und die zwei Minuten jüngere Stefanie eine an sie gerichtete Frage wie aus einem Mund beantworten - wortwörtlich mit demselben Satz.«[2]

Die Hildebrand-Schwestern stammen aus Köthen in Sachsen-Anhalt, geboren im März 1987 zu Zeiten, als der Staatsratsvorsitzende der DDR noch Erich Honecker hieß und an der Mauer der Schießbefehl halt. Franziska und Stefanie bekamen schon als Kinder zu Weihnachten Skier geschenkt, trainiert von ihrem Vater versuchten sie sich bald im Sommer-Biathlon, später auch im Winter. Unterschiede waren lange kaum zu spüren, weder im Auftreten noch in der Leistung. 2010 holten sie beide sogar gemeinsam EM-Gold in Otepää, in der Staffel mit Kathrin Hitzer und Juliane Doll.

Doch dann stagnierten die Leistungen bei Stefanie Hildebrand, nichts wurde es mit dem erhofften Sprung in den Weltcup-Kader, 2013 erklärte sie dann ihren Rücktritt – anders als Schwester Franziska, die da schon richtig durchstartet war. Gleich bei ihrem Weltcup-Debüt 2011 in Östersund sprintete sie sensationell auf Platz 6, doch was folgte, waren Höhen und Tiefen, Freude und Frust, Auf und Abs, Rückstufungen in den zweitklassigen IBU-Cup folgten Comebacks im Weltcup. Ihre größten Erfolge dort feierte sie schließlich im Winter 2015/2016, als sie innerhalb von vier Wochen ihre beiden ersten Siege holte. Im Dezember in Hochfilzen, im Januar in Ruhpolding, jeweils im Sprint. Und auch Weltmeisterin wurde sie. 2015 in Kontiolahti, 2017 in Hochfilzen, beide Male mit der Staffel.

Franziska Hildebrand wurde nie die schillernde Glamour-Frau des Biathlon, das wollte sie auch gar nicht sein. Eher nannte man sie profan die »Mutter der Kompanie«. Eine hart arbeitende Sportlerin, die sich auch nach ihrem Umzug an den Stützpunkt in Ruhpolding immer wieder gerne nach Hause zu ihren Eltern nach Köthen fuhr, ein heimeliges Refugium, eine Oase. Eine, die sich im familiären Umfeld immer am wohlsten fühlte, die jegliches Brimborium vermeiden wollte, die mit feierlichen Society-Events und großen Ehrungen nicht viel anfangen konnte.

Eine, die jedes Gala-Dinner sofort eintauschen würde. Gegen Omas Gulasch.

114. GRUND

WEIL USCHI DISL IN SCHWEDEN IHR GLÜCK FAND

Manchmal paddelt sie mit dem Kajak über den Orsasjön. Der Orsasjön, ein gut 50 Quadratkilometer großer See, gespeist vom Wasser des Oreälven, verbunden durch die Moranoret-Wasserstraße mit dem Nachbarsee Siljan. Gelegen in der Provinz Dalarna. Mittelschweden. Der neuen Heimat von Uschi Disl.

Uschi Disl, lange Jahre das Gesicht des Biathlon in Deutschland. Eine der ersten Frontfrauen und Gallionsfiguren. Biathletin der ersten Stunde. 1991 die allererste und überhaupt in den gesamten Neunziger Jahren die einzige Deutsche, die eine Weltcup-Wertung für sich entscheiden konnte. Viermal holte sie sich in eine kleine Kristallkugel, die nächste deutsche Biathletin, die als Weltcup-Siegerin nicht Disl hieß, war Martina Glagow 2003. Dennoch galt die Dietramszellerin lange als unvollendet, trotz zweier olympischer Goldmedaillen 1998 und 2002, trotz sechs WM-Titeln. Denn all diese Erfolge feierte sie mit der Staffel. Triumphe im Einzel fehlten ihr. Bis 2005. Bis zur Weltmeisterschaft in Hochfilzen, dort gewann sie im Sprint und in der Verfolgung – und hatte den Fluch endgültig besiegt. Bronze im Massenstart ein Jahr später bei den Winterspielen von Turin war ein würdiger Abschluss einer großen Karriere. Danach sah man Uschi Disl noch als Expertin im Fernsehen, irgendwann aber zog sie sich zurück – und widmete sich ihrer Familie.

Ihren Mann Thomas Söderberg, einen schwedischen Skitechniker, hatte sie gegen Ende der Karriere kennen und liebengelernt, gemeinsam wohnten sie erst in Uschi Disls Tiroler Wahlheimat am Moserbergweg in Kössen. Dann zog es die beiden mit der Hanna, ihrer erstgeborenen Tochter, nach Schweden. In den 10.000-Einwohner-Ort Mora. Ans Ufer des Orsasjön.

Gemeinsam kauften sie ein 100 Jahre altes Gehöft, ein altes Bauernhaus, bald kam auch Sohn Tobias zur Welt, und Uschi Disl tauchte ab. Ein Kamerateam der ARD suchte sie einmal auf, für die Doku »Ohne Gewehr« über das Leben von Biathleten nach der Karriere. Andreas Henkel hatten sie in den USA besucht, Andi Birnbacher, den Birnei, bei sich zuhause im Chiemgau. Und eben Uschi Disl in ihrer neuen Heimat. »Ich muss mir nichts mehr beweisen«, sagte sie in die Kamera, »ich muss nicht mehr egoistisch sein wie im Spitzensport, als Sportler bleibt dir nix anderes übrig.«[3]

Es war zu sehen, wie sie sich gefunden hatte, ihre eigene Mitte, in der Mitte Schwedens. Disl, die in ihrer Laufbahn oft so verbissen wirkte und ehrgeizig, die auch nicht wie viele andere Kolleginnen Lockerheit vorspielen könnte sondern sich eben zeigte, wie sie war, ungeschönt und authentisch, angespannt und manchmal auch angefressen, war nun plötzlich bei sich selbst. Man sah sie beim Bummel durch den Rovdjursparken, den Bärenpark, eine der wenigen Attraktionen Moras, man sah sie im Café, wie sich mühelos auf Schwedisch einen Capucchino und einen Kuchen bestellte, man sah ihrer Mama, die einmal im Jahr auf Besuch kommt und dann wegen ihrer Flugangst immer mit dem Zug anreist. Man hörte, wie die beiden Eltern die Kinder zweisprachig großziehen.

Man hörte Uschi Disl sagen, dass sie natürlich noch an ihrer Heimat hängen würde und sie sich immer, wenn bayerische Wochen im lokalen Supermarkt anstehen würden, mit Leberkäs, Weißwürsten und Brezen eindecken würde – aber auch, dass sie eben nie mehr von hier weg gehen würde.

Dann sah man Uschi Disl noch im Kajak. Auf dem Orsasjän. Sie sagte: »Wenn die Sonne scheint über dem See und ich paddle in meiner Mittagspause um die Insel herum, dann gibt mir das so viel Kraft und Zufriedenheit. Dann lasse ich es einfach nur gleiten und denke mir, wie schön ich es habe. Es ist einfach nur herrlich.« Eine ganz andere Welt, ein ganz neues Leben. Sie, die früher ihre ihre Runden um die Schießstände und Biathlon-Stadien drehte, zieht nun ihre Kreise um eine Insel in einem mittelschwedischen See. Und statt die Skier gleiten zu lassen, zwischen Ruhpolding und Antholz, Oberhof und Österund, Soldier Hollow und Nove Mesto, lässt sie nun die Seele gleiten. Mitten auf dem Orsasjän.

115. GRUND

WEIL EIN SPIEL GEGEN REAL MADRID EINE EXKLUSIV-NEWS ZUM BIATHLON BRACHTE

Die Anspannung war groß, an jenem 30. April am Münchner Flughafen. Der Tross des FC Bayern machte sich im Terminal 2 gerade auf den Weg zur Maschine Richtung Madrid, zum Halbfinal-Rückspiel in der Champions League bei Real. 1:2 hatten die Bayern in der Woche davor das Hinspiel zuhause verloren, es schien trotzdem noch alles möglich. Wie immer vor Abflügen zu internationalen Auswärtsspielen stellte sich noch ein Verantwortlicher des Klubs den Fragen der Reporter, diesmal war es Karl-Heinz Rummenigge, zehn Minuten, dann war er wie auch die gesamte Mannschaft der Bayern Richtung Gate entschwunden.

Die Maschine des Reporters und Autor dieses Buches ging erst zwei Stunden später vom Terminal 1, also machte man sich nach der Speicherung der Aufzeichnungen auf den Weg, das Abfluggebäude wieder zu verlassen und erst einmal in aller Gemütsruhe zu frühstücken.

Doch daraus wurde nichts.

Ein Mann, der in einem Trainingsanzug und mit tief in die Stirn gezogener Baseball-Mütze an in einem ansonsten ziemlich verwaisten Bereich des Terminals lehnte, und der zunächst nicht weiter auffiel rief plötzlich voller Erstaunen: »Hey, Flo, servus.« Wer der Typ war? Michael Greis, der dreimalige Olympiasieger von Turin.

Damals hatte man sich besser kennengelernt, bei manchmal langen und oft sehr langen Abenden im Kufenstüberl von Sestriere, jenem Bereich des Deutschen Hauses, in dem die Sportler bei Olympischen Winterspielen ihre Ruhe haben, und wo auch der Greis Michi seine drei Goldmedaillen gebührend feierte. Auch über das Karriereende hinaus hielt sich der Kontakt, führte man zwischendrin immer wieder das ein oder andere Interview.

Die Begegnung am Flughafen war aber doch eine Überraschung. Was ich denn hier so mache, wollte der Michi wissen. Naja, letzte Stimmen einsammeln bei den Bayern vor dem Flug nach Madrid, morgen das Rückspiel in Bernabeu als Korrespondent für SPIEGEL ONLINE, spannende Geschichte, fand auch der Michi, als großer Bayern-Fan. So fachsimpelte man ein wenig, ob der Lewandowski es schafft, vielleicht endlich einmal in einem großen Spiel ein entscheidendes Tor zu erzielen, ob der Müller wieder auf rechts spielt oder zentral in der Mitte. Und wie James Rodriguez sich zeigen wird, bei der Partie gegen seinen Ex-Klub Real.

Ach ja, aber überhaupt, und Du so, Michi, worauf er hier warte. Nun, wirkte er etwas verlegen, er fliege gleich nach Amerika in die Staaten. Ja toll, super, Urlaub oder so? Nein, meinte er, er würde da – was bis dahin noch völlig geheim war – seine neue Stelle antreten. Als Cheftrainer der US-Biathleten.

Sprach's und verschwand nach kurzer Verabschiedung, weil es ihm nun doch pressierte, Richtung Flieger. So wurde es dann nichts mit dem Frühstück. Stattdessen hackte man die Neuigkeit in den Laptop und schickte den Text in die Redaktion nach Hamburg, wo die Meldung wenig später auch zu lesen stand.[4]

Der nächste Abend wurde zu einem großen Drama. Hauchdünn verpassten die Bayern mit dem 2:2 den Einzug ins Finale, ein Spiel, das die ganze Welt mitbekam, und von dem hunderte Reporter rund um den Erdball berichteten.

Aber das mit dem Michi Greis und den Amerikanern, das hatte man imnerhin exklusiv.

116. GRUND

WEIL ARND PEIFFER NUN AUCH BAIRISCH KANN

Das Erstaunen war groß, Anfang Dezember 2018 in Pokljuka. Die deutschen Biathlon-Stars, fast alle waren sie da. Simon Schempp. Erik Lesser. Benedikt Doll. Johannes Kühn. Einer fehlte aber im Männer-Team. Arnd Peiffer.

Man rätselte über die Gründe, was gewesen sein mochte. War er krank? Gar etwas Schlimmeres? Einige Tage zuvor hatte er sich in einem Interview doch noch so zuversichtlich gezeigt, vor dem Start in die neue Saison. Hatte über seine Ziele im nun anstehenden Winter gesprochen: »Und dann ist es für mich wichtig, bei der WM dabei zu sein und möglichst eine Medaille mit nach Hause zu nehmen.« Und auch Gedanken an ein nahes Karriereende für obsolet erklärt: Ich glaube, irgendwann kommt der Zeitpunkt, an dem man einfach nicht mehr mag. Man muss ja im Sommer immer gewillt sein, sich richtig zu schinden. Irgendwann ist man nicht mehr bereit dafür. Im Moment ist es für mich aber noch nicht vorstellbar, zu Hause auf dem Sofa zu sitzen, Biathlon im Fernsehen anzuschauen und zu sagen: *Das ist doch prima!*«[5]

Was also war los? Wo war Peiffer? Der Deutsche Skiverband hatte offiziell verlautbaren lassen, Peiffer fehle »aus privaten Gründen«. Was oft wiederum gar nichts Gutes heißt, weil Sorgen und Nöte dahinterstehen, Probleme mit Angehörigen. Den wahren Grund seiner anfänglichen Absenz verriet dann Arnd Peiffer selbst, als er während der Weltcup-Woche in den Nordwesten Sloweniens nachgereist kam. »Ich bin Papa geworden und das ist glaube ich das Allerschönste und Wichtigste«, offenbarte er im Fernsehen.

Die monatelange Geheimniskrämerei, dass keiner in der Öffentlichkeit etwas mitbekommen hatte, das passte irgendwie. Peiffer war noch nie einer, der gerne über sein Privatleben sprach, was man irgendwo mal gelesen hatte, war, dass er 2017 geheiratet hatte, mehr auch nicht. Andere Prominente posten die wachsenden Bäuche ihrer Partnerinnen auf Instagram und twittern in regelmäßigen Abständen über die Fortschritte der Schwangerschaft. Nicht so Arnd Peiffer, der introvertierte Niedersachse. Geboren in Wolfenbüttel, aufgewachsen in Clausthal-Zellerfeld, nahe Goslar. Dass der Flachländer durchaus einige Akklimatisierungsprobleme hatte, als er 2007 ins tiefste Oberbayern zur Bundespolizeisportschule nach Bad Endorf ging, war unvermeidlich. Schön war die Episode, die er einmal in einem Radio-Talk erzählte, wie ihm einer seiner ersten Trainer die Richtungsangaben erklärte. »Am Anfang hatte ich da schon eine Sprachbarriere«, sagte Peiffer, »der Trainer sagte: ‚Mei, da läufst fiari, ummi, obi.' Und ich dachte, wie obi und auffi.«

Rauf und runter ging es dann auch in seiner Karriere. Schon früh feierte er die ersten großen Erfolge, 2009 den ersten Weltcup-Sieg, 2010 WM-Gold in der Mixed-Staffel, 2011 dann im Sprint. Die größte Enttäuschung, die er später einmal als bittersten Moment seiner Laufbahn bezeichnete, erlebte er dann 2012 bei der Heim-WM in Ruhpolding. Bis zum letzten Schießen lag er klar auf Gold-Kurs, selbst ein Schießfehler hätte noch zum Titel gereicht. Den ersten Schuss setzte er daneben, die Scheiben 2, 3 und 4 traf er. Doch die letzte blieb stehen. Am Ende blieb ihm statt dem Podest nur Platz 7. Bronze in der Staffel und der Mixed-Staffel waren da nur ein schwacher Trost. Und dennoch: Kein deutscher Biathlet war in den 2010er-Jahren so beständig wie Arnd Peiffer. Zwischen 2009 und 2019 gewann er in jedem Jahr bei einem der Großereignisse wie Olympia und WM mindestens eine Medaille. Die Krönungen dabei waren das Olympia-Gold 2018 im Sprint von Pyeongchang und der WM-Titel im Einzel, 2019 in Östersund. Sieben Jahre nach dem schwarzen Tag von Ruhpolding.

Und doch konnte er bei all den Erfolgen sein ganz normales Leben weiterführen. In besagtem Radio-Interview sagte er, dass er mit dem Zug nach München und zu Fuß zum Sendegebäude des Bayerischen Rundfunks gegangen sei. Erkannt habe ihn dabei niemand. »Ich möchte da nicht mit einem Fußball-Profi tauschen«, sagte er, »als Thomas Müller wäre ich da keine fünf Meter weit gekommen.« Ganz froh sei er darüber, so wie ist es ist. Und dass man einfach auchh am Boden bleiben müsse, geerdet.

Arnd Peiffer weiß, worauf es ankommt im Leben. Er weiß, die Dinge richtig einzuordnen. Und er weiß jetzt auch, was fiari und ummi heißt, obi und auffi.

117. GRUND

WEIL LAURA DAHLMEIER DEN RICHTIGEN MOMENT ZUM ABSPRUNG FAND

Freilich hätte sie noch weitermachen können, viele Jahre noch. Und mit Sicherheit hätte sie noch viele Medaille gewonnen, sehr viele. Medaillen gewann sie ja auch noch, wenn sie gar nicht so in Topform zu sein schien. Ein paar WM-Titel noch, einige Olympiasiege, Laura Dahlmeier hätte noch richtig abräumen können, vielleicht wäre sie am Ende sogar die erfolgreichste Biathletin aller Zeiten geworden. Aber sie wollte dann nicht mehr. Der Spaß war ihr vergangen, es reichte dann einfach. Und deswegen trat sie dann zurück. Mitten in der Karriere. Ganz plötzlich. Mit 25. Wie Magdalena Neuner.

So viele Parallelen gab es zwischen der Lena und der Laura, den beiden Ausnahme-Biathletinnen, die nur 14 Kilometer voneinander entfernt aufwuchsen, die eine in Wallgau, die andere in Garmisch-Partenkirchen. Und doch wollte gerade Laura Dahlmeier nie mit Magadelena Neuner verglichen werden, das sagte schon ihr

Vater Andreas bei einem Hausbesuch, als seine Tochter 2016 gerade ihr erstes Einzel-Gold bei einer WM gewonnen hatte, in Oslo in der Verfolgung. »Laura hat Jahre daraufhingearbeitet, eben nicht die zweite Magdalena zu sein. Das hat sie geschafft.«[6]

Überhaupt die Eltern, Andreas und Susi Dahlmeier, eine geborene Buchwieser, passionierte Outdoor-Sportler, zwei der erfolgreichsten deutschen Mountainbiker Anfang der Neunziger Jahre. Raus in die Natur, rauf auf die Berge, die kleine Laura wuchs damit auf, war schon früh eine begeisterte Alpin-Fahrerin, mit sieben schrieb sie in ein Freundschaftsbuch auf die Frage nach Ihrem großen Traum: »Olympiasiegerin oder Hüttenwirtin.«

Auf dem Weg nach ganz oben reizten sie dabei immer schon Extremsituationen, bereits als Kind. Mit ihren Eltern kraxelte sie schon früh in den Bergen des Karwendel herum. Als sie bei einer viertägigen Bergtour rund um Innsbruck mitten in der kargen Felswelt fernab jeglichen Unterschlupfs von einem heftigen Gewitter überrascht wurden und es wirklich brenzlig zu werden schien, strahlte sie und frohlockte: »Endlich rührt sich mal was.«[7]

Bisher ging es auch immer gut, gerade bei ihren vielen Klettertouren der vergangenen Jahre. Sie stieg aufs Matterhorn, den Mont Blanc, auf die Drei Zinnen und den Elbrus. Sie bezwang die 1000 Meter hohe Wand des El Capitan im Yosemite Park, allerdings in zwei Tagen, weshalb sie die Nacht im Schlafsack auf einem kleinen Felsvorsprung verbrachte, 800 Meter über dem Abgrund. Sie kletterte im Anschluss an eine 220 Kilometer lange Radtour über die vertikale Nordwand des Piz Badile, und sie wagte sich 2016 in den Himalaya, wo sie die Besteigung des vereisten Sechstausenders Ama Dablam wegen Schlechtwetters 300 Meter unter dem Gipfel abbrach.

Beim Gipfelsturm in die Weltspitze des Biathlon konnte sie niemand stoppen. Sieben WM-Titel, allein fünf davon 2017 bei den Dahlmeier-Festspielen in Hochfilzen, zwei Olympiasiege in Pyeongchang 2018, mit denen sie sich den einen Wunsch aus dem

Freundschaftsbuch erfüllte, Laura Dahlmeier war ganz oben angekommen.

Sie wusste die Freiheiten zu schätzen, die ihr die Verantwortlichen des Deutschen Skiverbands gewährten, dass sie etwa am ersten Ruhetag der WM in Hochfilzen erst einmal zum Paragliden ging. Bei anderen Athleten würden Trainer Blut und Wasser schwitzen. Bei Laura Dahlmeier wussten sie: Die braucht das.

Aber vieles war im Biathlon eben auch beschwerlich, es ging nicht so leicht wie einst zuhause im Kinderzimmer, als sie abends noch zum Training auf schwarze Papierkügelchen schoss. Der Spitzensport forderte seinen Tribut, oft sah man Laura Dahlmeier nach der Ziellinie entkräftet kollabieren, oft musste sie sich erst einmal lange regenerieren, manchmal musste sie sich auch vom DSV-Mannschaftsarzt behandeln lassen, und immer wieder musste der Pressesprecher des Verbands den nervösen Reportern in den Block diktieren, dass alles nicht so schlimm sei, wie es aussehe. Das war es auch nicht, aber Laura Dahlmeier ging eben oft an ihre Grenzen und auch darüber hinaus.

Irgendwann hatte sie dann einfach genug. Sie musste sich das nicht mehr zumuten. Im Mai erklärte sie ihren Rücktritt, online auf ihrer Homepage. In einer langen, sehr persönlichen und emotionalen Erklärung schrieb sie unter anderem: Heute bin ich an dem Punkt, an dem ich nicht weiß, was genau ich mir für ein Ziel vornehmen sollte, geschweige denn, ob es mir überhaupt wieder gelingen könnte. Allein dieses Gefühl zeigt mir, dass ich nicht mehr hundertprozentig davon überzeugt bin, Biathlon auf absolutem Spitzenniveau betreiben zu wollen. Meine Eltern gaben mir mit auf den Weg: »Mache etwas ganz oder gar nicht!«

Ich denke, das Leben besteht noch aus so viel mehr, als nur aus Leistungssport. Und ich bin jetzt bereit, ein neues Kapitel aufzuschlagen.[8]

Das tat sie dann auch. Es war zu sehen, wie Laura Dahlmeier es genoss, nicht wieder im Frühjahr ins Training einsteigen zu müssen, sondern nur noch die Dinge anzugehen, an denen sie wirklich Spaß hatte, ohne sich zu schinden. Skitouren auf den Damavand im Iran. Mountainbike-Trails quer durch die Alpen. Neue Kletterrouten, die sie dann auf Facebook postete und stolz schrieb von Cordierpfeiler und dem Grand Chamox, dem Kuffnergrat und Mont Maudi. Unternehmungen, die für sie erholsamer und unterhaltsamer schienen als ein Massenstartrennen in Kontiolahti.

Im Sommer 2019 absolvierte Laura Dahlmeier übrigens auch ein Praktikum. Auf der Meilerhütte. Als Wirtin. Damit erfüllte sich dann auch der zweite Wunsch. Der aus dem Freundschaftsbuch.

118. GRUND

WEIL JOAHNNES THINGNES BÖ VOM FUSSBALLTRAINING SEINER KINDER TRÄUMT

Im Winter 2018/2019 pulverisierte Johannes Thingnes Bö einige Rekorde. Den mit den meisten Weltcup-Siegen in einer Saison etwa. 16 Mal ganz oben, das hatte vor ihm noch keiner geschafft. Kein Björndalen, kein Fourcade, kein Poiree. Dazu viermal Gold und einmal Silber bei der WM in Östersund, der Norweger war ganz oben angekommen, als weltbeste Biathlet seiner Zeit. Ein Erfolg, den er vor allem Tarjei Bö zu verdanken hatte. Seinem Bruder, seinem Vorbild.

Tarjei Bö, neunfacher Weltmeister, 2010 Olympiasieger mit der Staffel in Vancouver. 2011 Weltcup-Gesamtsieger. Als Tarjei Bö die Biathlon-Welt dominierte, sagte er einmal: »Ich weiß, dass es noch einen besseren gibt: Meinen jüngeren Bruder Johannes. Da hab ich schon Angst, wenn er mal weltcuptauglich ist.«[9] Damals wurde der gute Tarjei noch belächelt, später lachte darüber keiner mehr. Am wenigsten die Konkurrenz, der er dann um Längen enteilen sollte.

»Wenn einem die Trainer schon nach zwei Kilometer zurufen, dass man 15 Sekunden hinter Johannes liegt, möchte man das eigentlich nicht hören«, sagte Benedikt Doll frustriert. Und auch Erik Lesser musste einräumen, dass es schon traurig sei, dass man auf vier Schießfehler des Norwegers hoffen müsse, um überhaupt eine realistische Chance zu haben. »Johannes kann sich nur selbst schlagen. Er hat eine unfassbar krasse Form«

Etwas zäh wurde es mit den Jahren aber auch für seine Frau, für Hedda Klovstad Dähli, die am Rande der WM in Östersund mit einem leichten Unterton der Entnervung gestand: »Selbst wenn ich nach Hause komme, dreht sich alles um Biathlon.«[10]

Einmal erzählte sie, selbst nachts, wenn sie im Bett lägen, würde er den Rhythmus der Laufschritte nachahmen. Romantik geht anders.

Dabei wollte Johannes Thingnes Bö mit 16 schon ganz aufhören mit der Skijagd, nur auf Zuraten seines älteren Bruders machte er weiter, biss sich fest, und machte ernst. Vorbei war es mit den lustigen Zeiten, als er während der Saison auch gerne Party machte, Bö junior erkannte, sollte es etwas werden mit den großen Zielen, bedürfe es einer professionelleren Einstellung.

Doch nachdem er alle Ziele erreicht und alle Medaillen, Pokale und Kristallkugeln gewonnen hatte, die es zu gewinnen gab, da zeigte auch Bö sich nachdenklich und gab Einblicke in sein Seelenleben. Dass er allmählich müde werde, dass ihn Biathlon anstrenge. »Es ist nicht mehr so viel Kraft übrig, wenn man jede Woche so hart kämpft. Ich mag das Reisen nicht so sehr. Ich verbringe zu viele Tage von zu Hause entfernt. Die Trainingslager beginnen im Mai und dann kommt der Winter.«[11]

An gleicher Stelle sprach der Dominator dann auch über seine Zukunft, über seinen Traum von einem normalen Leben. Wie er träumt davon, in zehn Jahren mit seiner Frau in einem schönen

Haus zu leben, ein oder zwei Kinder groß zu ziehen. Vielleicht selbst nur noch von 9 bis 4 arbeiten zu müssen. »Dann komme ich nach Hause und fahre die Kinder zum Fußballtraining. Wen wir alle zu Hause sind, kochen wir etwas Schönes und helfen den Kindern mit den Hausaufgaben.« Ich freue mich auf dieses normale Leben.

Das tut nicht nur er. Das tun auch Benedikt Doll und Erik Lesser. Und natürlich auch Helga Klovstad Dähli.

119. GRUND

WEIL DIE ITALIENER DANK DORO JETZT AUCH BIATHLON-FANS SIND

Mit Wintersport konnte Italien wenig anfangen, also das Italien ab Verona südwärts. Die großen Sportzeitungen sind täglich seitenweise gefüllt mit Fußball, Motorsport und Tennis, aber selbst in den Monaten zwischen November und März waren alpiner Skisport, Skispringen oder geschweige denn Biathlon höchstens Zweispalter oder Randnotizen.

Selbst als 2006 die Winterspiele nach Turin und die Berge des Piemont vergeben wurde, begleiteten die Berichterstatter aus Mailand und Rom mit einer Mischung aus Verächtlichkeit und Grundskepsis, kurz so richtig ernst schienen sie die Veranstaltung nicht zu nehmen. Als die beiden kernigen Doppelsitzer Gerhard Plankensteiner aus Sterzing und Oswald Haselrieder aus Völs am Schlern zu Bronze gerodelt waren, stellte ein Korrespondent der »Gazzetta dello Sport« bei der anschließenden Pressekonferenz die provokante Frage, wie es denn gewesen wäre, wenn die beiden gewonnen hätten und bei der Siegerehrung ganz oben gestanden wären. »Hätten Sie die Nationalhymne mitsingen können?« Fratelli d'Italia, l'Italia s'è desta und so weiter. Das Südtiroler Duo druckste ein wenig herum, meinte, woll woll, das würde schon gehen. Der Tenor der Geschichte war dann aber weniger die Freude darüber, dass zwei heimische Athleten eine Medaille errodelt hatten, sondern die Aufregung, dass sie wohl nicht in der Lage seien, textsicher die Hymne mitzusingen.

Immerhin in höchsten Regierungskreisen kamen die Winterspiele gut an, als Armin Zöggeler im Einsitzer Gold geholt hatte und er auf dem Weg nach Turin zur Siegerehrung noch am Fuß des Eiskanals auf sein Shuttle wartete, kamen zwei Sicherheitsbeamte herbeigeeilt und drückten dem Olympiasieger ein Telefon in die Hand. »C'e Napolitano. Il Presidente.« Zöggeler, ein fließend zweisprachig agierende Meraner nahm die Glückwunsche des Staatsoberhaupts dankend entgegen, man hatte das Gefühl, er verstand durchaus, was Giorgio Napolitano zu sagen hatte.

Bei den Biathleten rief Il Presidente nicht an. Und da fragte auch kein Reporter nach den Kenntnissen der Hymne. Denn vom Olympia-Gold, geschweige denn von einer Medaille waren die Azzurri dann doch zu weit entfernt. Einzig Michaela Ponza mit einem fünften Platz in der Verfolgung und Christian de Lorenzi, Siebter im Einzel, kamen so halbwegs in die Nähe einer Top-Platzierung. Für mehr reichte es dann aber auch nicht.

Genau in jenem Jahr aber, 2006, stieß eine junge 16-jährige Nachwuchsbiathletin zum Nationalkader, ein Teenager aus dem Antholzer Tal, dort wo vor traumhafter Bergkulisse Jahr für Jahr große Weltcup-Feste gefeiert werden und immer wieder auch schöne Weltmeisterschaften. Die junge Dorothea Wierer, die mit zehn Jahren mit dem Biathlon begonnen hatte und sich noch später an ihren allerersten Wettkampf erinnern konnte. Da bin ich letzte geworden und habe Schokolade als Trostpreis bekommen. Das war super, ich konnte den ganzen Tag Schokolade essen.«[12]

2009 kam sie erstmals in den Weltcup, doch es war ein langer, zäher Weg, bis sich Dorothea Wierer wirklich ganz vorne in der Weltspitze etablieren konnte. Erst 2015 gelang ihr der erste Weltcup-Sieg, 2016 holte sie sich nach zweimal Staffel-Bronze mit Silber in der Verfolgung die erste Einzel-Medaille bei einer Weltmeisterschaft. Der große Triumph glückte ihr dann im Winter 2018/2019, als sie in Östersund den Massenstart gewann und somit die erste italienische Weltmeisterin im Biathlon war. Doch mehr noch: In einem dramatischen Saisonfinale sicherte sie sich auch den Gesamt-Weltcup – gegen ihre Freundin und Zimmerkollegin Lisa Vitozzi.

In den italienischen Zeitungen schwärmten sie danach von ihrer neuen Supersportlerin, das naheliegende Wortspiel der »D'oro« machte die Runde, Oro wie Gold. Nur mitsingen bei der Siegehrung, als die Hymne erklang, das tat sie dann nicht. Fragen nach der Textsicherheit bei der Hymne gab es diesmal aber keine. Die hübsche Biathletin hatte es den Reportern dann doch mehr angetan als einst die beiden kantigen Doppelrodler.

120. GRUND

WEIL ES FÜR ANASTASIYA DOCH NOCH EIN HAPPY END GAB

Am Ende floss der Champagner – und die ein oder andere Träne. Schöner hätte das alles nicht enden können, für Anastasiya Kuzmina. Beim Karriereende 2019, als sie in Östersund Weltmeisterin wurde. Zum allerersten Mal. Welch Happy End einer so langen und illustren Karriere.

Anastasiya Kuzmina, in Sibirien geboren, bis 2007 für Russland am Start, dann für ihre neue Wahlheimat, die Slowakei. Schwester von Anton Schipulin, dem Staffel-Olympiasieger von Sotschi, verheiratet mit Daniel Kuzmin, einem früheren israelischen Langläufer. 2010 gewann sie das erste Rennen bei den Winterspielen von

Vancouver, den Sprint, ließ Magdalena Neuner damit hinter sich und verhinderte damit einen Dreifach-Triumph der Wallgauerin. Auch in Sotschi gewann sie 2014 m Sprint, und als sie 2018 auch noch in Pyeongchang im Massenstart holte, war sie die erste Biathletin, die bei drei aufeinanderfolgenden Winterspielen Gold gewann. Doch ein Titel fehlte ihr der zweifachen Mutter, die 2008 einen Sohn und 2014 eine Tochter zur Welt brachte und nach den Babypausen immer wieder zurückkehrte, nach wie vor. Der Titel der Weltmeisterin.

Als sie im Herbst 2018 ankündigte, zum Ende der folgenden Saison ihre Karriere zu beenden, war klar, dass die WM in Östersund dafür die letzte Chance sein würde. Dabei waren die Vorzeichen nicht gut, Kuzmina ging gleich in das erste Rennen, dem Sprint, mit einer saftigen Erkältung und wirkte geschwächt. Und gleich beim ersten Liegendschießen patzte sie, schoss einen Fehler, musste in die Strafrunde. Normalerweise das Ende aller Träume, gerade auf der Kurzdistanz über 7,5 Kilometer. Doch Kuzmina kämpfte, im Wissen, dass ihre Paradestrecke wohl die beste Chance sei, doch noch den ersehnten Titel zu holen. Und am Ende lag sie dann tatsächlich ganz vorne, knapp zehn Sekunden vor der Norwegerin Ingrid Landmark Tandrevold und Laura Dahlmeier. Und auch das Weltcup-Finale in Oslo nahm ein glückliches Ende, als sie in Sprint und Verfolgung gewann und sich wieder die kleine Kristallkugel für die Disziplinenwertung im Sprint holte.

Zum Schluss wurde es dann noch richtig emotional. »Ich habe im Biathlon eine großartige Familie gefunden«, sagte Kuzmina, »danke, dass ich ein Teil davon sein durfte. Biathlon wird immer in meinem Herzen sein.«[13]

Dann war es aber auch gut. Es war Zeit für das Karriereende. Und Zeit für die Kinder.

121. GRUND

WEIL MIT EINEM RENNABBRUCH EINE GROSSE FREUNDSCHAFT BEGANN

Für die ganz großen Legenden des Biathlon-Sports reichte es bei ihm nicht. Als einer der Unsterblich in die Ruhmenshalle Einzug zu halten. Immerhin, Peter Sendel war Olympiasieger, 1998 in der Staffel mit Ricco Groß, Frank Luck, Sven Fischer. Und zweimal auch mal Weltmeister, 1997 und 2003, ebenfalls mit der Staffel. Doch in den Einzelrennen reichte es nie für den ganz großen Erfolg. Auch ein Solo-Sieg in einem Weltcup-Rennen blieb ihm versagt, fünfmal war er Zweiter. Dass es mit einem sechsten zweiten Platz nichts wurde, lag an einem äußerst kuriosen Missgeschick – im Dezember 2003 beim Rennen in Osrblie, als sich Peter Sendel kurz vor Schluss verirrte.

Der Mann aus Thüringen war über die zehn Kilometer eines der besten Rennen seines Lebens gelaufen und lag auf dem zweiten Platz, mit allen Chancen auf einen Platz auf dem Podium. »Ich habe gewußt, daß ich um einen Platz auf dem Siegerpodest mitkämpfen kann und wollte ganz eng auf die Zielgerade einbiegen«, beschrieb Peter Sendel jenen fatalen Moment. »Auf einmal war die vermeintliche Zielgerade zu Ende. Das gibt es doch nicht. Wo bin ich denn jetzt? Ich konnte nur noch umdrehen.« Was geschehen war? Sendel war nicht auf die Zielgerade eingebogen, sondern versehentlich auf die Strafrunde und landete am Ende statt auf dem zweiten nur auf dem 15. Platz. Dass er im Ziel wütend seine Stöcke wegwarf und stinksauer war, es war nur zu verständlich.

Eine lustige Anekdote erzählte Sendel, der von 1993 bis 2005 aktiv im Weltcup unterwegs war, viel lieber, eine Episode von den Winterspielen in Nagano 1998. Damals stand er als Zuschauer am

Streckenrand beim Sprint über zehn Kilometer, da er für das Rennen nicht nominiert worden war. Die erste Startgruppe war schon im Ziel, in Führung lag Ole Einar Björndalen, als der Schneefall immer stärker und die Sicht immer schlechter wurde.

Plötzlich vernahm Sendel eine Funkdurchsage von drüben vom Schießstand, das Rennen sei abgebrochen, als genau in diesem Moment Raphael Poirée auf ihn zukam, einer der Mitfavoriten. Sendel verkreuzte die Arme zu einem X, um ihm den Abbruch zu signalisieren, als Poirée etwas verdutzt tatsächlich stehen blieb – und ihm, Peter Sendel, plötzlich ein Schauer über den Rücken lief. Hatte er die Durchsage auch wirklich richtig verstanden? Was, wenn er sich verhört hatte?

»Was, wenn ich einen der Favoriten in seinem ersten, letzten oder sogar einzigen olympischen Rennen ausgebremst habe?«, erinnerte er sich später. »Er hätte mich umgebracht, wenn ich falsch gelegen hätte und ehrlich gesagt... dafür hätte ich vollstes Verständnis gehabt.«[14] Sendel rückversicherte sich daraufhin nochmal bei Norbert Baier, dem Trainer, über Funk. Und welch Glück, der lieferte die Bestätigung: Abbruch.

Das Rennen wurde am nächsten Tag wiederholt, es fand mit Ole Einar Björndalen einen gerechten Sieger, der damit die erste seiner acht olympischen Goldmedaillen holte. Sendel und Poirée hingegen verband ab diesem Moment eine tiefe Freundschaft. Sendel selbst konnte später wieder lachen über diesen Schreckmoment. Genauso wie auch über das Missgeschick von Osrblie.

122. GRUND

WEIL EINE EURO-MÜNZE UND DIE KLEINE EMMA ZUM GROSSEN TRIUMPH VERHALFEN

Liv Grete Skjelbreid, die bis 2013 mit Raphael Poirée verheiratet war und unter seinem Namen lief, war 2004 die überragende Athletin in Oberhof. Vier Goldmedaillen bei einer WM, das hatte vor ihr keine geschafft. Später erinnerte sie sich an die spannenden und auch sehr kuriosen Umstände – wie sie als junge Mutter Weltmeisterin wurde. Auch dank einer Ein-Euro-Münze.

»Eine meiner liebsten Erinnerungen sind die IBU Weltmeisterschaften 2004 in Oberhof, vor allem das erste Rennen. Drei Tage vor dem Sprint fühlte ich mich kränklich. Es war nur eine leichte Erkältung, aber ich musste Antibiotika nehmen, um bei der WM antreten zu können. Zu dieser Zeit stillte ich noch meine Tochter Emma, die damals 13 Monate alt war. Sie reiste immer mit uns mit, in jedes Trainingslager und zu jedem Wettkampf. Als der Arzt mir Medizin verschrieb, fragte ich, ob sich die Antibiotika auf die Milch und das Baby auswirken könnten. Er sagte mir, dass es keine nennenswerten Auswirkungen gebe. Es könnte allerdings passieren, dass ihre Zähne mit den Jahren schwarz würden. Ich glaubte ihm! Und kaufte sofort ein paar Extraflaschen Milch für Emma. :)

Alle drei Nächte vor dem ersten Rennen schrie sie pausenlos. Jede Nacht konnte ich nur ein paar Stunden schlafen. Ich war sehr müde, frustriert und wollte einfach nur nach Hause fahren. Aber dann war der erste Wettkampftag da. Ich ging ins Stadion zur Waffenkontrolle, wo sich herausstellte, dass meine Waffe unter dem geforderten Mindestgewicht lag ... Ich wollte meinen Trainer rufen und um Hilfe bitten, doch ich konnte niemanden finden. Zum Glück entdeckte ein Journalist von NRK meinen Schwager

Egil Gjelland. Egil befestigte eine Euromünze an meinem Gewehr und danach betrug das Gewicht genau 3,5 kg. Puh! Ich rannte zum Start und nahm genau eineinhalb Minuten vor Rennbeginn meinen Platz ein.

Vielleicht dachte ich deshalb mit keiner Silbe mehr an meine Favoritenrolle. Ehrlich gesagt, glaubte ich nicht, dass ich eine Medaillenchance hatte. Ich war gesundheitlich angeschlagen, litt unter Schlafdefizit und hatte fünf Minuten vor Rennbeginn unter absolutem Stress gestanden. Doch all dies führte dazu, dass ich einfach nur mein Bestes geben und so schnell wie möglich wieder ins Hotel zurückkehren wollte, um mein Mädchen in die Arme zu nehmen und sie zu füttern. Ich absolvierte mein Rennen befreit von jeglichem Druck. Ich konnte es nicht fassen, als ich am Ende die Goldmedaille gewann. Dieses großartige Ergebnis machte mich unbeschreiblich glücklich und half mir, mich auf die folgenden Rennen zu konzentrieren, die noch anstanden. Diese WM, die so unglücklich begonnen hatte, verwandelte sich letztendlich in die beste Weltmeisterschaft meiner Karriere mit insgesamt vier Goldmedaillen.«[15]

QUELLENANGABEN

1. www.telegraph.co.uk/sport/olympics/5330960/The-Olympic-200m-medal-that-neither-Churandy-Martin-nor-Shawn-Crawford-wants.html, 15.5.2009.
2. www.washingtonpost.com/sports/olympics/tracy-barnes-makes-olympic-sacrifice-for-her-sister-lanny/2014/02/14/5893d25a-95b2-11e3-9616-d367fa6ea99b_story.html, 14.2.2014.
3. Die folgenden Zitate stammen von der Pressekonferenz nach dem Einzelrennen der Olympischen Winterspiele 2014, Laura-Biathlon-Zentrum, Krasnaja Poljana, 13.2.2014.
4. diepresse.com/home/sport/olympia/1560125/Landertinger-gewinnt-im-BiathlonSprint-Silber, 8.2.2014.
5. Hecker, Anno. »Russen helfen Deutschen«, in: *FAZ*, 7.2.2014, S. 26.
6. Wahl, Stefanie. »Ein Trio mit Pfiff«, in: *Saale-Zeitung*, 21.2.2014, S. 23.
7. www.luzernerzeitung.ch/nachrichten/bilder/sport/Olympia-Splitter-vom-16-Februar-2014;cme129486,675136
8. Alle folgenden Zitate stammen von der Pressekonferenz nach dem Verfolgungsrennen der Olympischen Winterspiele 2014, Krasnaja Poljana, 10.2.2014.
9. www.zeit.de/1972/19/ton-taube-oder-emmentaler, 12.5.1972.
10. Ebd.
11. Ebd.
12. www.stern.de/sport/sportwelt/biathlon-die-dunkle-seite-von-oberhof-teil-2-650783.html
13. »Stasi in Salt Lake City«, in: *Der Spiegel*, 18.2.2002, S. 21.
14. International Biathlon Union (Hrsg). *50 years of Biathlon – a success story*. Salzburg, 2008, S. 17f.
15. www.hora2000.de/de/produkte/schiessstaende/hora-2000-e-Schie%C3%9Fstand-biathlon/
16. Reichelt, Patrick. *Biathlon – Eine Erfolgsgeschichte*. Die Werkstatt, 2005, S. 68.
17. dpa, 7.11.1984.
18. International Biathlon Union (Hrsg). *50 years of Biathlon – a success story*. Salzburg, 2008, S. 42.
19. Ebd.
20. Ebd.
21. Kinast, Florian. »Ruhpolding: Hochsaison im Mallorca des Nordens«, in: *Abendzeitung*, 14.1.2006.
22. www.ovb-online.de/rosenheim/chiemgau/claus-pichler-bleibt-buergermeister-3422292.html
23. Alle folgenden Zitate aus: archiv.abendblatt.de/ha/2002/pdf/20020222.pdf/HAHA20020222lf0000130.pdf
24. Kostyja Boytsov und Tanja Ohlson. »Alexander Gubin – Competitor at Inaugural Biathlon World Championships«, in: *Biathlonworld*, Heft 21, 2010, S. 92.
25. Niinimaa, Veli M. J. *Double Contest Biathlon. History & Development*. Verlag D.W. Friesen, Altona, MB, Canada, 1998, S. 3.
26. Theiner, Egon. »Sergej Tchepikov – Philosopher Among The Biathletes«, in: *Biathlonworld*, Heft 2, 2003, S. 70.
27. Sportinformationsdienst, 23.3.2014.
28. Munzinger-Archiv, Biographie Andrea Henkel.
29. NOK-Pressekonferenz nach dem Einzelrennen der Olympischen Winterspiele 2002, Deutsches Haus, Park City, 11.2.2002.

30 Pressekonferenz nach dem Einzelrennen der WM 2005, Pressezentrum Hochfilzen, 8.3.2005.

31 Pressekonferenz nach dem Sprint der Olympischen Winterspiele 2006, Biathlon-Pressezentrum San Sicario, 14.2.2006.

32 Pressegespräch nach dem Sprint der Olympischen Winterspiele 2006, Mixed Zone, San Sicario, 14.2.2006.

33 Theiner, Egon. »The beauty and the ... Coach«, in: *Biathlon – Das Magazin*, Heft 1, 2002, S. 6.

34 Pressekonferenz nach dem Sprintrennen der Olympischen Winterspiele 2014, Laura-Biathlon-Zentrum, Krasnaja Poljana, 8.2.2014.

35 Dahle, Kjell-Gunnar. »Ole Einar – and a single furniture shop«, in: *Biathlonworld*, Heft 2, 2002, S. 16.

36 Ebd.

37 www.welt.de/print/die_welt/sport/article124690582/Im-Wohnmobil-zur-Goldmedaille.html

38 Pressegespräch nach dem Sprintrennen der Olympischen Winterspiele 2014, Laura-Biathlon-Zentrum, Mixed Zone, 8.2.2014.

39 International Biathlon Union (Hrsg). *50 years of Biathlon – a success story*. Salzburg 2008, S. 209.

40 Ebd.

41 Kinast, Florian: »Trotz Liebesglück: Olympiasiegerin Wilhelm denkt an ihre Karriere«, in: *Abendzeitung*, 8.12.2006, S. 37.

42 Scherzer, Hartmut. »Das Rotköpfchen zeigt kräftig Zähne«, in: *Abendzeitung*, 15.2.2002, S. 32.

43 Kettinger, Natalie: »Nackt ist einfach langweilig – Kati Wilhelm über Erotikfotos und die Probleme mit ihren roten Haaren«, in: *Abendzeitung*, 6.12.2002, S. 31.

44 Otzelberger, Manfred. »Erst Gold, dann ein Kind«, in: *Bunte*, 11.2.2010, S. 92.

45 Kinast, Florian: »Trotz Liebesglück: Olympiasiegerin Wilhelm denkt an ihre Karriere«, in: *Abendzeitung*, 8.12.2006, S. 37.

46 Ebd.

47 Dieterle, Claus. »Ich wollte selbst bestimmen, wann ich gehe«, *FAZ*, 27.3.2010, S. 27.

48 »Kati Wilhelm ist wieder schwanger«, in: *Südthüringer Zeitung*, 23.11.2013, S. 23.

49 Kinast, Florian, »Unsere Männer brauchen eine Lena«, in: *Abendzeitung*, 16.2.2008, S. 34.

50 Becker, Thomas. »Zurück ins normale Leben«, in: *Abendzeitung*, 12.3.2012, S. 28.

51 Kinast, Florian. »Die schöne Zöllnerin mit Gewehr und Harfe«, in: *Abendzeitung*, 8.1.2007, S. 25.

52 Wyrzykowski, Christophe. »Liv Grete & Raphael Poirée – a golden couple«, in: *Biathlonwold*, Heft 1, 2004, S. 66.

53 Kinast, Florian. »Bestens präpariert am Laptop – Biathlon-Staffel holt Gold«, in: *Abendzeitung*, 22.2.2006, S. 28.

54 Dieterle, Claus. »Das deutsche Quartett feiert seine phantastische Lotto-Fee«, in: *FAZ*, 21.3.2003, S. 33.

55 dpa, 21.3.2003.

56 Dieterle, Claus. »Das deutsche Quartett feiert seine phantastische Lotto-Fee«, in: *FAZ*, 21.3.2003, S. 33.

57 www.ausfuhrkontrolle.info/ausfuhrkontrolle/de/embargos/belarus/gasp/be2011_357.pdf

58 Mölter, Joachim. »Güter zur internen Repression«, in: *Süddeutsche Zeitung*, 1.3.2012, S. 39.

59 de.wikipedia.org/wiki/Arctic_Circle_Race#cite_note-gguide-1

60 »Running Gag«, in: *Süddeutsche Zeitung*, 12.2.1999, S. 33.

61 Hahn, Thomas. »Interview der Woche«, in: *Süddeutsche Zeitung*, 13.2.1999, S. 44.

62 Kreisl, Volker. »Also reißen wir den Mund auf«, in: *Süddeutsche Zeitung*, 15.2.2008, S. 33.
63 »Was würden Sie als SuperStar singen«, in: *Bunte*, 9.1.2003, S. 114.
64 www.huffingtonpost.co.uk/david-fearnhead/winter-olympics-amanda-lightfoot_b_4738338.html
65 www.britishbiathlonunion.com
66 Kinast, Florian. »Jetzt kann mich nichts mehr halten«, in: *Abendzeitung*, 2.12.2008, S. 22.
67 International Biathlon Union (Hrsg). *50 years of Biathlon – a success story*. Salzburg, 2008, S. 225.
68 Wyrzykowski, Christophe. »Sandrine Bailly – she will proceed well«, in: *Biathlonworld*, Heft 2, 2003, S. 42.
69 m.stuttgarter-nachrichten.de/inhalt.andrea-eskau.3c16b8ba-dcf1-4243-8081-63f5eb85c410.html
70 »Die goldene Krönung«, in: *Münchner Merkur*, 17.3.2010, S. 31.
71 www.Simone-hauswald.d/mein-lebensmottohtml
72 Wyrzykowski, Christophe. »Baverel, or the force within«, in: *Biathlonworld*, Heft 11, 2007, S. 50.
73 Kerber, Matthias. »Sven Fischer engagiert sich für Alte und sozial Schwache«, in: *Abendzeitung*, 14.12.2004, S. 31.
74 Ebd.
75 www.faz.net/aktuell/sport/wintersport/tora-berger-eine-sanfte-siegerin-im-schnellfeuer-modus-12060779.html
76 Hermann, Tomás. »The Medalist's Tears of Sadness«, in: *Biathlonworld*, Heft 12, 2007, S. 50.
77 Kinast, Florian. »Hobby-Triathletin und Icke-Häßler-Fan – Martina Glagow wird WM-Zweite«, in: *Abendzeitung*, 15. Februar 2008, S. 27.
78 Ebd.
79 Kinast, Florian. »Ein Sachse in Bayern – Biathlet Groß über Heimat und Hartz IV«, in: *Abendzeitung*, 23.9.2004, S. 30.
80 Kerber, Matthias. »Ein Verrückter, bitte einfangen«, in: *Abendzeitung*, 11.1.2002, S. 30.
81 Theiner, Egon. »The beauty and the … Coach«, in: *Biathlon – Das Magazin*, Heft 1, 2002, S. 6.
82 Ebd.
83 Dunker, Robert. »Zu warm für Wintersport«, in: *Die Welt*, 3.3.2012, S. 22.
84 www.salz-kontor.de/brezelsalz.php
85 www.out.com/entertainment/popnography/2014/01/16/jonny-weir-%E2%80%98crossfire%E2%80%99-over-sochi-olympics
86 murphy-biathlon.blogspot.ch
87 www.spiegel.de/deinspiegel/a-677328.html
88 Youtube.com/dsv-experten-tipps
89 www.spiegel.de/sport/wintersport/biathlon-sandro-brislinger-waffenmeister-des-deutschen-teams-a-951910.html
90 Pressegespräch bei den Olympischen Winterspielen 2006, Biathlon-Zentrum San Sicario, 16.2.2006.
91 »Zielt mit dem Gewehr auf ihn«, in: *Abendzeitung*, 22.2.2002, S.32.
92 »Am Aschermittwoch fängt erst alles an«, in: *taz*, 14.2.2002, S. 1.
93 DSV-Aktiv, 5/2005.
94 Dieses und die folgenden Zitate: »Jacksons Joke Box«, in: *Biathlon – Das Magazin*, Heft 1, 2002, S. 58.
95 Neureuther, Christian. »Dünnes Bier, grandiose Party«, in: *Abendzeitung*, 25.2.2002, S. 17.
96 IBU-Regeln, Internationale Biathlon Union, 2012, Kapitel 4, S. 41.
97 www.sueddeutsche.de/sport/biathlon-wm-in-korea-bronze-trotz-ladehemmung-1.487969
98 Hungermann, Jens. »Bumsi, der Problembär«, in: *Die Welt*, 7.2.2007, S. 24.

99 www.spox.com/de/sport/mehr-sport/wintersport/1804/News/ole-einar-bjorndalen-will-karriereende-bekanntgeben.html
100 www.volksstimme.de/wintersport/biathlon/news/bjoerndalendomratschewa-auch-in-biathlon-rente-umtriebig/1543314802000
101 www.schwaebische.de/sport/ueberregionaler-sport_artikel,-björndalen-trainert-chinas-skijäger-_arid,11111617.html
102 www.sueddeutsche.de/sport/wintersport-bjoerndalen-und-domratschewa-werden-trainer-in-china-1.4597905

BONUSGRÜNDE

1 www.sportschau.de/wintersport/biathlon/biathlon-ruhpolding-massenstart-frauen-100.html
2 www.mz-web.de/zwillingsschwestern-hildebrand-grosse-liebe-biathlon-9625790
3 www.youtube.com/watch?v=czySljVoZqY
4 www.spiegel.de/sport/wintersport/michael-greis-wird-biathlon-cheftrainer-der-usa-a-1205575.html
5 www.abendzeitung-muenchen.de/inhalt.az-interview-biathlet-arnd-peiffer-gold-war-das-i-tuefelchen.5d2fe639-6833-45e9-8b5c-c1ec0ab3aca5.html
6 www.merkur.de/lokales/garmisch-partenkirchen/laura-dahlmeier-per37414/laura-dahlmeier-besuch-garmisch-partenkirchen-wilde-laura-werdenfelser-land-6203400.html
7 www.spiegel.de/sport/wintersport/biathletin-laura-dahlmeiers-beeindruckende-bilanz-der-wm-in-hochfilzen-a-1135237.html
8 www.laura-dahlmeier.de/?fbclid=IwAR0jJZahYwVtMKhf74H6Esg2jVMsqvTi0b0BfqyOM_LAvHEdavDzc3Enjac
9 www.tagesspiegel.de/sport/biathlon-johannes-boe-der-ausnahmeathlet/24138818.html
10 www.eurosport.de/biathlon/biathlon-wm/2018-2019/biathlon-wm-johannes-thingnes-bo-gesamtweltcupsieger-nervt-seine-ehefrau_sto7182446/story.shtml
11 Biathlon-World, 51/2019, S.77
12 www.barfuss.it/leute/miss-biathlon
13 Biathlon-World, 51/2019, S. 126
14 https://de.biathlonworld.com/news/detail/sunday-funday-mit-peter-sendel
15 https://de.biathlonworld.com/news/detail/sunday-funday-mit-liv-grete-skjelbreid

111 GRÜNDE:

FUSSBALL: 111 GRÜNDE, BAYERN MÜNCHEN ZU LIEBEN • 111 GRÜNDE, BAYER 04 LEVERKUSEN ZU LIEBEN • 111 GRÜNDE, SCHALKE 04 ZU LIEBEN • 111 GRÜNDE, MAINZ 05 ZU LIEBEN • 111 GRÜNDE, HERTHA BSC ZU LIEBEN • 111 GRÜNDE, EINTRACHT BRAUNSCHWEIG ZU LIEBEN • 111 GRÜNDE, DEN 1. FC KAISERSLAUTERN ZU LIEBEN • 111 GRÜNDE, FRAUENFUSSBALL ZU LIEBEN • 111 GRÜNDE, DIE PREMIER LEAGUE ZU LIEBEN • 111 GRÜNDE, DEN SV WEHEN WIESBADEN ZU LIEBEN • 111 GRÜNDE, MANCHESTER UNITED ZU LIEBEN • 111 GRÜNDE, DEN FC ARSENAL ZU LIEBEN • 111 GRÜNDE, DEN FC BARCELONA ZU LIEBEN • 111 GRÜNDE, DEN AC MAILAND ZU LIEBEN • 111 GRÜNDE, JUVENTUS TURIN ZU LIEBEN • 111 GRÜNDE, GALATASARAY ZU LIEBEN • 111 GRÜNDE, DEN FC AUGSBURG ZU LIEBEN • 111 GRÜNDE, DIE SPVGG GREUTHER FÜRTH ZU LIEBEN • 111 GRÜNDE, DEN VFL BOCHUM ZU LIEBEN • 111 GRÜNDE, DEN VFL WOLFSBURG ZU LIEBEN • 111 GRÜNDE, ARMINIA BIELEFELD ZU LIEBEN • 111 GRÜNDE, HANSA ROSTOCK ZU LIEBEN • 111 GRÜNDE, DYNAMO DRESDEN ZU LIEBEN • 111 GRÜNDE, DEN FC CARL ZEISS JENA ZU LIEBEN • 111 GRÜNDE, DEN SC PADERBORN ZU LIEBEN • 111 GRÜNDE, DEN KARLSRUHER SC ZU LIEBEN • 111 GRÜNDE, 1899 HOFFENHEIM ZU LIEBEN • 111 GRÜNDE, ALEMANNIA AACHEN ZU LIEBEN • 111 GRÜNDE, BAYERN-FAN ZU SEIN • 111 GRÜNDE, DEN FC BASEL 1893 ZU LIEBEN • 111 GRÜNDE, DEN FC INGOLSTADT 04 ZU LIEBEN • 111 GRÜNDE, DEN SK RAPID WIEN ZU LIEBEN • 111 GRÜNDE, DEN SV DARMSTADT 98 ZU LIEBEN • 111 GRÜNDE, PREUSSEN MÜNSTER ZU LIEBEN • 111 GRÜNDE, RB LEIPZIG ZU LIEBEN • 111 GRÜNDE, UNIONER ZU SEIN • 111 GRÜNDE, DIE NATIONALMANNSCHAFT ZU LIEBEN • 111 GRÜNDE, DIE SELEÇÃO BRASILEIRA ZU LIEBEN • 111 GRÜNDE, ROT-WEISS ESSEN ZU LIEBEN • 111 GRÜNDE, KICKERS OFFENBACH ZU LIEBEN • 111 GRÜNDE, ROT-WEISS ERFURT ZU LIEBEN • 111 GRÜNDE, BEŞIKTAŞ ZU LIEBEN • 111 GRÜNDE, DEN 1. FC SAARBRÜCKEN ZU LIEBEN • 111 GRÜNDE, DEN VFL OSNABRÜCK ZU LIEBEN • 111 GRÜNDE, ST.-PAULI-FAN ZU SEIN • 111 GRÜNDE, DIE MiLLi TAKIM ZU LIEBEN • 111 GRÜNDE, DEN FK AUSTRIA WIEN ZU LIEBEN • 111 GRÜNDE, ATLÉTICO MADRID ZU LIEBEN • 111 GRÜNDE, DEN VFL SPORTFREUNDE LOTTE ZU LIEBEN • 111 GRÜNDE, DEN SV WALDHOF MANNHEIM 07 ZU LIEBEN • 111 GRÜNDE, DEN FC 08 HOMBURG ZU LIEBEN • 111 GRÜNDE, DEN FC RED BULL SALZBURG ZU LIEBEN • 111 GRÜNDE, DEN SK STURM GRAZ ZU LIEBEN • 111 GRÜNDE, EINTRACHT FRANKFURT ZU LIEBEN • 111 GRÜNDE, DEN 1. FC NÜRNBERG ZU LIEBEN • 111 GRÜNDE, REAL MADRID ZU LIEBEN • 111 GRÜNDE, HOLSTEIN KIEL ZU LIEBEN • 111 GRÜNDE, DEN SSV JAHN REGENSBURG ZU LIEBEN • 111 GRÜNDE, DEN TSV 1860 MÜNCHEN ZU LIEBEN •

WWW.111-GRUENDE.DE

SONST NICHTS.

111 GRÜNDE, DEN FC LIVERPOOL ZU LIEBEN • 111 GRÜNDE, BENFICA LISSABON ZU LIEBEN • 111 GRÜNDE, BORUSSIA DORTMUND ZU LIEBEN • 111 GRÜNDE, BORUSSIA MÖNCHENGLADBACH ZU LIEBEN • 111 GRÜNDE, DEN VFB STUTTGART ZU LIEBEN • 111 GRÜNDE, WERDER BREMEN ZU LIEBEN • 111 GRÜNDE, HANNOVER 96 ZU LIEBEN • 111 GRÜNDE, DEN SC FREIBURG ZU LIEBEN • 111 GRÜNDE, DEN 1. FC KÖLN ZU LIEBEN • 111 GRÜNDE, FORTUNA DÜSSELDORF ZU LIEBEN • 111 GRÜNDE, DEN 1. FC UNION BERLIN ZU LIEBEN • 111 GRÜNDE, DEN 1. FC MAGDEBURG ZU LIEBEN • 111 GRÜNDE, DEN MSV DUISBURG ZU LIEBEN • 111 GRÜNDE, DEN FC ST. PAULI ZU LIEBEN • 111 GRÜNDE, DEN HAMBURGER SV ZU LIEBEN • 111 GRÜNDE, ENERGIE COTTBUS ZU LIEBEN • 111 GRÜNDE, DIE WÜRZBURGER KICKERS ZU LIEBEN • 111 GRÜNDE, DEN KFC UERDINGEN ZU LIEBEN • 111 GRÜNDE, BAYERN MÜNCHEN ZU HASSEN • **HANDBALL:** 111 GRÜNDE, HANDBALL ZU LIEBEN • 111 GRÜNDE, DIE SG FLENSBURG-HANDEWITT ZU LIEBEN • 111 GRÜNDE, DIE RHEIN-NECKAR LÖWEN ZU LIEBEN • **BASKETBALL:** 111 GRÜNDE, BASKETBALL ZU LIEBEN • 111 GRÜNDE, DIE FRAPORT SKYLINERS ZU LIEBEN • 111 GRÜNDE, ALBA BERLIN ZU LIEBEN • 111 GRÜNDE, FC BAYERN MÜNCHEN BASKETBALL ZU LIEBEN • 111 GRÜNDE, BROSE BAMBERG ZU LIEBEN • 111 GRÜNDE, MEDI BAYREUTH ZU LIEBEN • **EISHOCKEY:** 111 GRÜNDE, EISHOCKEY ZU LIEBEN • 111 GRÜNDE, DIE DÜSSELDORFER EG ZU LIEBEN • 111 GRÜNDE, DEN SC BERN ZU LIEBEN • 111 GRÜNDE, DEN EHC RED BULL MÜNCHEN ZU LIEBEN • 111 GRÜNDE, DIE ADLER MANNHEIM ZU LIEBEN • 111 GRÜNDE, DIE ICE TIGERS ZU LIEBEN • 111 GRÜNDE, DIE KÖLNER HAIE ZU LIEBEN • 111 GRÜNDE, DEN ERC INGOLSTADT ZU LIEBEN • 111 GRÜNDE, DIE EISBÄREN BERLIN ZU LIEBEN • 111 GRÜNDE, DIE VIENNA CAPITALS ZU LIEBEN • **SONSTIGER SPORT:** 111 GRÜNDE, BOXEN ZU LIEBEN • 111 GRÜNDE, BIATHLON ZU LIEBEN • 111 GRÜNDE, DIE FORMEL 1 ZU LIEBEN • 111 GRÜNDE, DAS RADFAHREN ZU LIEBEN • 111 GRÜNDE, TENNIS ZU LIEBEN • 111 GRÜNDE, MOTORRAD ZU FAHREN • 111 GRÜNDE, TISCHTENNIS ZU LIEBEN • 111 GRÜNDE, KLETTERN ZU GEHEN • 111 GRÜNDE, WRESTLING ZU LIEBEN • 111 GRÜNDE, SNOOKER ZU LIEBEN • 111 GRÜNDE, BODYBUILDING ZU LIEBEN • 111 GRÜNDE, DARTS ZU LIEBEN • 111 GRÜNDE, TRIATHLON ZU LIEBEN • 111 GRÜNDE, GOLF ZU LIEBEN • 111 GRÜNDE, DAS RUDERN ZU LIEBEN • 111 GRÜNDE, BASEBALL ZU LIEBEN • 111 GRÜNDE, DAS BOGENSCHIESSEN ZU LIEBEN • 111 GRÜNDE, DEN GALOPPRENNSPORT ZU LIEBEN • 111 GRÜNDE, AMERICAN FOOTBALL ZU LIEBEN • 111 GRÜNDE, HOCKEY ZU LIEBEN • 111 GRÜNDE, JUDO ZU LIEBEN • 111 GRÜNDE, CRICKET ZU LIEBEN • 111 GRÜNDE, RUGBY ZU LIEBEN • **FÜR JEDEN IST ETWAS DABEI.**

WWW.SCHWARZKOPF-SCHWARZKOPF.DE

111 GRÜNDE:

REISE INTERNATIONAL: 111 GRÜNDE, GEORGIEN ZU LIEBEN • 111 GRÜNDE, DIE SCHWEIZ ZU LIEBEN • 111 GRÜNDE, ALBANIEN ZU LIEBEN • 111 GRÜNDE, CHINA ZU LIEBEN • 111 GRÜNDE, BULGARIEN ZU LIEBEN • 111 GRÜNDE, COSTA RICA ZU LIEBEN • 111 GRÜNDE, DIE SLOWAKEI ZU LIEBEN • 111 GRÜNDE, SINGAPUR ZU LIEBEN • 111 GRÜNDE, TSCHECHIEN ZU LIEBEN • 111 GRÜNDE, ARMENIEN ZU LIEBEN • 111 GRÜNDE, DUBLIN ZU LIEBEN • 111 GRÜNDE, ÄGYPTEN ZU LIEBEN • 111 GRÜNDE, DIE NIEDERLANDE ZU LIEBEN • 111 GRÜNDE, DIE UKRAINE ZU LIEBEN • 111 GRÜNDE, ARGENTINIEN ZU LIEBEN • 111 GRÜNDE, DIE TÜRKEI ZU LIEBEN • 111 GRÜNDE, SÜDAFRIKA ZU LIEBEN • 111 GRÜNDE, LONDON ZU LIEBEN • 111 GRÜNDE, NEW YORK ZU LIEBEN • 111 GRÜNDE, MALLORCA ZU LIEBEN • 111 GRÜNDE, DÄNEMARK ZU LIEBEN • 111 GRÜNDE, SCHWEDEN ZU LIEBEN • 111 GRÜNDE, FINNLAND ZU LIEBEN • 111 GRÜNDE, IRLAND ZU LIEBEN • 111 GRÜNDE, ISLAND ZU LIEBEN • 111 GRÜNDE, SCHOTTLAND ZU LIEBEN • 111 GRÜNDE, POLEN ZU LIEBEN • 111 GRÜNDE, PORTUGAL ZU LIEBEN • 111 GRÜNDE, AUSTRALIEN ZU LIEBEN • 111 GRÜNDE, NEUSEELAND ZU LIEBEN • 111 GRÜNDE, INDIEN ZU LIEBEN • 111 GRÜNDE, KUBA ZU LIEBEN • 111 GRÜNDE, RUSSLAND ZU LIEBEN • 111 GRÜNDE, FRANKREICH ZU LIEBEN • 111 GRÜNDE, ROM ZU LIEBEN • 111 GRÜNDE, ENGLAND ZU LIEBEN • 111 GRÜNDE, BRASILIEN ZU LIEBEN • 111 GRÜNDE, JAPAN ZU LIEBEN • 111 GRÜNDE, WALES ZU LIEBEN • 111 GRÜNDE, KANADA ZU LIEBEN • 111 GRÜNDE, ITALIEN ZU LIEBEN • 111 GRÜNDE, NORWEGEN ZU LIEBEN • **REISE DEUTSCHLAND:** 111 GRÜNDE, DEN RUHRPOTT ZU LIEBEN • 111 GRÜNDE, DIE NORDSEE ZU LIEBEN • 111 GRÜNDE, KÖLN ZU LIEBEN • 111 GRÜNDE, DAS RHEINLAND ZU LIEBEN • 111 GRÜNDE, THÜRINGEN ZU LIEBEN • 111 GRÜNDE, FRANKEN ZU LIEBEN • 111 GRÜNDE, BADEN ZU LIEBEN • 111 GRÜNDE, BAYERN ZU LIEBEN • 111 GRÜNDE, SACHSEN ZU LIEBEN • 111 GRÜNDE, HAMBURG ZU LIEBEN • 111 GRÜNDE, DIE PFALZ ZU LIEBEN • 111 GRÜNDE, SYLT ZU LIEBEN • 111 GRÜNDE, SCHWABEN ZU LIEBEN • **MUSIK:** 111 GRÜNDE, HIPHOP ZU LIEBEN • 111 GRÜNDE, HEAVY METAL ZU LIEBEN • 111 GRÜNDE, KLASSISCHE MUSIK ZU LIEBEN • 111 GRÜNDE, JAZZ ZU LIEBEN • **EROTIK:** 111 GRÜNDE, SM ZU LIEBEN • 111 GRÜNDE, OFFEN ZU LIEBEN • **HOBBY & FREIZEIT:** 111 GRÜNDE, SELBST ZU KOCHEN • 111 GRÜNDE, POKER ZU LIEBEN • 111 GRÜNDE, SCHACH ZU LIEBEN • 111 GRÜNDE, BÜCHER ZU LIEBEN • 111 GRÜNDE, DAS BÖSE ZU LIEBEN • 111 GRÜNDE, COMPUTERSPIELE ZU LIEBEN • 111 GRÜNDE, DIE EISENBAHN

WWW.111-GRUENDE.DE

SONST NICHTS.

ZU LIEBEN • 111 GRÜNDE, UM DIE WELT ZU REISEN • 111 GRÜNDE, KRIMIS ZU LIEBEN • 111 GRÜNDE, ROLLENSPIEL ZU LIEBEN • 111 GRÜNDE, ANGELN ZU GEHEN • 111 GRÜNDE, SEGELN ZU GEHEN • 111 GRÜNDE, DAS FLIEGEN ZU LIEBEN • 111 GRÜNDE, WANDERN ZU GEHEN • 111 GRÜNDE, PILGERN ZU GEHEN • 111 GRÜNDE, PADDELN ZU GEHEN • 111 GRÜNDE, SURFEN ZU GEHEN • 111 GRÜNDE, MANGA ZU LIEBEN • 111 GRÜNDE ZU TANZEN • 111 GRÜNDE, TAUCHEN ZU GEHEN • 111 GRÜNDE, YOGA ZU LIEBEN • **HASSEN:** 111 GRÜNDE, ANWÄLTE ZU HASSEN • 111 GRÜNDE, BERLIN ZU HASSEN • 111 GRÜNDE, SEINEN CHEF ZU HASSEN • 111 GRÜNDE, SEINE KOLLEGEN ZU HASSEN • 111 GRÜNDE, SEINEN VERMIETER ZU HASSEN • 111 GRÜNDE, HAMBURG ZU HASSEN • 111 GRÜNDE, MÜNCHEN ZU HASSEN • 111 GRÜNDE, SEINE MITARBEITER ZU HASSEN • 111 GRÜNDE, NACHBARN ZU HASSEN • 111 GRÜNDE, HIPSTER ZU HASSEN • 111 GRÜNDE, KÖLN ZU HASSEN • 111 GRÜNDE, WIEN ZU HASSEN • **SONSTIGE:** 111 GRÜNDE, BIER ZU LIEBEN • 111 GRÜNDE, VEGETARIER ZU SEIN • 111 GRÜNDE, APPLE ZU LIEBEN • 111 GRÜNDE, LEHRER ZU SEIN • WEITERE 111 GRÜNDE, LEHRER ZU SEIN • 111 GRÜNDE, IHR KIND AUF DEN MOND ZU SCHIESSEN (UND NOCH MEHR, ES NICHT ZU TUN) • 111 GRÜNDE, SICH AUF DIE RENTE ZU FREUEN • 111 GRÜNDE, AN DIE GROSSE LIEBE ZU GLAUBEN • 111 GRÜNDE, AUFS LAND ZU ZIEHEN • 111 GRÜNDE, ARZT ZU SEIN • 111 GRÜNDE, EIN HAUS ZU BAUEN • 111 GRÜNDE, DEN WALD ZU LIEBEN • 112 GRÜNDE, DIE FEUERWEHR ZU LIEBEN • 112 GRÜNDE, FEUERWEHRMANN ZU SEIN • 110 GRÜNDE, POLIZIST ZU SEIN • IMMER DIESE SENIOREN! 111 GRÜNDE, WARUM SIE UNS IN DEN WAHNSINN TREIBEN • 111 GRÜNDE, KEIN ARZT ZU SEIN • **HOW TO SURVIVE:** HOW TO SURVIVE DEN TOD • HOW TO SURVIVE KINDER • HOW TO SURVIVE MIT GESCHWISTERN • HOW TO SURVIVE ALS SINGLE • HOW TO SURVIVE ALS STIEFMUTTER • HOW TO SURVIVE SCHULE • HOW TO SURVIVE SCHEIDUNG • HOW TO SURVIVE ALS FRAU AB 40 • HOW TO SURVIVE UNTER MÜTTERN • HOW TO SURVIVE BÜRO • HOW TO SURVIVE IM RUHESTAND • HOW TO SURVIVE OHNE FUSSBALL • HOW TO SURVIVE KREISLIGA • NICHT AUF LAGER! • HOW TO SURVIVE ELTERNABEND • HOW TO SURVIVE AUF DEM DORF • HOW TO SURVIVE MOBBING • HOW TO SURVIVE MIT TEENAGER • HOW TO SURVIVE ALS EINZELKIND • HOW TO SURVIVE UNTER BESSERWISSERN • HOW TO SURVIVE SCHEISSJOBS • HOW TO SURVIVE ALS ALLEINERZIEHENDE • HOW TO SURVIVE ALS RADFAHRER • HOW TO SURVIVE NERVIGE ELTERN • **FÜR JEDEN IST ETWAS DABEI.**

WWW.SCHWARZKOPF-SCHWARZKOPF.DE

FLORIAN KINAST, Jahrgang 1969, zählt zu den erfahrensten deutschen Journalisten im Wintersport. Als Korrespondent vor Ort berichtet der Münchner seit 2002 von den Olympischen Winterspielen, den Biathlon-Weltmeisterschaften und von zahlreichen Weltcup-Veranstaltungen. Als freier Journalist schreibt Kinast insbesondere für die Sportredaktion des SPIEGEL und der Münchner »Abendzeitung«, dazu ist er Autor einer Biografie über Magdalena Neuner.

Florian Kinast
111 GRÜNDE, BIATHLON ZU LIEBEN
Eine Liebeserklärung an den schönsten Sport der Welt
Erweiterte Neuausgabe mit 11 Bonusgründen

ISBN 978-3-86265-816-9
© Schwarzkopf & Schwarzkopf Verlag GmbH, Berlin 2019
Alle Rechte vorbehalten. Dieses Werk ist urheberrechtlich geschützt. Jede Verwendung, die über den Rahmen des Zitatrechtes bei korrekter und vollständiger Quellenangabe hinausgeht, ist honorarpflichtig und bedarf der schriftlichen Genehmigung des Verlages. | Lektorat: Madeleine Lampe | Coverfotos: © thinkstock.com/Jupiterimages; © thinkstock.com/Carsten Madsen | Bilder im Inhaltsteil: © thinkstock.com/MRaust; © thinkstock.com/dondoc-foto; © thinkstock.com/Carsten Madsen; © thinkstock.com/Rolf Weschke; © thinkstock.com/Achim Prill; © thinkstock.com/GAPS Fotografie; © thinkstock.com/anshar73; © thinkstock.com/BSANI; © thinkstock.com/neonmaciej; © thinkstock.com/Michael Utech; © thinkstock.com/YouraPechkin; © thinkstock.com/Rolf Weschke

KATALOG
Wir senden Ihnen gern kostenlos unseren Katalog.
Schwarzkopf & Schwarzkopf Verlag GmbH
Kastanienallee 32, 10435 Berlin
Telefon: 030 – 44 33 63 00
Fax: 030 – 44 33 63 044

INTERNET | E-MAIL
www.schwarzkopf-schwarzkopf.de
info@schwarzkopf-schwarzkopf.de